本书为国家自然科学基金面上项目"基于互联网大数据和重复交易法的中国城市住房价格指数编制研究"(批准号：71774169)及中国社会科学院国情调研重大项目"重点城市住房租赁市场发展现状与关键问题研究"(GQZD2022011)阶段性成果。

基于大数据的城市住房价格重复交易指数研究

邹琳华 ◎ 著

中国社会科学出版社

图书在版编目（CIP）数据

基于大数据的城市住房价格重复交易指数研究／邹琳华著 . —北京：中国社会科学出版社，2022.3

ISBN 978 – 7 – 5203 – 9808 – 4

Ⅰ. ①基… Ⅱ. ①邹… Ⅲ. ①城市—住宅市场—重复性—交易—指数—研究—中国 Ⅳ. ①F299.233.5

中国版本图书馆 CIP 数据核字（2022）第 036808 号

出 版 人	赵剑英
责任编辑	黄　晗
责任校对	季　静
责任印制	王　超

出　　版	中国社会科学出版社
社　　址	北京鼓楼西大街甲 158 号
邮　　编	100720
网　　址	http://www.csspw.cn
发 行 部	010 – 84083685
门 市 部	010 – 84029450
经　　销	新华书店及其他书店
印　　刷	北京明恒达印务有限公司
装　　订	廊坊市广阳区广增装订厂
版　　次	2022 年 3 月第 1 版
印　　次	2022 年 3 月第 1 次印刷
开　　本	710×1000　1/16
印　　张	15.5
插　　页	2
字　　数	216 千字
定　　价	86.00 元

凡购买中国社会科学出版社图书，如有质量问题请与本社营销中心联系调换
电话：010 – 84083683
版权所有　侵权必究

目　录

第一章　绪论 ……………………………………………………（1）
　一　研究的背景与意义 …………………………………………（1）
　二　研究的内容与目标 …………………………………………（7）
　三　研究方法、技术路线、关键技术及创新之处 ……………（9）

**第二章　真跌还是假摔？以北京市为例的大数据住房
　　　　　价格指数构建** ……………………………………（13）
　一　引言 …………………………………………………………（13）
　二　文献回顾 ……………………………………………………（14）
　三　方法、模型与数据 …………………………………………（17）
　四　指数估计及其稳健性 ………………………………………（21）
　五　结论 …………………………………………………………（27）

第三章　与住房价格指数编制相适应的城市分级分类研究 ……（29）
　一　理论综述 ……………………………………………………（30）
　二　机构报告 ……………………………………………………（32）
　三　符合研究需要的城市分级 …………………………………（41）

第四章　住房价格综合指数构建研究 ……………………………（43）
　一　编制住房价格综合指数的意义 ……………………………（43）
　二　综合指数编制规则与方法 …………………………………（44）

三　综合指数结果分析……………………………………（46）

第五章　基于大数据的住房租金重复交易指数研究……………（57）
　　一　住房租赁市场特性……………………………………（57）
　　二　计算模型………………………………………………（59）
　　三　结果分析………………………………………………（62）

第六章　长租公寓发展与房租上涨：基于北京等8个城市的大数据分析……………………………………………………（69）
　　一　被推到房租上涨舆论风口浪尖的长租公寓…………（69）
　　二　数据、方法与实证分析结果…………………………（70）
　　三　房租上涨的其他解释辨析……………………………（80）
　　四　长租公寓的经营模式、融资和潜在风险……………（81）
　　五　结论与对策建议………………………………………（84）

第七章　基于大数据及随机森林法的住房价格波动预警预报……………………………………………………（86）
　　一　引言……………………………………………………（86）
　　二　主要流程与信号系统…………………………………（87）
　　三　方法与模型……………………………………………（89）
　　四　基于大数据及随机森林法的城市住房价格预警预报结果…………………………………………………（93）

第八章　基于大数据住房价格指数的2019年中国住房市场分析……………………………………………………（94）
　　一　2019年住房市场运行动态……………………………（94）
　　二　市场形势分析…………………………………………（109）
　　三　短期重点城市市场预测………………………………（112）
　　四　存在问题………………………………………………（114）

五　对策与建议 …………………………………………………（115）

第九章　上涨与分化：后疫情时代住房市场分析与展望 ……（120）
　　一　后疫情时代住房市场新特征 ………………………………（120）
　　二　短期市场走势展望 …………………………………………（130）
　　三　问题与建议 …………………………………………………（130）

第十章　住房租赁市场预警预报研究 …………………………（134）
　　一　建立住房租赁市场预警预报体系的意义 …………………（134）
　　二　当前我国住房租赁市场发展面临的突出问题与
　　　　新特点 ………………………………………………………（140）
　　三　预警预报系统构建一般步骤与运行机制 …………………（145）
　　四　建立健全重点城市住房租赁市场预警预报体系 …………（147）

第十一章　2018 年以来各项指数计算结果汇总 ………………（155）
　　一　住房价格综合指数 …………………………………………（155）
　　二　城市住房价格指数 …………………………………………（157）
　　三　城市租金指数汇总 …………………………………………（229）

参考文献 ……………………………………………………………（239）

第 一 章

绪 论

一 研究的背景与意义

鉴于房地产业在现代经济中的地位举足轻重，住房价格①指数已经成为事实上的宏观经济核心指标。作为国民经济支柱，房地产市场波动是宏观经济波动之源；作为重要抵押物与投资品，房地产是现代金融之母。不夸张地说，完备、准确的住房价格指数体系是现代金融投资、房地产调控及宏观决策科学化的基础。

然而长期以来，中国经济学界、资本市场甚至政府决策都备受住房价格指数完备性、准确性不足的困扰。我国现阶段可获得的住房价格指数体系难以满足巨大的现实需求，其原因是多方面的：从原始数据采集过程看，住房价格数据来源分散，并且可能涉及个人资产隐私，数据采集难度大成本高；从数据分享机制看，各地的房地产管理部门虽掌握了当地的主要房地产交易信息，但却没有形成相应的信息联网共享机制，当地政府也因多种原因不愿意将住房价格信息共享；从数据质量看，出于避税及规避调控政策等原因，使得公开的住房合同价格往往与真实价格存在较大的偏差，难以如实反映市场状况变动；从数据时效性看，网签时间要滞后于真实成交时间，在某些情况下滞后期甚至长达半年以上，对市场变动的监测

---

① 本书所指住房价格即城市住房价格。

可能不及时；从指数编制技术看，住房属于典型的非同质产品，交易热点板块又处于不断变化之中，经过各种加总平均后，住房价格指数不免失真。上述因素相互交织，使得基于合理方法的可靠住房价格指数难以形成。

综合来看，我国住房价格指数要获得突破性改进，必须突破技术方法和数据来源这互为条件的两大瓶颈。从技术方法瓶颈看，住房异质性难题对住房价格指数质量的影响是关键性的。中国正处于高速城市化阶段，住房交易的主流板块正由中心城区向远郊不断变迁，样本的非一致性大大降低了住房价格指数的可比性。相对而言，如果采用重复交易模型（Repeat Sales Method）来编制住房价格指数，能够较好地规避不同住房的异质性问题，从而尽可能地保证住房价格指数的同质可比性。重复交易模型经过著名学者 Case 和 Shiller 的发展应用，以及长期指数编制实践和业内专家的多次修正，在理论上已经相当完整，是国际上公认较先进的住房价格指数计算方法。比较成功的重复交易指数有美国标准普尔公司编制发布的凯斯—席勒指数（Case – Shiller Home Prices Indices），它包括 20 个单独的都市区住房价格指数、一个 10 都市区住房价格综合指数以及一个 20 都市区住房价格综合指数。中国很多学者及有识之士也曾建议，可采取重复交易模型编制具备同质可比性的中国住房价格指数。

重复交易指数虽然能够有效解决同质可比性问题，但由于不同国家的市场特性差异，在我国又产生了新的适用性难题，最终导致实践的难产。重复交易指数模型从理论上是对特征价格指数模型的差分变换，它要求同一住宅存在至少两期交易记录。重复交易指数的这一技术特性决定了新房交易无法计入指数，只有二手房交易才能计入指数。这意味着，只有存量房交易较为活跃的地区，才能编制出有质量的重复交易指数。而在很长时期内，我国的住房交易都是以新房为主的，存量房交易并不活跃，这与发达国家住房市场结构有显著的差异。美国、英国、法国、澳大利亚早已经是二手房主导的市场，这四个国家二手房成交量分别是新房成交量的 9 倍、8.1

倍、1.9倍、3.5倍。尽管日本二手房成交量只有新房成交量的0.6倍，首都圈和近畿圈的二手房市场活跃度也远远高出全国水平，分别达到3倍和1.9倍（巴曙松、杨现领，2015）。没有充足的二手房交易数据，使得重复交易指数难以编制，我国住房价格指数体系长期以新建商品住房加权平均价格指数为主导。

近年来，我国住房市场结构也开始发生令人瞩目的变化——存量房时代正在到来。住房市场结构的这一新变化，使得我国已经初步具备了编制较高质量重复交易指数的条件。尽管全国层面，二手房与新房成交之比只有35%左右，但是一线城市和个别二线城市二手房成交已经超过新房。考虑到已经足够庞大的商品房存量、较高的城镇家庭住房自有率以及人口流动趋势的加速，二手房市场的全面爆发是大势所趋。据链家研究院调查及统计数据显示，2017年有购房意愿的人群里，有58.7%的消费者表示会选择城区交通便利的二手房。2016年，北京、上海和深圳三地的二手房成交套数达到73万套，是新房成交量的2.7倍。据民生证券研究院计算，北京和深圳近五年存量房销售面积占总销售面积的比例都在55%以上，而上海的存量房销售面积占比快速上升，在2015年已高达60%。二线城市的人口聚集程度仅次于一线城市，随着房地产市场的快速发展，部分城市核心城区也呈现饱和状态，二手房交易有赶超新房之势。从几个典型的二线城市来看，南京二手房交易套数和新房交易套数比达到1左右的水平，基本进入以存量房交易为主的阶段。天津、杭州的二者比值也已接近1，成都、苏州、武汉等城市二手房与新房交易量之比也大体呈现在波动中上升的趋势。因此，从总体发展趋势上看，二线城市也即将进入存量房阶段。三四线城市随着城镇化到达稳定阶段，城市人口规模不再有明显增加时，住房市场也将步入存量房时代（李奇霖，2016）。即使在目前，一些三四线城市，虽然从成交相对量看还没有进入存量房时代，但存量房交易已经较为活跃，从交易绝对量看已经超过美国标普住房价格指数的部分样本城市，也初步具备了编制较高质量重复交易指数的条件。

另外，随着近年来互联网大数据的兴起，住房价格数据来源瓶颈也正逐渐被新兴技术潮流所瓦解。作为面向未来的重大战略，众多的地产企业或中介公司，如链家、中原、我爱我家、房天下等都非常重视房地产大数据业务的发展。一方面，这些大型地产企业或中介公司本身的业务流量巨大，其自身业务流数据经整理后就已经具备了大数据基本特点；另一方面，为了吸引市场关注抢占竞争优势，这些企业竞相通过互联网公开了各自业务流数据，其中包括二手房成交数据。出于同行相互竞争的压力，这些企业公开数据的可靠性也是在不断增强的。从价格形成机制看，目前的二手房存在三种价格：网签价（阳合同价）、居间合同价（阴合同价）和真实成交价。由于目前二手房交易税费较高，交易者有充分动力通过阴阳合同做低网签价来避税，从而造成网签价格低于真实价格。相对而言，中介公司掌握的居间合同价（中介公司一般根据居间合同价的固定比例来抽取佣金），要比网签价更为接近真实成交价格。因为中介公司为防止逃佣，有严格的内部控制机制避免居间合同价格被人为做低。总而言之，随着互联网大数据时代的到来，住房数据获取成本大大降低，而数据可靠性却不断提高。通过开展数据合作及互联网信息采集，可以便利、及时地获取大样本且相对高质量的存量住房交易数据。

编制基于互联网大数据和重复交易法的中国城市住房价格指数，正顺应了大数据兴起及存量房时代到来两大历史潮流。综上所述，大数据时代的到来解决了数据来源匮乏的困扰，存量房时代的到来又改变了以新房为主的市场结构，使我国开始具备了编制住房价格重复交易指数的条件与必要性。甚至由于我国一二线城市的二手房市场规模、成交绝对量及交易频率均要大于美国同级城市，在某些方面还要更具优越条件。我们所需要做的是依据中国市场的特性，通过反复实验，对指数计算方法与模型进行优化，使之更为贴近中国市场现实。

在实际运用领域，目前我国有一定影响力的住房价格指数主要有国家统计局按月发布的"70个大中城市住房价格指数"及民间机构中国指数研究院的"百城价格指数"。此外，易居中国开发了

"克而瑞288指数",还有一些高校科研机构也发布了住房价格指数。① 本研究与代表性指数"70个大中城市住房价格指数"及"百城价格指数"在数据来源、计算方法、住房价格指标内涵及覆盖面的异同见表1—1。

表1—1　　本研究指数与代表性住房价格指数特性比较

指数	数据来源	计算方法	住房价格内涵	覆盖城市
国家统计局"70个大中城市住房价格指数"	新房35个城市为网签价格,另外35个城市从房地产开发统计报表中根据项目销售面积和金额数据套算;二手房采取重点调查与典型调查相结合,经纪机构上报、房管部门提供与实地采价相结合获取	双重加权平均:分别利用本月销售面积和金额作为权数计算价格指数,再将二者简单平均	新房35个城市网签价,另外35个城市楼盘成交均价;二手房抽样调查价	70个大中城市
中国指数研究院"百城价格指数"	新房以实地调查采集项目数据信息为主;二手房以"房天下"信息平台报价为主,样本所在片区代表性经纪公司提供为辅	拉氏加权平均	新房以项目报价为主;二手房以代表性楼盘在"房天下"网的当月平均报价为主	新房100个大中小城市,二手房10个城市
本研究指数	互联网大数据及合作大数据机构提供	修正的样本匹配重复交易模型	以二手房居间合同价为主,二手房报价为辅	142个城市

资料来源:根据国家统计局《住宅销售价格统计调查方案》与中国指数研究院《关于"百城价格指数"改进的说明》等整理。

---

① 从2016年12月起"百城价格指数"与"克而瑞288指数"均已停止发布更新。

从数据来源看，现有的指数多源于调查数据或报表数据，虽然数据来源直接稳定，但采集成本高，从而限制了样本的扩大和计算方法的应用。"70个大中城市住房价格指数"数据来源中，新房35个城市为网签价格，另外35个城市从房地产开发统计报表中根据项目销售面积和金额数据套算；二手房指数则采取二手房采取重点调查与典型调查相结合，经纪机构上报、房管部门提供与实地采价相结合获取；"百城价格指数"数据来源中，新房以实地调查采集项目数据信息为主，二手房以"房天下"信息平台报价为主，样本所在片区代表性经纪公司提供为辅。本研究数据来源为互联网大数据及合作大数据机构提供。相对来说，本研究单位数据成本更低、样本量更大、获取更及时。根据大数定律，可靠性也有充分保证。大数据机构的激烈竞争也会使提供的数据更为准确可靠。

从计算方法看，现有指数多采取加权平均法，由于住房样本的异质性极强，容易造成指数加总失真。"70个大中城市住房价格指数"采取双重加权平均取均值的方法，即分别利用本月销售面积和金额作为权数计算价格指数，再将二者简单平均；"百城价格指数"采取拉氏加权平均的方法计算指数。本研究则采取修正的样本匹配重复交易模型计算指数，同一交易样本有二次以上交易才计入指数。相对来说，本研究方法模型可以更好地避免加总失真问题。

从住房价格内涵看，现有的指数多为网签价或报价，其中网签价较为权威但存在阴阳合同价的难题，报价数据频率高存在非理性报价问题。"70个大中城市住房价格指数"中，新房35个城市为网签价，另外35个城市为楼盘成交均价，二手房指数为抽样调查价；"百城价格指数"新房以项目报价为主，二手房以代表性楼盘在"房天下"网的当月平均报价为主。本研究以二手房居间合同价为主，部分城市拓展到二手房互联网报价。本研究的住房价格相对更接近真实价格，能够更好地规避阴阳合同价、非理性报价、网签时间滞后等技术难题。

从覆盖城市看，"70个大中城市住房价格指数"覆盖70个大中城市;"百城价格指数"覆盖新房 100 个大中小城市、二手房 10 个城市。本研究已覆盖 141 个城市,并有进一步扩展的巨大空间。由于本研究数据充分利用大数据技术,单位数据成本低、样本全,覆盖面具有极高的拓展性。

综合以上比较可见,本研究指数从多方面看均具有较多的优良特性。编制基于互联网大数据和重复交易法的中国城市住房价格指数,是对现有住房价格统计指数体系的一个有益的补充。作为数据基础的住房交易大数据库,也可以开放作经济学研究之用。

此外,住房价格调控间接造成新建商品住房价格严重失真,也使得主要反映存量房市场变动的住房价格重复交易指数意义凸显。由于地方政府负稳定住房价格的主体责任,一些地方政府往往利用期房预售审批权等对新建商品住房价格进行调节,以使得住房价格指数看起来比较平稳。比如暂缓高价房入市、多批远郊低价房入市、临时冻结网签、在拍地合同中直接限价(如北京的自住型商品房)等。相对而言,政府直接控制存量房市场价格没有抓手,从而使得存量房价格相对更能反映真实的市场变动。

二 研究的内容与目标

(一) 研究内容

项目的研究内容包括三大部分。

一是住房大数据的清洗机制。如去重、去错、识别删除异常值、识别虚假数据、转换和统一数据格式等。

二是指数的模型设计与计算。具体包括:国内外文献研究与方法整理;确定指数质量评价标准,如趋势平稳性、精确性、稳健性等,构建对应的评价模型;分析重点监测城市的市场特性;结合市场特性,分析住房交易数据特性;根据市场特性与数据特性,设计出适用性强的重复交易指数模型；对数据作预处理、匹配与配对；反复试算；在试算结果的基础上，利用质量评价标准及专家评价意见，比较指数模型优劣，选取最优模型；合理划分大区域与都市区，合理确定权重，分别构建都市区指数与区域综合指数；合理确定权重，构建全国综合指数；实现指数从数据获取到计算发布流程的模块化与自动化。

三是指数应用。包括：撰写政策建议报告；利用获得的住房价格微观数据，建立住房交易大数据库，供学术研究与分析之用。

（二）研究目标

在国内外研究前沿的基础上，利用互联网大数据技术和修正的重复交易模型，建立符合中国市场特性的住房价格指数体系。该指数体系应具备以下特点。

一是适用性。指数的设计尽可能做到与中国市场特性相契合、与所获得的原始数据特性相契合、与中国社会各界对住房价格指数的关注点相契合。

二是同质可比性。通过方法模型的改进，最大限度消除住房异质性对住房价格指数准确性的影响。

三是时效性与准确性。能够及时准确反映市场变动。

四是完备性。充分利用互联网大数据，尽可能地扩大指数监测面与监测维度。

五是流程化。指数从数据抓取到计算，绝大部分过程最后都可以做到自动完成，最大限度地提高数据挖掘效率。

六是开放性。建立互动机制，能够根据市场变动与网友反馈，及时更正数据与改进算法。

项目难点及拟解决的关键问题包括：

一是异常值识别与剔除。在海量数据中，不可避免地存在一些极端数据、虚假数据、差错数据与垃圾数据。这需要通过合理的比对及过滤技术，将这些不良数据识别出来并剔除。

二是合理确定指数质量评价标准。根据国内外研究经验、中国市场特性与社会对指数的需求、专家建议等，综合确定指数质量评价标准。在反复试算基础上，选出最佳模型。

三是数据预处理过程的设计。如样本数据是否采取及如何移动平均；对不同样本、板块、前后总价、类型、可疑交易等是否加权及如何加权；同一匹配样本同一时期有多宗交易时，数据取样规律确定，如中位数、平均数、最小最大值等。这些细节问题，也能决定指数成败。

四是设计出符合中国市场特性与数据特性指数模型。这需要深入研究与分析各城市的市场特点，全面了解数据结构与内涵。如样本匹配层次选择（存在同板块、同小区、同小区户型、同小区户型面积、同交易税率等多个层次），多步回归中的加权指标选择与权重估计等。这都需要紧密结合市场与数据特性，不能简单照搬照抄现成模型。

五是区域划分与权重设计。在编制大都市区指数、区域综合指数、全国综合指数时，需要根据市场需要与经济规律，合理划分区域板块与确定合成权重。

三　研究方法、技术路线、关键技术及创新之处

（一）研究方法

1. 理论分析与实证研究相结合。在大量文献分析与理论模型的基础上，通过大数据计算，验证和改进理论模型设定。

2. 实地调查与典型分析相结合的方法。通过对具体城市的实地调查与典型分析，深入研究其市场特性，在此基础上，建立相应的指数模型。

3. 交叉利用计算机科学与经济学研究前沿方法技术。大数据采集与分析具有其自身的特点,需要应用到最新的信息科学技术。而信息科学技术的应用,又以前沿房地产经济学方法模型为基础,并服务于房地产经济学研究目的。

(二) 技术路线

本研究拟采用的技术路线见图1—1。

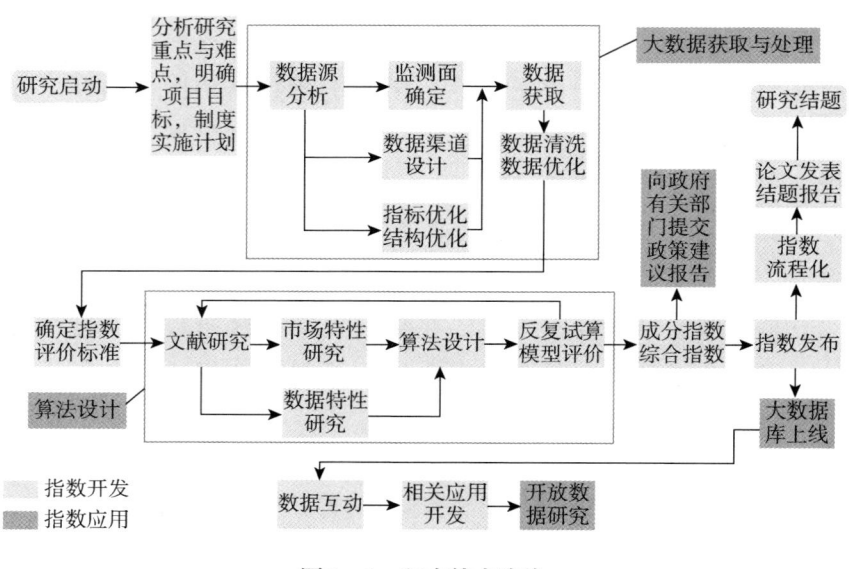

图1—1 研究技术路线

(三) 关键技术

一是互联网数据采集与大数据分析技术。互联网数据采集技术相对成熟。难点和核心在于大数据分析与挖掘。

二是修正的样本匹配重复交易模型。基本重复交易模型为:
$$y(t) - y(s) = \delta(t) - \delta(s) + u(t) - u(s)$$
该模型为特征价格指数模型的差分变换,其中:

y 为交易价格对数，s 为重复交易对中的前一期交易，t 为后一期交易，price $0 = y(s)$，price $1 = y(t)$，time $0 = s$，time $1 = t$.

本研究的重复交易指数模型将在基础模型之上，根据大数据特征和中国城市市场特性作进一步的拓展与修正。对于本研究而言，除了数据质量外，决定模型优劣的关键在于样本匹配层次的合理选择及样本权重的设定，这需要利用数据作反复的试算比较。

（四）创新之处

总体来说，本研究顺应了互联网大数据兴起与中国大中城市进入存量房时代两大历史潮流，从而使得编制基于重复交易法的较高质量住房价格指数具有了充分的可行性。其中，存量房时代的来临，解决了重复交易模型所要求的存量房交易活跃度问题；互联网大数据分析技术的兴起，解决了成交数据采集与计算的问题。研究尝试利用两大新兴潮流，同时破解困扰中国住房价格指数编制的数据来源和技术方法两大瓶颈，使得中国城市住房价格指数的完备性、准确性及时效性取得突破性提升。具体而言：

（1）利用互联网大数据技术较低成本地获得大样本、高质量数据，较好地解决住房价格数据的可得性与准确性问题。

（2）在中国大中城市即将整体进入存量房时代的历史关键节点，通过适时引入重复交易指数模型，较好地解决住房价格指数的同质可比性问题。以往的经验表明，重复交易指数模型虽能有效解决住房价格指数同质可比性问题，但这需要以存量房市场的发展为条件。因为根据重复交易指数模型的技术特性，重复交易指数仅监测存量住房价格变动，新建商品住房价格变动不计入指数，只有进入二手房市场再次交易才能形成重复交易并计入指数。

（3）利用大数据技术获得高质量数据，随着形势发展与研究深入，将最终解决住房价格数据的准确性问题。大数据的数据来源广、样本大，且可以通过不同来源的相互比对验证来提高数据质量。各数据来源之间的激烈市场竞争，也将迫使它们不断提供更多更可靠的原始数据。根据大数定律与中心极限定律，随着样本的不断增大，住房价格指数将不断逼近于真实。

（4）由于互联网大数据技术的应用，指数的时效性大为增强，能充分满足市场对住房价格数据时效的需求，更准确地监测市场变动。比如国际上有代表性的重复交易指数"凯斯—席勒指数"（Case – Shiller Home Prices Indices），因数据采集整理周期较长，只做到滞后两个月发布。而基于互联网大数据的重复交易指数最快只需要滞后 10—15 天，如果采用报价数据甚至可以做到按周实时发布。

（5）结合中国特性，研制出符合中国市场情况的指数模型。相比国外市场，中国存量住房市场具有它的特性：以公寓类产品而非独栋为主，且同一小区同一户型面积产品的同质性较高；相比国外市场，住房折旧及装修状况对住房价格的影响很低甚至可以忽略，学区调整等因素影响较大；交易税费结构复杂，是否"满二"（或"满五"）其交易税费有很大不同，从而间接影响住房价格结构。

（6）用作指数编制的住房交易大数据库可以通过网络面向社会开放，可广泛用于较为深入的社会科学研究，也可用于更为准确的价格评估。

第 二 章

真跌还是假摔？以北京市为例的大数据住房价格指数构建

一 引言

2016年以来，北京等热点一二线城市住房价格快速上涨。为抑制地产泡沫保障经济安全，中央政府主动出手，对热点城市房地产调控政策进行指导。2016年10月上旬，热点城市集中出台了以限购限贷及市场秩序整顿为主要手段的房地产调控政策。从9月30日夜间起，直到10月8日上海、南昌的政策落地，共22个城市出台调控新政。在调控政策影响下，经历了2016年10月短暂的观望后，热点城市住房价格出现再度快速上涨之势。为抑制房地产泡沫降低宏观金融风险，以2017年北京"3·17"调控为标志，各热点城市陆续大幅加码了住房调控政策。"认房又认贷"及外地户籍家庭社保年限要求等较严厉的政策手段几乎成了热点城市住房价格调控的标配。"限购、限贷、限售、限价"四限调控政策在各热点城市全面推进，北京等城市甚至还承诺住房价格环比不增长。此后，据国家统计局数据显示，2017年5月开始北京等城市住房价格涨速整体回落。2017年5—10月北京二手住房价格指数连续环比下跌，6个月累计跌幅为4.7%，单月环比跌幅最大的为2017年6月的1.1%。新建商品住宅价格指数则仅在2017年6月、9月和10月出现过最高0.4%

的环比下跌。

北京二手住房价格的连续下跌似乎表明住房市场调控已经初见成效。但也有人对该住房价格下跌数据的可靠性提出了质疑，认为北京的住房价格只是假跌而非真跌。他们的一个重要理由是，北京调整了"学区房"政策，比如推行多校划片，以及取消地下室、过道、厕所等不具备基本居住条件"住房"的入学资格等，使得特定的"学区房"因为入学条件发生变化而价格大跌。由于这些特异样本的存在，拉低了住房整体价格，从而形成住房价格指数下跌的假象。此外，从统计数据的极小跌幅来看，也很难保证指数下跌不是源于统计误差。

编制基于互联网大数据的存量住房重复交易价格指数，可以更加准确有效地度量北京住房价格涨跌，从而也能够对北京住房价格真跌还是假跌的争议做出更令人信服的解答。

二 文献回顾

住房价格异质性是住房价格指数编制工作在世界范围面临的挑战。为克服住房价格异质性对编制住房价格指数的影响，Court（1939）提出了特征价格模型、Bailey 等（1963）提出重复交易模型、Case 和 Quigley（1991）等提出了混合模型。围绕这些模型，相关学者开展了大量的理论与实践研究。特征价格模型通过线性回归模型来控制决定住房价格的一系列特征因素，从而得到同质可比的价格指数。经过 Kain 和 Quigley（1970）、Rosen（1974）等学者不断对模型进行完善，逐渐形成了较为稳定和成熟的特征价格模型理论框架。虽然特征价格模型控制住房异质性的优势已被众多学者提及（Case 等，1991），然而在实际应用中，因部分住房特征数据不可获得而导致重要特征变量缺失，或模型对特征变量的主观设定不当，都将给估计结果造成偏差（Griliches 和 Adelman，1961；

Hulten，2003；Bajari 等，2003）。Case 等（1991）采用相同的住房交易数据对特征价格模型、加权重复交易模型和混合模型的指数估计结果进行了对比，发现由于无法做到对全部房地产特征的度量和观测，特征价格指数在计量回归模型中始终存在一定的估计偏误，降低了特征价格指数的准确程度。Quigley（1995）的研究认为，所有基于特征价格法得出的住房价格指数或多或少都存在样本估计偏差。Daniel（2010）认为，特征变量缺失和模型设定形式错误是特征价格模型产生估计偏差的主要原因。

重复交易模型最初由 Bailey 等（1963）提出，由 Case 和 Shiller（1989）等进行了拓展而影响力不断扩大。由于采用了差分模型，且假设住房特征和其特征价格不随时间发生变化，重复交易模型仅关注同一住房样本在两次及以上重复交易中的价格变化情况，而避开了对各种住房特征变量的计量（Bailey 等，1963；Case 和 Shiller，1989）。从理论上看，重复交易模型很好地保持了价格指数的同质可比性，又避免了特征价格指数容易出现的特征变量缺失和模型设定错误。然而在实际运用中，特征价格变化、住房更新或重新装修导致品质变化、样本容量限制、重复样本选择性等因素对重复交易模型估计结果的影响，也受到众多学者关注（Cannaday 等，2005；Case 等，2006；Case 等，1997；Case 和 Quigley，1991；Clapp 等，1991；Englund 等，1999；Gatzlaff 和 Haurin，1997；Daniel，2003；Daniel 和 Thorsnes，2006）。其中，受重复交易样本容量限制而产生样本选择性误差，是重复交易模型在实际应用中最易出现的主要问题。尽管如此，重复交易模型仍是实际指数编制运用中较为理想的指数编制模型。

为修正重复交易模型实际应用中的偏差，相关学者展开了系列研究。Case 和 Shiller（1987）之后，众多学者使用三步加权回归法来估算重复交易指数，以修正与交易间隔时间相关的住房异质性，因为交易间隔时间越长，发生重装或更新的概率越大。Daniel 和 McDonald（2004）运用一个连续性的趋势函数，代替传统加权重复交易模型中的一系列时间哑变量。McMillen 和 Thorsnes（2006）发现，利用分位数回归，将降低重复交易指数对重复交易数据中包含住房装修改造样本的敏感性。Baroni 等（2007）则运用主成分分析法（PCA），通过解析住房价格指数和其他经济和金融的解释变量之间的关系来构建重复交易指数。

近年来，众多学者还运用样本匹配的方法来扩大重复交易模型的样本容量，以减少重复交易法的样本选择性误差。样本匹配方法通过一定规则对历史交易样本进行系统匹配，放松了传统重复交易法将重复交易样本严格限定于同一住房的限制。Daniel（2010）运用倾向得分匹配法（Propensity Score Matching）进行样本匹配，在平衡各期样本分布上取得了更好的效果。Deng 等（2011）将该方法运用于新加坡住房价格指数的构建。郑思齐、孔鹏、郭晓旸（2013），Guo 等（2014）构建类重复交易法，以"小区""销售批次"和"楼栋"等层级的样本匹配空间进行住房价格指数试算，结果表明，相对于中位数指数和特征价格指数，类重复指数的波动更低、趋势更平稳、总体质量更高。石薇、李强、王洪卫（2014）基于上海数据的实证结果表明，运用样本匹配重复交易法能更准确地反映住房价格变动，住房价格指数异常波动性更小，噪声影响程度更低，能显著减轻变量缺失误差和样本代表性偏误等对指数的不利影响。

为调和特征价格模型和重复交易模型的不足，Case 和 Quigley（1991）、Quigley（1995）等还提出了混合模型。该模型将特征价格模型方程与重复交易模型方程组成联立方程组，同时利用一次交易和重复交易的样本数据来估算模型参数。理论上，混合模型综合了特征价格模型和重复交易模型的一些优点，既降低了特征价格指数计算过程中的变量遗漏误差，也减少了重复交易模型的样本选择性偏误。但在实际应用中，由于混合模型允许特征价格随时间波动，为确保住房价格指数反映的是同质住房的价格变化，需要选择一种典型住房，同时确定该典型住房的所有特征值。混合模型对数据要求很高且计算复杂，目前仅运用于学界研究，尚未出现在实际应用领域。

三 方法、模型与数据

（一）基本模型

基于技术发展状况和研究需求，本研究采用样本匹配重复交易模型计算北京二手住房价格指数。重复交易模型可以视为特征价格指数模型的差分变换。特征价格指数模型的基本形式为：

$$y_{it} = \delta_t + X_i\beta + u_{it} \quad (2-1)$$

其中 X_i 为不随时间变化的住房特征向量。

将两期特征价格模型差分，获得基本重复交易模型为：

$$y(t) - y(s) = \delta(t) - \delta(s) + u(t) - u(s) \quad (2-2)$$

其中：

y 为交易价格对数，s 为重复交易对中的前一期交易，t 为后一期交易，$price\ 0 = y(s)$，$price\ 1 = y(t)$，$time\ 0 = s$，$time\ 1 = t$。

（二）基本模型的拓展与修正

本研究的重复交易指数模型在基础模型之上，根据大数据特征和北京市场特性作进一步的拓展与修正。为减少样本选择偏差，本研究也遵循众多学者的研究思路，交易配对首先在样本匹配的基础上进行。决定模型优劣的关键在于样本匹配层次的合理选择及样本权重的设定，这需要利用数据作反复的试算比较。相比国外市场，中国存量住房市场以公寓类产品而非独栋为主，且同一小区同一户型面积产品的同质性较高；住房折旧及装修状况对住房价格的影响很低甚至可以忽略。

目前国内绝大多数研究受样本数量和数据可得性限制，限于在小区层面进行样本匹配。一般来说，样本匹配的范围越小，样本的同质性就会越高，这对于提高指数的可靠性是有利的。但另一方面，如果数据不充分或者交易频率较低，样本匹配的范围越小，形成交易配对可能会越难，从而实际回归数据越少，这又会降低指数估算的精度。但这也不绝对，如果数据充分交易足够活跃，也可能出现匹配范围越小而交易配对数越大的情况。由于本研究样本数量较为充分，可获得重复交易频率较高，拟在小区的基础上进一步缩小匹配面，以降低样本的异质性偏差。

根据数据特性，此处可供选择的匹配层次由宽到窄有两个：

（1）以同一小区的同一建筑面积区间作为基本的匹配单元。这个建筑面积类型区间本着宜细不宜粗的原则，根据多数地产中介的习惯划分为 A（<50 平方米）、B（50—70 平方米）、C（70—90 平方米）、D（90—110 平方米）、E（110—130 平方米）、F（130—150 平方米）、G（150—200 平方米）、H（>200 平方米）八大类。在这个匹配层次，只有同时满足同一小区且同一建筑面积区间的交易，才进行交易配对。该匹配层次隐含的假定是，为了节约建筑成本及规划设计成本，最大限度发挥规模经济效应，同一个地产项目往往只会有少数几种建筑面积类型，分别对应不同的户型结构，并对应于过渡、入门、改善、享乐等不同的需求类型。比如，某小区仅有 60 平方米的单居室、85 平方米的两室一厅及 115 平方米的三室一厅三种户型产品。显然，这三种产品又分别落在 B、C、E 三个面积区间内，并分别对应于过渡、入门和改善三种需求群体。

（2）在上一层次的基础上，还进一步要求户型相同。此处的户型指的是三室一厅、两室一厅等不同的户型结构。即：同一小区、同一建筑面积区间且同一户型的交易，才进行交易配对。显然，该层次比上一层次要严格，从而样本异质性更低。

以上两个匹配层次通过反复试算来选择。选择基本规则是：在最终获得的配对数相近的条件下，选择更窄的匹配层次；在最终获得的配对数相差较大的条件下，选择配对数更大的匹配层次。

(三) 数据

统计范围：2012年1月—2018年12月，除延庆、平谷、密云、怀柔以外的北京各城区，所有可获得的、已经完成的存量住房交易。

数据来源：合作机构提供及各大中介网站、房地产门户网站公开数据。

获取方式：互联网大数据及合作大数据机构提供。

经初步去重清洗后，删除地下室等非标准住宅，获得1103028条独立交易记录。每一条独立的交易为一个样本。

首先将交易样本根据前述建筑面积分为以下8大类：

A（<50平方米），B（50—70平方米），C（70—90平方米），D（90—110平方米），E（110—130平方米），F（130—150平方米），G（150—200平方米），H（>200平方米）。为求精确，除H类外，各分类区间均不含上限值。

样本个数及面积区间分布见表2—1。从表2—1可见，最大比例的交易集中在50—70平方米这个层次，其次是70—90平方米这个层次，90平方米以下的总占比为65.29%。

表2—1　　样本数及建筑面积区间分布

类别	有效交易个数	占样本比例（%）
A（<50平方米）	135555	12.29
B（50–70平方米）*	354442	32.13
C（70–90平方米）*	230159	20.87
D（90–110平方米）*	169266	15.35
E（110–130平方米）*	84150	7.63
F（130–150平方米）*	58945	5.34
G（150–200平方米）*	48825	4.43
H（>200平方米）	21278	1.93

续表

类别	有效交易个数	占样本比例（%）
面积不详	408	0.04
总计	1103028	100

注：* 为不含区间上限值，采用四舍五入法取值。

进一步删除单价显著过低的异常值。得到有效样本937310个，分布于7188个不同的小区。样本的中位建筑面积为74平方米，平均建筑面积为83.74平方米。75%的样本建筑面积都在99平方米以下。

表2—2　　　进一步处理后的样本及主要指标描述性统计

	建筑面积（平方米）	交易时间	总价（万元）	单价（元）
Min.	3.00	2002年6月1日	7.0	5004
1st Qu.	58.00	2014年5月18日	195.0	27379
Median	74.00	2015年8月30日	279.0	37277
Mean	83.74	2015年4月18日	337.7	41222
3rd Qu.	99.00	2016年5月12日	410.0	50537
Max.	1745.00	2017年11月3日	18130.0	179000

由表2—2可见，虽然样本时间区间为2002年6月1日至2017年11月3日，但3/4的样本集中于2014年5月18日之后。由于早期样本较少不一定能保证回归可靠性，需要对样本进行时间截取。截取的原则是在保证回归可靠性的前提下，尽可能保留更长的时间区间。通过反复的初步试算与结果比较，最终将样本时间截取为2012年1月1日至2017年10月31日，该区间内交易样本充分，回归可靠性更有保证。

通过进一步试算发现，利用样本匹配层次（1）与样本匹配层次（2），获得的样本配对数分别为303703对与339150对。根据选择规则，匹配层次（2）范围更窄且获得的配对数更多，性能更为优越，此处选择匹配层次（2）。即：同时满足同一小区、同一面积区间且同一户型的交易，才进行交易配对。

四 指数估计及其稳健性

（一）指数估计

将获得的样本配对代入重复交易模型并利用最小二乘法进行回归，估计结果见表2—3、表2—4。

表2—3　　　　　　　　　　　残差

Min.	1Q	Median	3Q	Max.
-2.42182	-0.05841	0.00015	0.06037	2.38787

表2—4　　　　　　　　　　　系数估计

时期		系数估计值	标准差	t值		概率（>｜t｜）	显著性
Time	2	0.019796	0.004757	4.161		3.16e-05	***
Time	3	0.054402	0.004794	11.349	<	2e-16	***
Time	4	0.069716	0.004892	14.251	<	2e-16	***
Time	5	0.089457	0.004861	18.405	<	2e-16	***
Time	6	0.125965	0.004842	26.016	<	2e-16	***
Time	7	0.164175	0.004875	33.680	<	2e-16	***
Time	8	0.192728	0.004945	38.971	<	2e-16	***
Time	9	0.201750	0.004972	40.578	<	2e-16	***
Time	10	0.215353	0.004936	43.632	<	2e-16	***
Time	11	0.240143	0.004892	49.090	<	2e-16	***
Time	12	0.286853	0.004845	59.202	<	2e-16	***
Time	13	0.353652	0.004875	72.548	<	2e-16	***
Time	14	0.410300	0.005041	81.399	<	2e-16	***
Time	15	0.428170	0.004830	88.645	<	2e-16	***
Time	16	0.441382	0.005144	85.809	<	2e-16	***

续表

时期		系数估计值	标准差	t值		概率（>|t|）	显著性
Time	17	0.457804	0.004914	93.165	<	2e-16	***
Time	18	0.479066	0.004870	98.373	<	2e-16	***
Time	19	0.499397	0.004890	102.120	<	2e-16	***
Time	20	0.519062	0.004866	106.669	<	2e-16	***
Time	21	0.541149	0.004872	111.078	<	2e-16	***
Time	22	0.553738	0.004897	113.079	<	2e-16	***
Time	23	0.557451	0.004940	112.854	<	2e-16	***
Time	24	0.557239	0.004931	112.998	<	2e-16	***
Time	25	0.557759	0.004987	111.833	<	2e-16	***
Time	26	0.565237	0.005052	111.875	<	2e-16	***
Time	27	0.561025	0.004966	112.967	<	2e-16	***
Time	28	0.536577	0.005013	107.047	<	2e-16	***
Time	29	0.498163	0.005034	98.952	<	2e-16	***
Time	30	0.465631	0.005012	92.900	<	2e-16	***
Time	31	0.457802	0.004970	92.115	<	2e-16	***
Time	32	0.454919	0.004948	91.933	<	2e-16	***
Time	33	0.448501	0.004974	90.166	<	2e-16	***
Time	34	0.463389	0.004873	95.095	<	2e-16	***
Time	35	0.471070	0.004905	96.044	<	2e-16	***
Time	36	0.473707	0.004917	96.338	<	2e-16	***
Time	37	0.472523	0.004943	95.598	<	2e-16	***
Time	38	0.476436	0.005052	94.303	<	2e-16	***
Time	39	0.487850	0.004851	100.558	<	2e-16	***
Time	40	0.501499	0.004852	103.349	<	2e-16	***
Time	41	0.511701	0.004857	105.357	<	2e-16	***
Time	42	0.520376	0.004861	107.043	<	2e-16	***
Time	43	0.531173	0.004870	109.067	<	2e-16	***
Time	44	0.544193	0.004879	111.547	<	2e-16	***
Time	45	0.552196	0.004903	112.619	<	2e-16	***
Time	46	0.560024	0.004890	114.524	<	2e-16	***
Time	47	0.573091	0.004878	117.485	<	2e-16	***

续表

时期		系数估计值	标准差	t值		概率（>|t|）	显著性
Time	48	0.591536	0.004863	121.643	<	2e-16	***
Time	49	0.621053	0.004873	127.456	<	2e-16	***
Time	50	0.660912	0.004898	134.944	<	2e-16	***
Time	51	0.713881	0.004866	146.704	<	2e-16	***
Time	52	0.747773	0.004920	151.987	<	2e-16	***
Time	53	0.765008	0.004933	155.072	<	2e-16	***
Time	54	0.789609	0.004936	159.966	<	2e-16	***
Time	55	0.815067	0.004924	165.535	<	2e-16	***
Time	56	0.864443	0.004922	175.623	<	2e-16	***
Time	57	0.960504	0.004950	194.059	<	2e-16	***
Time	58	1.018265	0.005131	198.461	<	2e-16	***
Time	59	1.026311	0.005116	200.597	<	2e-16	***
Time	60	1.059643	0.005055	209.607	<	2e-16	***
Time	61	1.091342	0.005110	213.550	<	2e-16	***
Time	62	1.140022	0.005039	226.241	<	2e-16	***
Time	63	1.201662	0.005046	238.125	<	2e-16	***
Time	64	1.218354	0.005392	225.940	<	2e-16	***
Time	65	1.170783	0.005554	210.792	<	2e-16	***
Time	66	1.121776	0.005549	202.158	<	2e-16	***
Time	67	1.100827	0.005404	203.724	<	2e-16	***
Time	68	1.088491	0.005427	200.553	<	2e-16	***
Time	69	1.072983	0.005424	197.808	<	2e-16	***
Time	70	1.061295	0.005725	185.373	<	2e-16	***

注：（1）*** 表示在 0.001 水平下显著；（2）残差标准差：0.1373，自由度：339081；（3）R方：0.4679，校正R方：0.4678；（4）F统计量：4321，自由度：69 和 339081；（5）p值：<2.2e-16。

从表2—4看，估算系数的显著性都非常高。将系数转换为定基指数（以2012年1月为100），其描述统计见表2—5。从表2—5可见，北京住房价格最高点是基准期住房价格的3.38倍。这基本符合公众对住房价格涨跌的真实感受。

表 2—5　　　　　　北京住房价格重复交易指数的描述性统计

Min.	1st Qu.	Median	Mean	3rd Qu.	Max.
100.0	157.7	170.6	189.0	214.0	338.2

在实际运用领域，目前我国有一定影响力的住房价格指数主要有国家统计局按月发布的"70个大中城市住房价格指数"及中国指数研究院的"百城价格指数"。为便于进一步观察和比较，将本研究估算的北京重复交易住房价格指数与"70个大中城市住房价格指数""百城价格指数"绘制于同一图中（见图2—1）。从图2—1中可见，根据估算结果，北京住房价格最高点为2017年4月，此后住房价格一路下挫。至2017年10月北京住房价格连续环比下跌6个月，6个月累计下跌幅度为14.63%（将2017年10月与4月住房价格指数相比较得出）。这与调控步伐基本一致，进一步确认了北京住房价格是真跌而非假摔。

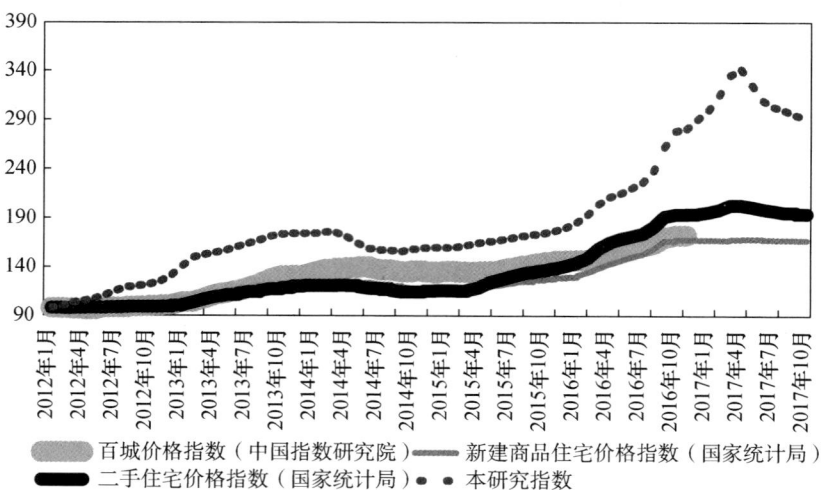

注：国家统计局及中国指数研究院指数均作了定基变换，从2016年12月起"百城价格指数"停止发布更新。

图 2—1　不同机构来源北京市住房价格定基指数比较（以 2012 年 1 月为 100）

从图2—1还可见，本研究的指数与"70个大中城市住房价格指数"在方向上基本一致，但本研究指数的涨跌幅要远高于统计局指数及"百城价格指数"。对比期间内国家统计局二手住宅价格指数的最高点仅为基期的2.03倍，从直观上看严重低估了北京住房价格涨幅。至于国家统计局的新建商品住宅价格指数，又要显著低于国家统计局二手住宅价格指数。"百城价格指数"为新房指数，与国家统计局指数大体接近。学界一般认为，新房与二手住房价格的这种差别代表了地方政府对新房市场价格管制的影响。在宏观调控的背景下，地方政府往往利用其预售审批权，对开发商定价进行变相管制，甚至由此引发局部抢购。相对来说，地方政府对二手住房价格缺乏直接干预手段。为进一步分析本研究指数与代表性指数差别形成的原因，将本研究指数与代表性指数"70个大中城市住房价格指数"及"百城价格指数"在数据来源、计算方法、住房价格内涵等方面作比较，具体分析见第一章第一部分。

（二）稳健性

McMillen 和 Thorsnes（2006）发现，对于两次重复交易期间存在重新装修的样本数据，采用分位数回归中的中位数回归更为可靠稳健。相对于线性最小二乘法，分位数回归（Quantile Regression）中的0.5分位数回归（中位数回归）对极端值、特异值更不敏感。分位数回归是对以古典条件均值模型为基础的最小二乘法的延伸，用多个分位函数来估计整体模型。中位数回归是分位数回归的特殊情况，用对称权重解决残差最小化问题。残差是独立正态分布时，分位数回归（$q=0.5$）与最小二乘法差别很小。当残差是其他情况下，二者差距很大。例如数据出现尖峰或厚尾的分布、存在显著的异方差等情况，这时的最小二乘法估计一般将不再具有优良性且稳健性较差。

而本例中，学区政策的调整，与国外重复交易指数研究中重新装修性质相同,都是少部分样本同质性发生变化,因此会产生一些特异或极端的重复交易价格。如果采用基于均值的最小二乘法,由于均值可能受极端值影响,指数结果的稳健性也有可能会受到影响。

为进一步检验指数的稳健性,采取分位数回归($q=0.5$)的方法重新估算北京市二手住房价格重复交易指数,并将估算结果与最小二乘法估计的指数相比较。估算结果的描述性统计如表2—6。对比表2—5最小二乘法估算的住房价格指数描述性统计,可以发现分位数回归重复交易指数在均值、中位数、最大值等方面虽然都要略微高于最小二乘法估算的住房价格指数,但二者的数值差别极小。

同时将两种方法估算的指数绘制于一张图中(见图2—2)。从图2—2中可见,两种方法估算的指数曲线基本重合。如果仔细观察,会发现二者虽然基本重合,但分位数回归重复交易指数曲线在重合线中略微偏上方。这表明,在使用最小二乘法估算指数时,虽然存在特异值拉低指数的作用,但这种作用细微到几乎可以忽略不计。这也证明,最小二乘法估算的指数同样具有稳健性,可以采信。

之所以出现这种结果,经过对计算过程的再梳理分析,认为存在两个方面的原因:

一是本研究数据来源于互联网大数据,样本量极大,从而大大弱化了极端值的影响;

二是数据的预处理中,采取了样本匹配的方法,这个过程除了能增加样本配对成功可能性外,本身也是一个去除极端值的过程。

表2—6　北京市分位数回归($q=0.5$)重复交易指数的描述性统计

Min.	1st Qu.	Median	Mean	3rd Qu.	Max.
100.0	158.9	172.0	190.6	216.4	338.6

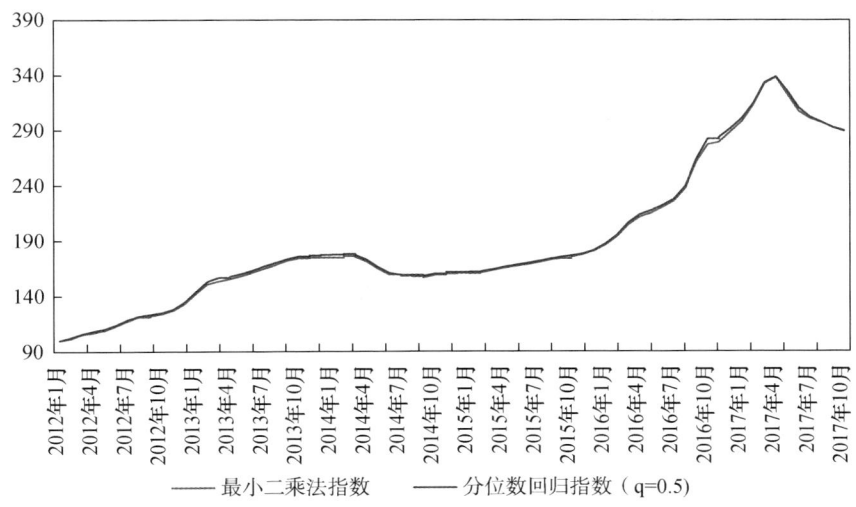

图 2—2　两种回归方法北京市住房价格指数比较（以 2012 年 1 月为 100）

五　结论

本研究顺应了互联网大数据兴起与中国大城市进入存量房时代两大历史潮流，尝试破解困扰中国住房价格指数编制的数据来源和技术方法两大瓶颈，编制基于重复交易法的较高质量特大城市住房价格指数。利用 93.7 万条二手房成交价数据，构建以"小区—建筑面积区间—户型"联合条件为样本匹配层次的重复交易模型，计算了 2012 年 1 月至 2017 年 10 月北京市主要城区二手房重复交易指数。研究结果确认"3·17"调控后北京住房价格从 2017 年 5—10 月连续环比下跌 6 个月，这 6 个月累计跌幅达 14.63%，北京住房价格是真跌而非假摔。

通过与"70 个大中城市住房价格指数"及"百城价格指数"等代表性指数实际表现、数据来源、方法、指数内涵的比较发现，本研究指数方法上具有更好的同质可比性，能更有效地避免加总失真。指数涨跌的方向性与国家统计局指数等基本相同，但涨跌幅要更为贴近于真实市场变动，是现有住房价格指数体系的有益补充。

通过分位数回归的方法，进一步验证了指数的稳健性。结果认为即使最小二乘法估算的住房价格指数也具有稳健性。互联网大数据的采用及样本匹配方法的应用等，削弱了特异交易对住房价格指数估算结果的不利影响。

第三章

与住房价格指数编制相适应的城市分级分类研究[①]

房地产业是众所周知的地域性极强的产业,区位因素在房地产价值构成中具有不可替代的重要地位。从房地产周期波动来说,众多研究表明,不同城市市场具有不同的房地产周期,统一的房地产周期或房地产市场是不存在的。从房地产的强地域性出发,衍生出了房地产政策的地域性。即:一城一策、因城施策,各地政府对稳定当地房地产市场负主体责任和第一责任,各地方政府具有充分的调控政策自主权。

另外,虽然房地产市场具有很强的地域性特征,但也不是完全的异质市场。根据不同的市场特性,也可以将全国各城市市场大体分为几个大类,从而针对其共性展开研究。一般的研究习惯是,将房地产市场分为一线、二线、三线、四线等不同大类的异质性市场。而在每个大类内部的不同城市,房地产市场则相对具有更多的同质性。针对不同的大类市场,可以编制住房价格综合指数,做出市场分析与预测,探讨共同的调控政策。从住房价格指数编制角度说,对不同城市进行分类分级具有重要的基础性意义,可以为编制分类住房价格指数和市场分类评价提供基础。

但从目前的情况看,城市分类分级虽然被普遍使用,包括国家

---

① 本章与首都经济贸易大学颜燕博士共同撰写。

统计局也在使用一二三四线城市的口径来评价住房价格涨跌，但是却缺乏公认统一的标准口径。在各家使用的城市分级口径中，只有一线城市"北京、上海、广州、深圳"是大体公认的，二线城市及以下的具体样本，各家则有较大出入。这也为各种分类分析、评价及数据的横向比较带来了较大的困难。

为破解这一困境，并为编制一二三四线城市住房价格分类指数提供基础，我们系统梳理了国内外相关城市分类分级的理论实践，在此基础上，提出了符合我国房地产市场现实的城市分类标准及具体分类。进而，利用该分类编制了城市分级住房价格综合指数。

一　理论综述

（一）世界城市理论研究

一是 Friedmann 的"世界城市假说"。1986 年，Friedmann 发表了《世界城市假说》一文，提出了"世界城市"的概念及完整的研究框架。Friedmann 认为，世界城市组织协调全球生产体系和市场体系，新国际劳动分工是形成世界城市的基本动力。Friedmann 探讨了世界城市形成的特征及融入世界经济体系的模式，强调世界城市的劳动力市场结构、城市物理形态和都市功能是由世界城市在国际劳动分工中承担的功能以及融入世界经济的程度决定的。他认为世界城市是全球化的产物，是全球经济的控制中心。世界城市的全球经济控制功能体主要包括国际金融、交通通信、高端商业服务、公司总部等。该理论以国际分工的视角来研究世界城市，将城市化过程与世界经济的发展联系起来。

二是 Manuel Castells 的"流空间（Space of Flow）"理论构想。Castells（1996）从信息流动的视角研究了全球城市的发展，认为现代社会由资本、信息、技术、组织等各种流组成。信息技术的发展改变了社会形态，正在使世界经济由"局部的空间"转变为"流空间"，"流空间"支配并塑造着网络社会。全球城市成为一个存在于"流的空间"中的"过程"，而非一个地点。作为世界信息网络的主要节点，全球城市支配着互联网的全球地理结构。全球城市不能脱离网络而独立存在，城市的功能和地位由网络所决定。

三是 Taylor 的世界城市网络理论。Taylor 等人在 Castells 流空间理论、Sassen 新中心地理学等的基础上，建立了世界城市网络理论。Taylor 等人认为，世界城市网络具有构成世界经济的网络、网络多重中心的城市节点、创造网络的服务公司次节点三个层次。世界城市网络是全球服务公司办公点以及它们之间形成的各种"流"的综合。世界城市是相互连接的网络体系中的"全球服务中心"。Taylor 主持的"全球化与世界城市研究小组与网络"（Globalization and World Cities Study Group and Network，GaWC）所发布的 GaWC 世界城市排名是最具影响力的城市排名之一。

（二）中心地理论

中心地理论是由德国城市地理学家克里斯塔勒（W. Christaller）和德国经济学家廖什（A. Lösch）分别于 1933 年和 1940 年提出的，20 世纪 50 年代起开始流行于英语国家，之后传播到其他国家，被认为是 20 世纪人文地理学最重要的贡献之一。中心地理论是研究城市群和城市化的基础理论之一，也是西方马克思主义地理学的建立基础之一。

根据该理论，城市的基本功能是为周围的地区提供商品和服务。最重要的中心地不一定是人口最多的，但却是在交通网络上处于最关键位置的、能提供很广泛的商品和服务的地区。

克里斯塔勒创建中心地理论深受杜能和韦伯区位论的影响，故而他的理论也建立在"理想地表"之上，其基本特征是每一点均有接受一个中心地的同等机会，一点与其他任一点的相对通达性只与距离成正比，而不管方向如何，均有一个统一的交通面。后来，克里斯塔勒又引入新古典经济学的假设条件，即生产者和消费者都属于经济行为合理的人的概念。这一概念表示生产者为谋取最大利润，寻求掌握尽可能大的市场区，致使生产者之间的间隔距离尽可能大；消费者为尽可能减少旅行费用，都自觉地到最近的中心地购买货物或取得服务。生产者和消费者都具备完成上述行为的完整知识。经济人假设条件的补充对中心地六边形网络图形的形成是十分重要的。

二　机构报告

（一）全球城市分级相关报告

1. 世界城市研究网络（GaWC）世界城市分级：The World According to GaWC

（1）评价方法

GaWC 延续以全球网络连通性为核心的全球城市评价研究模型，从人口大于 150 万人或在相关研究文献中被认为拥有关键性经济地位的城市中挑选 707 个备选城市，在会计业、银行业/金融业、广告业、管理咨询业和法律行业五大主要"先进生产服务"维度中根据营业额或综合性指数排行（如福布斯等）中挑选知名公司，通过获取公司在备选城市营业网点与其他城市的业务联系数据，描述备选城市之间的相互经济联系，从而测量一个城市融入全球城市网络的程度。

（2）2018 年中国上榜城市及排名

表 3—1　　2018 年中国上榜城市及排名（GaWC）

Alpha + +	无
Alpha +	香港、北京、上海

续表

Alpha + +	无
Alpha	台北、广州
Alpha –	深圳
Beta +	成都、杭州
Beta	天津、南京、武汉
Beta –	重庆、苏州、大连、厦门、长沙、沈阳、青岛、济南
Gamma +	西安、郑州
Gamma	昆明、合肥、太原
Gamma –	福州
High Sufficiency	高雄、宁波
Sufficiency	乌鲁木齐、哈尔滨、石家庄、长春、南昌、台中、兰州、贵阳、海口、无锡、珠海、南宁、澳门、呼和浩特、西宁、潍坊、南通

2. 科尔尼公司全球城市指数：Global Cities Report

（1）评价方法

该系列报告有两个指数：全球城市指数和全球潜力城市指数。全球城市指数围绕商业活动、人力资本、信息流通、文化体验、政治参与五大维度的 27 项指标收集事实和公开数据，对全球城市的未来发展趋势进行预判，是一套全面评估城市发展的持续性较强的综合指标体系。全球潜力城市指数围绕居民幸福感、经济状况、创新、治理四个维度的 13 个标准评估城市的未来发展潜力，通过对环保表现、基础设施、创新能力等因素的评价来评估城市长期投资与成功的潜力。

（2）2018 年中国上榜城市及排名

表3—2　　2018 年中国上榜城市及排名（Global Cities Report）

全球城市指数上榜城市	香港、北京、上海、台北、广州、深圳、天津、南京、成都、武汉、大连、青岛、西安、重庆、苏州、杭州、哈尔滨、沈阳、宁波、长沙、郑州、无锡、佛山、烟台、东莞、唐山、泉州

续表

全球潜力城市指数上榜城市	台北、北京、深圳、香港、苏州、南京、无锡、广州、宁波、上海、天津、西安、长沙、佛山、杭州、武汉、泉州、烟台、大连、唐山、成都、沈阳、哈尔滨、东莞、郑州、重庆、青岛

3. 澳大利亚 2thinknow 智库全球创新城市指数：Innovation Cities Index

（1）评价方法

全球创新城市指数的分析框架以文化资产、人力基础设施、网络型市场三大核心要素为起点，划分 1 个领域、16 个指标、1200 个数据点，进行正态分布计算合并，用于衡量城市的创新程度和潜力。

（2）2018 年中国上榜城市及排名

表3—3　　2018 年中国上榜城市及排名（Innovation Cities Index）

核心城市	北京、上海、香港
枢纽城市	深圳、台北、广州
节点城市	南京、天津、苏州、成都、重庆、东莞、大连、杭州、厦门、武汉、宁波、西安、青岛、高雄、无锡、澳门、哈尔滨、长春、沈阳、珠海、郑州、泉州、福州、台南、南宁、佛山、温州、昆明、烟台、威海、济南、扬州、太原、南通、南昌、合肥、台中、中山
起步城市	汕头

4. 中国社会科学院与联合国人居署：全球城市竞争力报告

（1）评价方法

基于替代弹性的视角，一个城市在全球城市功能体系中越难以被其他城市所替代，其在全球城市体系中的等级也就越高。基于此构建了集聚度和联系度两大维度的指标。

（2）2019 年中国上榜城市及排名

表3—4　　2019年中国上榜城市及排名（全球城市竞争力报告）

A+	无
A	北京
B+	上海
B	香港、台北
C+	广州、深圳、成都、南京
C	杭州、武汉、天津、重庆、西安、青岛、长沙、厦门、合肥、大连、沈阳、济南、郑州、昆明、苏州、哈尔滨、福州、宁波
D+	长春、无锡、石家庄、太原、南昌、贵阳、南宁、兰州、珠海、乌鲁木齐、东莞、高雄、温州、海口、南阳、徐州、南通、常州、佛山、澳门、烟台、中山
D	新竹、桂林、台中、洛阳、银川、扬州、呼和浩特、吉林、镇江、连云港、潍坊、惠州、绵阳、安阳、盐城、汕头、唐山、泉州、西宁、嘉兴、淄博、威海、邯郸、台南、襄阳
E+	宝鸡、宿迁、黄石、赤峰、黄冈、荆州、清远、钦州、泰安、丽江、遂宁、娄底、莆田、承德、日照、龙岩、汉中、克拉玛依、鄂尔多斯、宝鸡、枣庄、晋中、丹东、张家界、梅州、眉山
E	鹤岗、辽源

5. 其他评价报告

（1）日本森纪念财团城市策略研究所全球实力城市指数：Global Power City Index

全球实力城市指数一方面从经济、研发、文化交流、宜居性、环境和交通便利性6个功能维度的70项指标评估全球城市的综合实力；另一方面利用问卷调查的方式，从细分指标中选出若干项并赋予不同权重，向经理、研究人员、艺术家、游客、居民5类城市参与者展开调查，并对收集的得分进行排名，形成主客观评价相结合的完整的评估体系。

2018年中国上榜城市为：香港、北京、上海、台北。

（2）西班牙IESE商学院全球活力城市指数：Cities in Motion Index

全球活力城市指数将城市发展数据划分为人力资本、社会凝聚力、经济状况、环境、流动性与运输、城市规划、国际联系、科技、政府治理及公共管理等维度,通过收集来自该领域权威机构的研究数据进行综合评分,加权汇总计算得出综合分值排名,并把城市划分成 A、RA、M、B 四个等级。

2018 年中国上榜城市为:香港、上海、北京、广州、深圳、天津。

(二) 中国城市分级研究

1. 第一财经·新一线城市研究所:城市商业魅力排行榜

(1) 指标体系

城市商业魅力 = 未来可塑性(0.20)+ 商业资源集聚度(0.23)+ 生活方式多样化(0.19)+ 城市人活跃度(0.21)+ 城市枢纽性(0.17)

其基本计算公式与权重可表示为:城市商业魅力 = $0.20 \times$ 未来可塑性 $+ 0.23 \times$ 商业资源集聚度 $+ 0.19 \times$ 生活方式多样化 $+ 0.21 \times$ 城市人活跃度 $+ 0.17 \times$ 城市枢纽性。

其中,未来可塑性包括创新氛围指数、人才吸引力指数、消费潜力指数、城市规模与增长数据 4 个二级指标;商业资源集聚度包括大品牌青睐指数、商业核心指数、基础商业指数 3 个二级指标;生活方式多样性包括出门新鲜度指数、消费多样性指数、休闲丰富度指数 3 个二级指标;城市人活跃度包括消费活跃度指数、夜间活跃度指数、社交活跃度指数 3 个二级指标;城市枢纽性包括城际交通基础设施指数、交通联系度指数、物流通达度指数、商业资源区域中心度指数。

(2) 2019 年第一财经·新一线城市研究所:城市商业魅力排行榜

表3—5 2019年第一财经·新一线城市研究所：城市商业魅力排行榜

一线城市	北京市、上海市、广州市、深圳市
新一线城市	成都市、杭州市、重庆市、武汉市、西安市、苏州市、天津市、南京市、长沙市、郑州市、东莞市、青岛市、沈阳市、宁波市、昆明市
二线城市	无锡市、佛山市、合肥市、大连市、福州市、厦门市、哈尔滨市、济南市、温州市、南宁市、长春市、泉州市、石家庄市、贵阳市、南昌市、金华市、常州市、南通市、嘉兴市、太原市、徐州市、惠州市、珠海市、中山市、台州市、烟台市、兰州市、绍兴市、海口市、扬州市
三线城市	汕头市、湖州市、盐城市、潍坊市、保定市、镇江市、洛阳市、泰州市、乌鲁木齐市、临沂市、唐山市、漳州市、赣州市、廊坊市、呼和浩特市、芜湖市、桂林市、银川市、揭阳市、三亚市、遵义市、江门市、济宁市、莆田市、湛江市、绵阳市、淮安市、连云港市、淄博市、宜昌市、邯郸市、上饶市、柳州市、舟山市、咸阳市、九江市、衡阳市、威海市、宁德市、阜阳市、株洲市、丽水市、南阳市、襄阳市、大庆市、沧州市、信阳市、岳阳市、商丘市、肇庆市、清远市、滁州市、龙岩市、荆州市、蚌埠市、新乡市、鞍山市、湘潭市、马鞍山市、三明市、潮州市、梅州市、秦皇岛市、南平市、吉林市、安庆市、泰安市、宿迁市、包头市、郴州市
四线城市	韶关市、常德市、六安市、汕尾市、西宁市、茂名市、驻马店市、邢台市、南充市、宜春市、大理白族自治州、丽江市、延边朝鲜族自治州、衢州市、黔东南苗族侗族自治州、景德镇市、开封市、红河哈尼族彝族自治州、北海市、黄冈市、东营市、怀化市、阳江市、菏泽市、黔南布依族苗族自治州、宿州市、日照市、黄石市、周口市、晋中市、许昌市、拉萨市、锦州市、佳木斯市、淮南市、抚州市、营口市、曲靖市、齐齐哈尔市、牡丹江市、河源市、德阳市、邵阳市、孝感市、焦作市、益阳市、张家口市、运城市、大同市、德州市、玉林市、榆林市、平顶山市、盘锦市、渭南市、安阳市、铜仁市、宣城市、永州市、黄山市、西双版纳傣族自治州、十堰市、宜宾市、丹东市、乐山市、吉安市、宝鸡市、鄂尔多斯市、铜陵市、娄底市、六盘水市、承德市、保山市、毕节市、泸州市、恩施土家族苗族自治州、安顺市、枣庄市、聊城市、百色市、临汾市、梧州市、亳州市、德宏傣族景颇族自治州、鹰潭市、滨州市、绥化市、眉山市、赤峰市、咸宁市

续表

五线城市	防城港市、玉溪市、呼伦贝尔市、普洱市、葫芦岛市、楚雄彝族自治州、衡水市、抚顺市、钦州市、四平市、汉中市、黔西南布依族苗族自治州、内江市、湘西土家族苗族自治州、漯河市、新余市、延安市、长治市、文山壮族苗族自治州、云浮市、贵港市、昭通市、河池市、达州市、淮北市、濮阳市、通化市、松原市、通辽市、广元市、鄂州市、凉山彝族自治州、张家界市、荆门市、来宾市、忻州市、克拉玛依市、遂宁市、朝阳市、崇左市、辽阳市、广安市、萍乡市、阜新市、吕梁市、池州市、贺州市、本溪市、铁岭市、自贡市、锡林郭勒盟、白城市、白山市、雅安市、酒泉市、天水市、晋城市、巴彦淖尔市、随州市、兴安盟、临沧市、鸡西市、迪庆藏族自治州、攀枝花市、鹤壁市、黑河市、双鸭山市、三门峡市、安康市、乌兰察布市、庆阳市、伊犁哈萨克自治州、儋州市、哈密市、海西蒙古族藏族自治州、甘孜藏族自治州、伊春市、陇南市、乌海市、林芝市、怒江傈僳族自治州、朔州市、阳泉市、嘉峪关市、鹤岗市、张掖市、辽源市、吴忠市、昌吉回族自治州、大兴安岭地区、巴音郭楞蒙古自治州、阿坝藏族羌族自治州、日喀则市、阿拉善盟、巴中市、平凉市、阿克苏地区、定西市、商洛市、金昌市、七台河市、石嘴山市、白银市、铜川市、武威市、吐鲁番市、固原市、山南市、临夏回族自治州、海东市、喀什地区、甘南藏族自治州、昌都市、中卫市、资阳市、阿勒泰地区、塔城地区、博尔塔拉蒙古自治州、海南藏族自治州、克孜勒苏柯尔克孜自治州、阿里地区、和田地区、玉树藏族自治州、那曲地区、黄南藏族自治州、海北藏族自治州、果洛藏族自治州、三沙市

2. 仲量联行：中国城市经济竞争与发展综合评估

（1）指标体系

仲量联行较早地在中国引入商业性城市评价分级，但目前只公布了相应的排名榜单，尚未公布完整的评价指标体系。

（2）2018年仲联量行"中国城市经济竞争与发展综合评估"榜单

表3—6　2018年仲联量行"中国城市经济竞争与发展综合评估"榜单

世界一线	北京、上海、香港、广州、深圳
中国一线	武汉、杭州、成都、重庆、天津、苏州、南京、台北
中国二线	宁波、西安、青岛、长沙、沈阳、无锡、大连、东莞、厦门、合肥、佛山、郑州、福州、济南、哈尔滨、高雄、澳门

	续表
中国三线	昆明、温州、烟台、石家庄、常州、泉州、南宁、贵阳、南昌、中山、南通、绍兴、临沂、连云港、桂林、湛江、新北、大庆、襄阳、长春、惠州、宜昌、台州、徐州、金华、嘉兴、保定、太原、乌鲁木齐、兰州、珠海、镇江、海口、三亚、扬州、洛阳、唐山、盐城、湖州、芜湖、岳阳、威海、九江、株洲、莆田、信阳、柳州、绵阳、汕头、南阳、廊坊、呼和浩特、泰州、宿迁、上饶、黄冈、咸阳、江门、济宁、荆州、银川、淄博、邯郸、衡阳、揭阳

3. 普华永道：机遇之城2019

（1）指标体系

报告从"智力资本和创新""技术成熟度""区域重要城市""健康、安全与治安""交通和城市规划""可持续发展与自然环境""文化与居民生活""经济影响力""成本""宜商环境"共10个维度50个变量对中国38个行政与经济中心城市进行评价分析。

（2）普华永道城市分类排名：机遇之城2019

表3—7　　　　普华永道城市分类排名：机遇之城2019

排名前10位	北京、上海、香港、广州、深圳、杭州、成都、武汉、厦门、南京
排名11—20位	西安、长沙、苏州、郑州、青岛、济南、天津、澳门、宁波、昆明
余下18城	重庆、福州、大连、珠海、合肥、佛山、无锡、乌鲁木齐、沈阳、海口、太原、中山、贵阳、石家庄、哈尔滨、保定、兰州、唐山

（三）房地产相关机构城市分级情况

1. 中国指数研究院：中国地级以上城市房地产开发投资吸引力研究报告

（1）评价方法

该报告围绕市场容量和增值潜能两大维度对中国地级以上城市房地产开发投资吸引力进行评价。

（2）2019年中国地级以上城市房地产开发投资吸引力评价结果

表3—8　2019年中国地级以上城市房地产开发投资吸引力评价结果

1线城市	上海、北京、深圳、广州
1.5线城市	杭州、武汉、南京、成都、重庆、天津、苏州、郑州
2线城市	无锡、宁波、温州、合肥、福州、厦门、青岛、济南、昆明、石家庄、西安、长沙、贵阳、沈阳、大连、长春、哈尔滨、佛山
2.5线城市	东莞、惠州、中山、常州、南通、徐州、扬州、嘉兴、绍兴、台州、乌鲁木齐、泉州、南昌、烟台、威海、潍坊、太原、银川、廊坊、唐山、南宁、呼和浩特、海口、三亚
3线城市	珠海、江门、汕头、肇庆、湛江、清远、镇江、泰州、盐城、淮安、鄂尔多斯、宿迁、金华、湖州、舟山、芜湖、阜阳、滁州、安庆、宣城、漳州、驻马店、莆田、三明、临沂、淄博、济宁、德州、泰安、东营、菏泽、绵阳、秦皇岛、泸州、南充、宜宾、西宁、鞍山、本溪、锦州、营口、盘锦、新乡、张家口、赤峰、赣州、吉林、株洲、襄阳、宜昌、大庆、绥化、洛阳、包头、连云港、信阳、柳州、桂林、北海、兰州、曲靖、保定、邯郸、沧州、承德
3.5线城市	茂名、韶关、阳江、丽水、衢州、宿州、亳州、黄山、淮南、蚌埠、齐齐哈尔、铜陵、六安、池州、龙岩、南平、宁德、上饶、宜春、抚州、九江、呼伦贝尔、聊城、日照、滨州、枣庄、玉溪、自贡、德阳、达州、遂宁、乐山、葫芦岛、内江、眉山、广安、资阳、榆林、宝鸡、汉中、渭南、咸阳、辽阳、防城港、丹东、朝阳、抚顺、铁岭、通化、岳阳、衡阳、郴州、湘潭、常德、马鞍山、怀化、永州、益阳、娄底、黄冈、黄石、孝感、十堰、荆门、荆州、牡丹江、咸宁、南阳、商丘、许昌、安阳、开封、周口、衡水、邢台、遵义、玉林、钦州、通辽
4线城市	揭阳、河源、梅州、汕尾、潮州、云浮、昭通、丽江、普洱、攀枝花、克拉玛依、保山、雅安、广元、巴中、延安、铜川、安康、商洛、长治、石嘴山、巴彦淖尔、晋城、运城、晋中、阳泉、朔州、临汾、忻州、吕梁、莱芜、七台河、乌兰察布、吴忠、固原、中卫、乌海、鹰潭、吉安、萍乡、白山、四平、六盘水、景德镇、辽源、白城、邵阳、随州、鄂州、黑河、鸡西、伊春、新余、张家界、三门峡、鹤岗、焦作、濮阳、漯河、鹤壁、毕节、安顺、铜仁、贵港、平顶山、嘉峪关、崇左、河池、百色、贺州、来宾、金昌、天水、酒泉、定西、佳木斯、双鸭山、陇南、白银、平凉、庆阳、张掖、武威、淮北、临沧、大同、吐鲁番、日喀则、松原、海东、阜新、拉萨、哈密、俄州、昌都、山南、林芝、三沙、那曲

2. 全国城市地价动态监测分析报告

（1）指标体系

一线城市根据约定俗成划分，二三线城市根据城市行政等级作简单划分。

（2）城市分类

表3—9　　　　全国城市地价动态监测分析报告城市分类

一线城市	北京、上海、广州、深圳
二线城市	除一线城市外的直辖市、省会城市和计划单列市（32个）
三线城市	除一线、二线城市外的70个监测城市

三　符合研究需要的城市分级

（一）基本要求

本研究的城市分级服务于特定的房地产研究需要，不能完全照搬照抄已经有的城市分级分类名单，需要在已有研究分类的基础上加以改进完善。

首先，要符合中国城市化的特征及阶段。一线城市已经进入资源外溢阶段。二线城市仍处于资源虹吸阶段。三四线城市属于被虹吸对象。

其次，要符合中国国情和房地产市场发展愿景，市场走势具有相对较大的同质性，样本具有较大代表性，特别考虑城市行政等级在中国的特殊作用。在同等经济社会条件下，省会及以上城市优先列入二线城市。

最后，要考虑地域分布的相对均衡性。这样可以避免指数编制时，某一大类指数仅主要代表特定区域的走势。

（二）分级规划

样本城市分级规则：根据经济规模、财政收入、住房价格水平、行政等级、发展潜力、市场认可度等因素对 141 个样本城市进行分类。

（三）分级结果

根据以上标准，通过数据排序，初步对本研究涉及的样本城市作了如下分级：

一线城市（4 个）：北京、上海、广州、深圳；

二线城市（27 个）：苏州、重庆、天津、杭州、武汉、成都、南京、宁波、青岛、郑州、无锡、长沙、厦门、济南、西安、沈阳、大连、福州、南通、东莞、哈尔滨、长春、石家庄、佛山、南昌、昆明、合肥；

三线城市（36 个）：沧州、常德、西宁、包头、保定、常州、赣州、贵阳、海口、呼和浩特、惠州、嘉兴、兰州、廊坊、柳州、洛阳、南宁、泉州、三亚、绍兴、太原、泰州、唐山、温州、乌鲁木齐、芜湖、襄阳、徐州、烟台、盐城、扬州、宜昌、银川、漳州、中山、珠海；

四线城市（74 个）：安庆、安阳、鞍山、蚌埠、威海、承德、绵阳、大庆、阜阳、黄石、吉安、荆州、开封、南充、日照、六安、汕头、湛江、宁德、衢州、临沂、商丘、遂宁、太仓、湘潭、信阳、张家口、驻马店、达州、北海、滁州、鄂州、防城港、桂林、邯郸、衡水、衡阳、湖州、淮安、吉林、聊城、江门、金华、九江、昆山、连云港、泰安、眉山、马鞍山、泸州、自贡、乐山、南阳、秦皇岛、清远、茂名、上饶、梅州、淄博、济宁、潍坊、西双版纳、咸阳、新乡、邢台、宿迁、韶关、阳江、张家港、肇庆、镇江、株洲、滨州、遵义。

第 四 章

住房价格综合指数构建研究

一 编制住房价格综合指数的意义

虽然房地产市场是一个地域性极强的市场，理论上，一个统一的全国或全省"房地产市场"并不存在，但编制包含多个城市房地产市场走势信息的住房价格综合指数仍具有重要的理论及现实意义。

首先，宏观经济研究中，往往需要考察不同地域市场的加总效应。房地产市场与宏观经济运行息息相关，房地产市场通过金融、投资、关联产业等渠道对宏观经济产生重要影响。区域市场的同涨同跌，还可能诱发宏观经济产生巨大的系统性风险。因而，对地域房地产市场的走势进行加总，编制跨地域的住房价格综合指数，对于宏观经济监测分析具有重要意义。

其次，住房价格综合指数是制定跨周期的房地产投资组合的重要参考。由于房地产市场的地域性，不同的城市往往会处于不同的周期阶段。这样，便可以通过地域分散投资，达到跨越周期阶段对冲市场波动风险的目的。通过对综合指数样本及权重的合理设置，可以很便利地实现对房地产投资组合收益及风险的评价。

最后，编制综合指数对于制定分类指导的调控政策及相关投资战略也具有重要意义。虽然不同地域房地产市场千差万别，但是某些特定的城市之间仍然会存在较大共性或关联。比较典型的如一二三四线城市，特定的某线城市往往具有相似的城市化格局、产业结构、人口规模及收入水平，因而房地产市场走势也会有一些共性。另外，随着城市群的崛起，城市群内部各城市的走势也会存在一些共性。通过编制分层级或分城市群的综合指数，对于制定分类指导的调控政策，以及企业、居民投资布点、就业迁移等，都具有一定的参考价值。

二 综合指数编制规则与方法

（一）基本规则

一是以城市分类研究为基础。综合指数编制以科学的城市分类研究为基础，纳入综合指数样本的城市应具有一定的共性。

二是与研究目标相匹配。综合指数的编制应服务于明确的研究目标，比如监测宏观经济、制定投资组合，制定分类指导的调控政策、区域投资战略评估等。

三是具有明确的经济学含义。综合指数的内涵应当是明确的、可解释的，可以进行因果追溯。

四是权重设置科学合理。通过科学合理的权重，使得综合指数能够尽可能真实地反映市场总体变化，尽量减少失真。

（二）主要综合指数及其设定

1. 核心城市指数

核心城市指数综合了全国 24 个核心城市住房价格的变化，可作为中国房地产市场和宏观经济的重要晴雨表。

24 个核心城市分别为上海、北京、深圳、广州、天津、重庆、苏州、杭州、武汉、成都、南京、宁波、青岛、郑州、无锡、长沙、厦门、济南、西安、沈阳、大连、福州、南通、东莞，基本覆盖了中国最具经济竞争力的城市群体。其中包含一线城市4个、二线城市20个。

核心城市指数以2018年1月为住房价格基期,并以基期住房价格为100,以各城市2017年商品住房销售额为指数权重进行综合计算。其经济含义是,2017年上述核心城市卖出的所有商品住房,如果持有到目标期,该投资组合相对现价(价格增幅)是多少。比如目标期核心城市指数为150,则表示2017年24个核心城市卖出的所有商品住房,至目标期现价已经较2018年1月上涨了50%。

2. 区域核心城市指数

根据主要城市群分布及房地产市场走势的观察近似性,区域核心指数暂包括京津冀核心指数、长三角核心指数、粤港澳大湾区指数、海峡西岸核心指数、东北核心指数5个综合指数,用以反映中国主要城市群具有竞争力的核心城市住房价格综合变动状况。

其中:

京津冀核心指数样本包括沧州、保定、北京、天津、廊坊、石家庄、唐山;

长三角核心指数样本包括常州、杭州、南京、宁波、苏州、无锡、嘉兴、南通、合肥、上海、绍兴、泰州、芜湖、盐城、扬州;

粤港澳大湾区指数样本包括广州、东莞、惠州、江门、深圳、佛山、肇庆、中山、珠海;

海峡西岸核心指数样本包括厦门、福州、赣州、泉州、温州、漳州;

东北核心指数样本包括大连、长春、沈阳、哈尔滨。

以2018年1月为住房价格基期,并以基期住房价格为100,以各城市2017年商品住房销售额为指数权重进行综合计算。

3. 城市分级指数

城市分级指数包括一二三四线城市4个综合指数,分别反映一二三四线城市住房价格综合变动状况。

由于各级城市分布的地域不均衡性，为提高均衡度和代表性，除一线城市住房价格指数外，二三四线城市住房价格指数均选取代表性城市而非全样本。

一线城市指数样本（4个）：北京、上海、广州、深圳；

二线城市指数样本（20个）：厦门、杭州、南京、福州、宁波、苏州、天津、东莞、无锡、青岛、南通、武汉、济南、成都、郑州、西安、大连、重庆、沈阳、长沙；

三线城市指数样本（32个）：常德、包头、保定、常州、赣州、贵阳、海口、呼和浩特、惠州、嘉兴、兰州、廊坊、柳州、洛阳、南宁、泉州、三亚、绍兴、太原、唐山、温州、乌鲁木齐、芜湖、襄阳、徐州、烟台、扬州、宜昌、银川、漳州、中山、珠海；

四线城市指数样本（29个）：绵阳、南充、汕头、湛江、临沂、北海、滁州、鄂州、桂林、邯郸、衡阳、湖州、淮安、江门、金华、九江、连云港、马鞍山、南阳、秦皇岛、上饶、济宁、潍坊、西双版纳、咸阳、新乡、镇江、株洲、遵义。

以2018年1月为住房价格基期，并以基期住房价格为100，以各样本城市2017年商品住房销售额为指数权重进行综合计算。

4. 成交量指数

成交量指数虽然并非住房价格指数，但由于价量的密切关联性，可以和住房价格综合指数一起作为重要的市场分析参考。

成交量指数以十大城市二手房成交量为基础。十大城市的样本为北京、上海、成都、大连、武汉、苏州、深圳、南京、杭州、重庆，以2017年1月为基期，并以基期成交量为100。

三 综合指数结果分析

根据以上规则与设定，通过计算，得到2018年1月至2020年1

月全国核心城市指数、区域核心城市指数及城市分级指数。从而可以对中国城市住房市场走势作一个更为准确的评价。

（一）2018年1月至2020年1月市场态势回顾

1. 核心城市住房价格略有回升，租金走出季节性低谷

近半年核心城市住房价格由稳中缓降到略有回升。纬房核心城市住房价格指数显示（见图4—1），2020年1月，全国24个核心城市综合住房价格环比上涨0.28%。这是核心城市住房价格经历了连续5个月的稳中缓降以来，首次出现小幅回升。

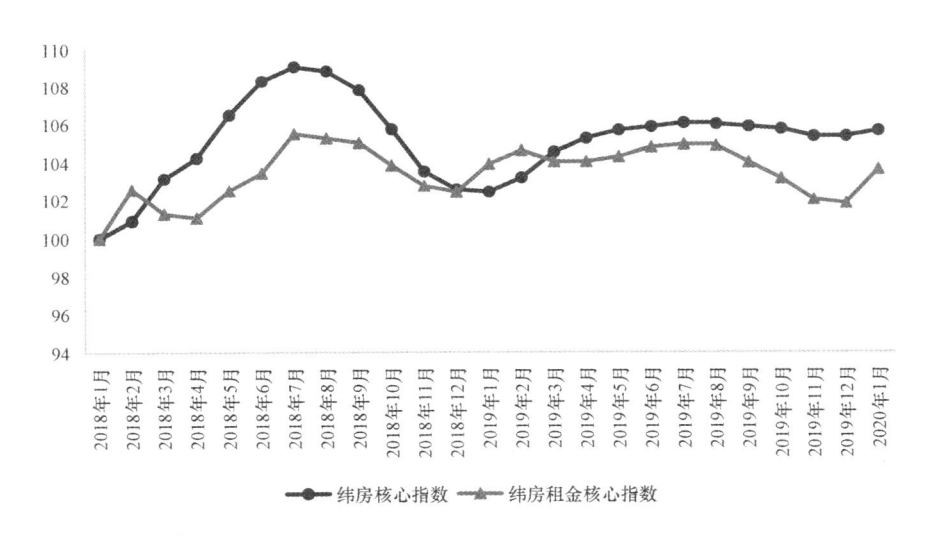

图4—1 纬房核心指数与纬房租金核心指数（定基，2018年1月住房价格或租金=100）
资料来源：纬房指数研究小组。

但从近两年的市场走势看，核心城市住房价格仍保持稳中略涨的趋势。核心城市住房价格指数显示，与2018年1月相比，全国24个核心城市综合住房价格上涨了5.07%；与2019年1月相比，核心城市综合住房价格上涨了3.17%。住房价格综合上涨幅度在相对合理的范围区间内。

租金走出季节性低谷。纬房租金核心指数显示，2020年1月，全国22个核心城市住房租金环比上涨1.79%，同比下跌0.24%。这表明核心城市住房租金在经历了连续5个月的季节性下跌之后，开始从季节性低谷中走出。

尽管核心城市租金从2019年8月以来连续5个月下跌，但从近两年的市场走势看，缓慢向上趋势变没有改变。租金核心指数显示，与2018年1月相比，核心城市租金上涨了3.68%。

二手房成交量出现季节性萎缩。2020年1月，十大重点城市二手住房成交量指数为91.29，比上个月下降了43%，但与2019年2月相比略有增长（见图4—2）。由于受春节假期的影响，二手住房成交量变动并不能真实反映市场量能的变化，市场交易走势还有待进一步观察。

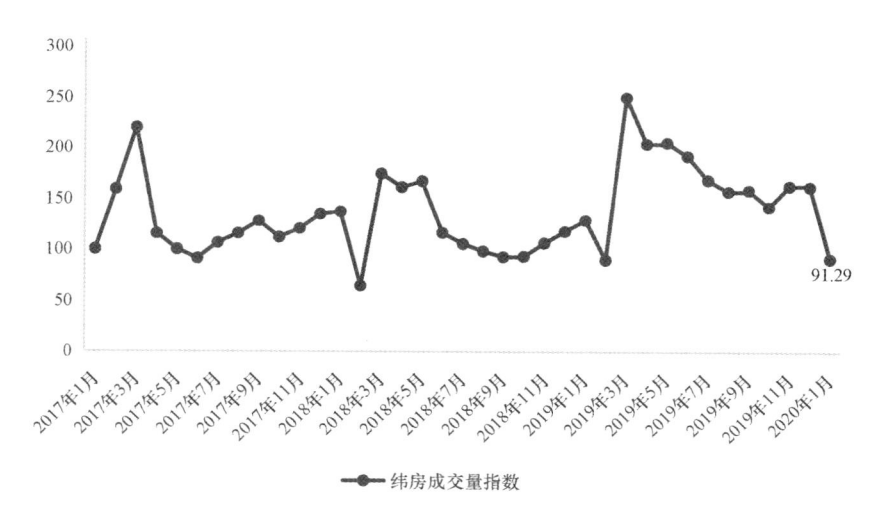

图4—2　纬房成交量指数（2017年1月成交量=100）

资料来源：中国社会科学院财经战略研究院住房大数据项目组。

2. 一二线城市稳中趋升，三四线城市稳中趋降

从2018年以来的市场走势看，一二三四线城市住房价格上涨格局与城市等级完全倒置。四线城市住房价格上涨最大，三线城市次

之，二线城市再次之，一线城市住房价格总体下降。纬房城市分级指数显示（见图4—3至图4—7），与2018年1月相比，2020年1月四线城市住房价格上涨15.82%，三线城市住房价格上涨12.93%，二线城市住房价格上涨7.55%，一线城市住房价格下跌0.29%。一二线城市中，近两年住房价格上涨态势较为明显的有深圳、苏州、无锡、宁波、南通、东莞、昆明等城市，多数城市以平稳为主。

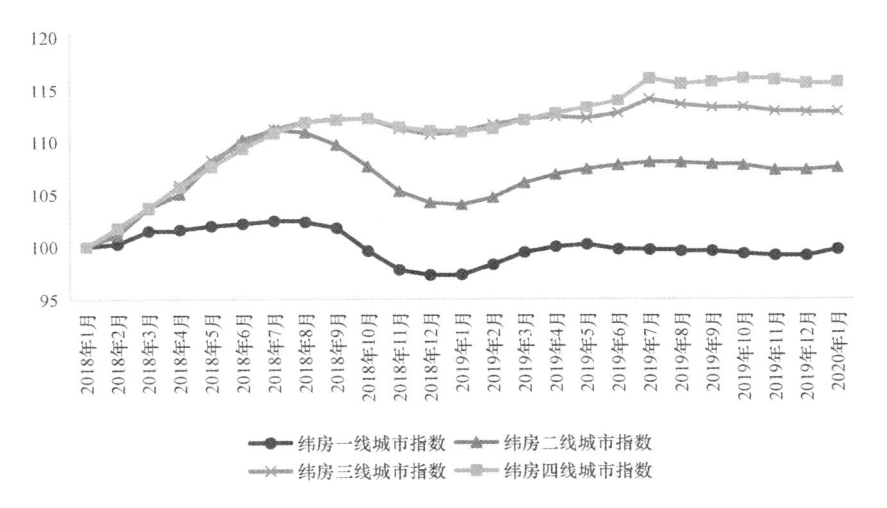

图4—3 纬房城市分级指数（定基，2018年1月住房价格=100）
资料来源：中国社会科学院财经战略研究院住房大数据项目组。

但从最近的住房价格走势看，一二线城市稳中趋升，三四线城市稳中趋降，一二线城市住房价格涨幅要显著高于三四线城市。城市分级指数显示，与上个月相比，2020年1月一二三四线城市住房价格环比分别上涨0.61%、0.18%、0.05%与0.1%。这也预示三四线城市的景气周期可能已经阶段性见顶。

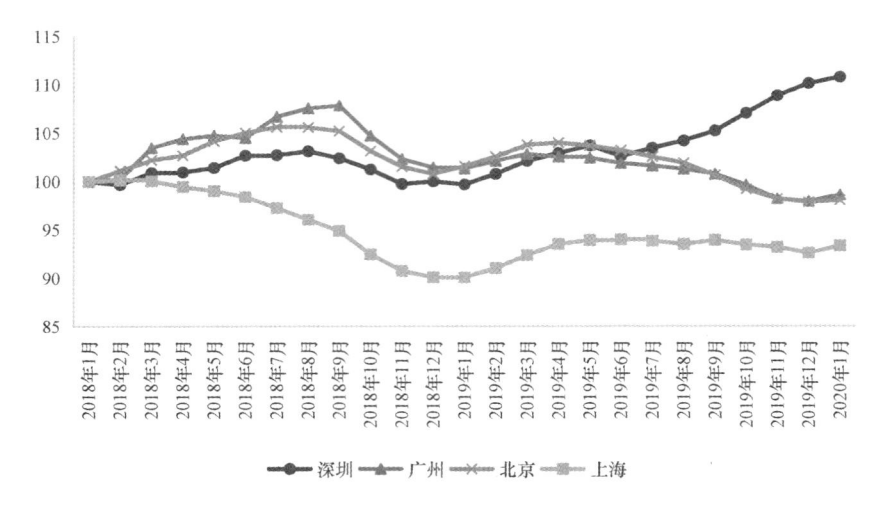

图4—4 一线城市纬房指数（定基，2018年1月住房价格=100）

资料来源：中国社会科学院财经战略研究院住房大数据项目组。

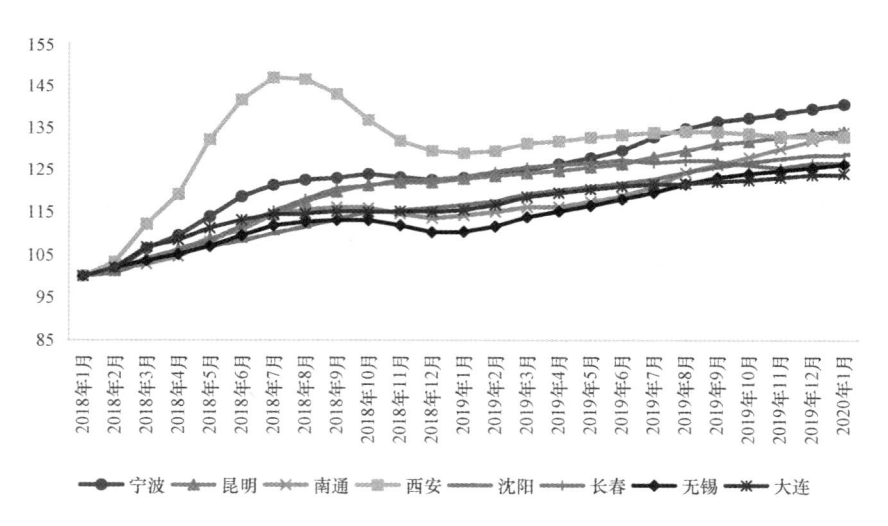

图4—5 二线城市纬房指数1（定基，2018年1月住房价格=100）

资料来源：中国社会科学院财经战略研究院住房大数据项目组。

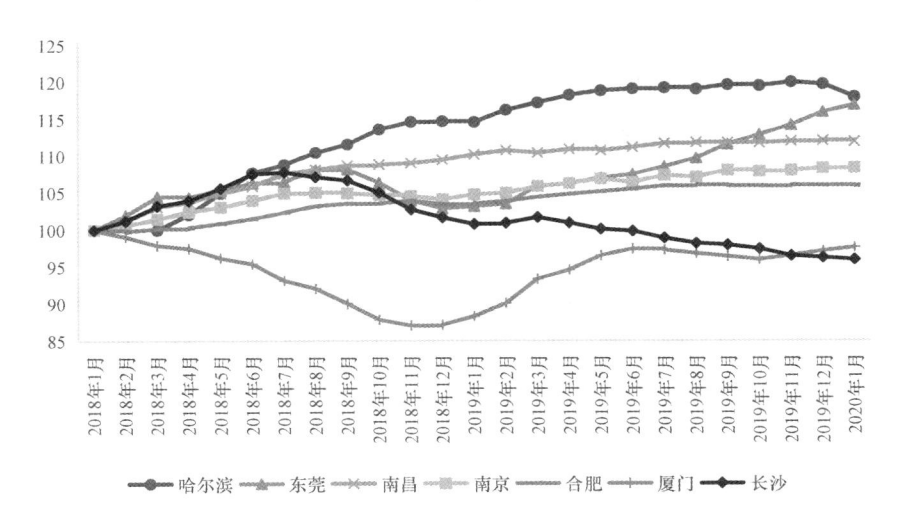

图 4—6　二线城市纬房指数 2（定基，2018 年 1 月住房价格 = 100）

资料来源：中国社会科学院财经战略研究院住房大数据项目组。

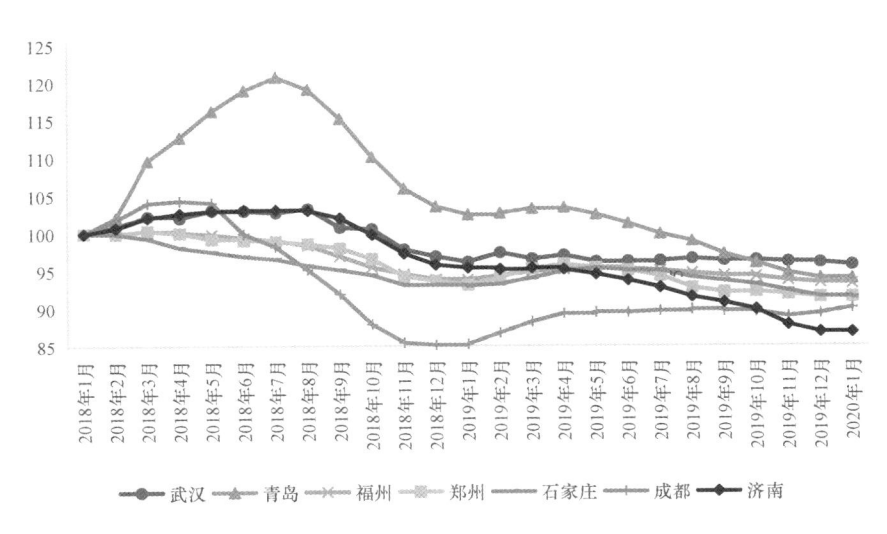

图 4—7　二线城市纬房指数 3（定基，2018 年 1 月住房价格 = 100）

资料来源：中国社会科学院财经战略研究院住房大数据项目组。

3. 长三角及东北核心城市住房价格趋涨，京津冀核心城市住房价格趋降，其他区域住房价格平稳

分区域看，近两年来长三角及东北核心城市住房价格呈上涨态势。长三角核心指数显示，与2018年1月相比，长三角核心城市住房价格上涨了14.29%；纬房东北核心指数显示，与2018年1月相比，东北核心城市住房价格上涨了25.89%（见图4—8）。

近两年来京津冀核心城市住房价格趋降。纬房京津冀核心指数显示，与2018年1月相比，京津冀核心城市住房价格下跌了3.05%。在各城市群中，住房价格走势相对低迷。

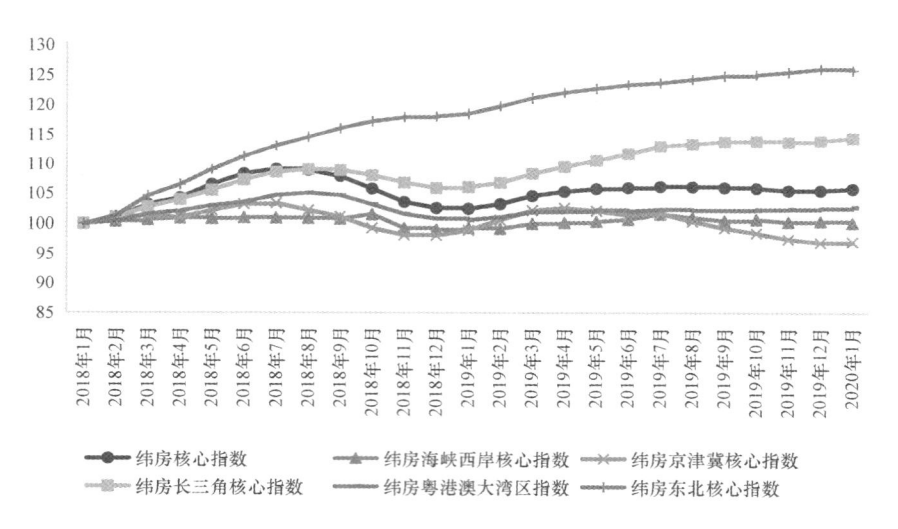

图4—8 纬房区域指数（定基，2018年1月住房价格=100）

资料来源：中国社会科学院财经战略研究院住房大数据项目组。

近两年来粤港澳大湾区与海峡西岸核心城市住房价格以平稳为主。粤港澳大湾区指数显示，与2018年1月相比，2020年1月粤港澳大湾区核心城市住房价格上涨了2.73%；海峡西岸核心指数显示，与2018年1月相比，海峡西岸核心城市住房价格上涨了0.15%。除了深圳、东莞等少数城市，多数城市住房价格相对稳定。

（二）市场形势分析与预测

新冠肺炎疫情对住房市场的影响可分为直接影响与间接影响两个方面。

从直接影响方面看，对住房市场有多维度的直接影响。对于房地产企业来说，因为售楼处暂时关闭和推迟复工，企业的项目交付进度、短期销售额都将受到直接影响，进而可能会影响企业资金周转。对于购房者来说，看房、贷款等活动都难以正常进行，筹款也可能受到影响，短期购房活跃度直线下降。对于还贷家庭来说，由于收入受到新冠肺炎疫情影响，部分家庭可能会出现还贷困难。对于租房者来说，找房、搬家等活动也会存在现实困难，租房行为受限。

从间接影响看，新冠肺炎疫情对中国乃至世界经济构成一定的冲击。新冠肺炎疫情冲击将直接影响对未来的经济预期，进而间接引发部分群体的购房观望。新冠肺炎疫情带来的收入降低或财富损失，也可能间接降低购房支付能力，造成购房需求下降。

但总体而言，房地产业属于强周期性、波动性行业，长期的政策调控与频繁的市场波动，使得房地产业对市场波动具有一定的缓冲能力。新冠肺炎疫情对中低收入阶层的收入影响要大于其他阶层，对中小房地产企业的冲击要强于大型房地产企业，对中小城市住房市场的影响要高于大城市住房市场，对短期市场的影响要大于中长期。因而，只要新冠肺炎疫情能够在合理的时期内得到有效控制，新冠肺炎疫情对住房市场的影响就主要体现在对中小城市住房市场、中小房地产企业的短期影响。住房价格长期预期不会发生大的转变，大城市市场和中长期市场不会因此而发生重大波动。

据此预测，短期内一二线城市住房价格相对稳定或略有回升，三四线城市总体稳中趋降，少部分城市可能较快下降。

（三）对策建议

根据住房市场的发展特点，基于统筹新冠肺炎疫情防控及经济社会发展需要，提出以下建议：

1. 在坚持"房住不炒"的基础上，给予受新冠肺炎疫情影响的困难房地产企业适度救济

新冠肺炎疫情对住房市场的主要影响包括：项目开工推迟、按期交房受到影响；售楼处关闭，短期销售额下降，部分企业资金链受到影响；居民短期购房意愿及活跃度降低，市场需求低迷等。对于自持租赁型企业来说，出租率和租金也受到影响。但总体来说，由于房地产销售本身具有较强的季节波动性及政策波动性，且住房价格主要受长期经济预期的影响，因而新冠肺炎疫情对房地产市场的影响相对其他产业较低。但也不排除部分中小企业、高负债运行企业因新冠肺炎疫情而造成短期资金周转困难甚至资金链断裂。对于这部分企业，可采取的救济措施包括缓交部分税费及政府性基金、支持网络销售、简化开工及销售审批手续、到期还款适度延期、在风险可控的前提下优化预售资金提取程序等。

2. 有针对性地降低房贷还款困难家庭的短期还贷压力

从 2015 年 10 月 24 日最后一次调整基准利率以来，我国已经有四年多没调整过贷款基准利率。存量房贷利率的定价基准将由贷款基准利率转换为 LPR 市场浮动利率，也最早需要到 2021 年才能产生实际效果。受本次新冠肺炎疫情冲击，部分购房家庭因收入下降、经营损失或财富损失可能会出现还贷困难现象。为此，可以有针对性地采取暂缓还款、临时性降低存量房贷利率及还款额等措施，帮助还贷困难家庭渡过难关。

3. 严控购房加杠杆及其他各类刺激购房行为

当前新冠肺炎疫情对房地产业的影响主要集中于部分企业的临时性资金困难。新冠肺炎疫情对住房需求的影响主要体现在受影响家庭临时推迟购房计划，但并非永久取消购房计划。应有针对性地对相关困难企业采取合理的救济措施，尽量避免通过购房加杠杆或其他各类刺激购房行为来帮助房地产企业脱困。住房需求刺激政策虽然较易实施，但容易引发未来住房价格大起大落，加大宏观金融风险，需要加以严格控制。

4. 因地制宜采取租金及续约管控等措施，促进房主及租房家庭共克时艰

受新冠肺炎疫情的冲击，作为住房租赁市场主要群体的中低收入阶层短期收入受到较大影响。为缓解因新冠肺炎疫情造成的短期困难，多地出台了针对国有房产租赁的租金减免措施。但对于广大私有房产的租赁者来说，不仅难以通过租金减免政策获得救济，特殊情况下还可能被涨租。为有效降低新冠肺炎疫情对租房家庭的影响，在原有救济政策的基础上，有必要因地制宜对房产出租行为采取一定的租金及续约管控措施，如：疫情期内租约到期，可根据租赁者要求对原租约进行短期延展，并禁止涨租或提高租赁条件；疫情期间禁止暴力驱赶租客；允许疫情期间部分困难家庭缓交租金；减免住房租赁相关税收等。

5. 在科学防疫的基础上，坚持租购房同权

租购房同权既是构建租购并举住房市场体系的基础，也是建立完善住房市场长效机制的基石之一。科学防疫与租购房同权本质上并无矛盾与冲突。如果在实际工作中，简单地将租房家庭贴上"较高风险"的标签并给予区别对待，在一定程度上有悖科学防疫规律。因为新冠肺炎疫情防控需要以深入细致的行程及接触排查为基础，单纯对租房家庭贴上特定风险标签以简化工作，反而容易造成排查疏漏。由于病毒的高传染性，特殊情形下，1%的排查疏漏将可能会

使 99% 的努力失效。此外，对租房家庭的区别对待也可能会影响企业的有序复工，不利于统筹推进新冠肺炎疫情防控和经济社会发展工作。为促进科学防疫，建议以个人如实申报及大数据排查等手段为风控基础，纠正少数地方简单地对租购房家庭差别对待的不合理行为。

第 五 章

基于大数据的住房租金重复交易指数研究

一 住房租赁市场特性

租金指数与住房价格指数的计算有一定的相似性，但也存在一些显著的差别。因而，租金指数模型可以以住房价格指数模型为基础，再根据住房市场特性加以改进，而不能完全照搬照抄。

首先，住房租赁市场的交易及定价方式远比住房市场复杂。对于住房租赁市场而言，存在合租、整租等多种形式，不同付款方式也会带来租金的变化。如果不区分合租整租，而简单地使用单位面积租金作为定价单位，就会因为公共部分计价方式的差异而使结果产生较大偏颇。

其次，住房租赁市场作为空间使用市场而非投资品市场，租金受房屋实际物理属性特别是装修、家具家电情况的影响很大。与之相对应的是，二手房市场受装修状况的影响较小，精装修二手住房相对毛坯或许有些溢价，一些二手房的简单装修甚至售价不如同等住房的毛坯。

长租公寓的兴起，也使住房租赁市场的业态进一步复杂化。"租购并举"是住房长效机制的重要组成部分，国家层面对住房租赁市场的政策支持力度不断加大。特别是对于长租公寓的发展，考虑到其租金收益率低、成本回收期长的特性，相关部门给予了充分的金融政策支持。2018年4月，证监会与住房和城乡建设部发布《关于推进住房租赁资产证券化相关工作的通知》，提出加快培育和发展住房租赁市场特别是长期租赁，支持专业化、机构化住房租赁企业发展，鼓励发行住房租赁资产证券化产品。2018年5月28日，银保监会发布《关于保险资金参与长租市场有关事项的通知》，对保险资金进入长租市场划定了一系列标准，并指出保险资产管理机构通过债权投资计划、股权投资计划、保险私募基金等方式投资长期租赁住房项目的，相关注册机构应建立受理及注册绿色通道，优先办理。

各种针对长租公寓的金融产品特别是租金贷的应用，使租赁模式发生了巨大变化。在操作层面，长租公寓一般首先通过按月支付租金的方式，从分散的个人房东手中，高价租下3—5年不等的短期房源。然后把住房加价转租给最终租客，并将转租的租金收益包装为租金"分期贷款"。对于有实力的长租公寓，一般委托通道方和租户签订贷款分期合同，间接向租客发放租房分期贷款。进而以租房"分期贷款"作为名义上的底层资产，发行资产证券ABS。在获得资产证券化融资后，又将此作为本金，继续租下更多的个人房源。对于没有足够实力的公司，不能发行资产证券ABS融资。这些公司主要通过与网贷平台等短贷机构合作，将年度租金收益以租户"分期贷款"的形式，从短贷机构一次性获取。但无论是有实力发行资产证券的长租公寓，还是无实力只能与短贷机构合作的长租公寓，一般均按月向房东支付租金。同时又通过将最终租户租金包装成"分期贷款"的方式，按年或更长时间获取最终租户的租金。二者区别主要在于融资成本差异，实际杠杆率都很高。从月付租房到年付转租，即使不考虑租房押金，理论上最高也可实现11倍的金融杠杆。通过资本杠杆争夺房源，长租公寓实现几何式市场扩张。由于租金"分期贷款"一般按年或更长时间付给长租公寓，而长租公寓仅按月向房东支付房租，二者权益并不直接对应。中间的资金差额，长租公寓一般用于争夺更多的房源，或者干脆挪作他用。一旦出租率或租金水平不及预期,长租公寓不能再按月支付房东租金,整个运作链条就会雪崩。届时房东不能获取租金,租客将面临被驱逐却仍背负租金贷款的局面。2018年8月20日,杭州长租公寓鼎家因经营不善导致资金链断裂,约有4000户租客受损,涉及"爱上街"等6家网贷平台,为长租公寓的快速扩张敲响了警钟。

从经济学角度看,租金水平主要受当前收入的约束,而二手住房价格则受未来预期收入及利率水平的影响。换句话说,住房价格大约等于未来租金的当期折现。

二 计算模型

(一) 基本模型

租金指数的基本模型仍采用样本匹配重复交易模型。重复交易模型可以视为特征价格(租金)指数模型的差分变换。特征价格(租金)指数模型的基本形式为:

$$y_{it} = \delta_t + X_i\beta + u_{it} \tag{5—1}$$

其中,X_i为不随时间变化的住房特征向量。

将两期特征价格(租金)模型差分,获得基本重复交易模型为:

$$y(t) - y(s) = \delta(t) - \delta(s) + u(t) - u(s) \tag{5—2}$$

其中,y为租金对数,s为重复交易对中的前一期交易,t为后一期交易,price 0 = $y(s)$,price 1 = $y(t)$,time 0 = s,time1 = t。

(二) 基本模型的拓展与修正

众多学者运用样本匹配方法来扩大重复交易模型的样本容量,以减少重复交易法的样本选择性误差。样本匹配方法通过一定规则对历史交易样本进行系统匹配,放松了传统重复交易法将重复交易样本严格限定于同一住房的限制。在住房价格指数的计算上，Daniel（2010），Deng 等（2011），郑思齐、孔鹏、郭晓旸（2013），Guo 等（2014），石薇、李强、王洪卫（2014）等都利用中国数据作了相关探索，取得了成功。

本研究的重复交易指数模型在基础模型之上，根据中国住房租赁市场特征作进一步的拓展与修正。为减少样本选择偏差，本研究也遵循众多学者的研究思路，交易配对首先在样本匹配的基础上进行。决定模型优劣的关键在于样本匹配层次的合理选择及样本权重的设定，这需要利用数据作反复的试算比较。

首先，根据住房租赁市场特性，区分合租与整租、长租公寓与个人房东。合租与整租之间、长租公寓与个人房东之间，即使属于同一物理住房，也不作重复交易匹配。互相交叉后，实际得到长租公寓合租、长租公寓整租、个人房东合租、个人房东整租四个独立大类。仅在长租公寓合租、长租公寓整租、个人房东合租、个人房东整租四大类内部作样本匹配。

其次，区分精装修、简装与毛坯。在样本充足的前提下，不同装修水平之间不作重复交易匹配。只有当城市样本不足时，将适度牺牲精度以降低数据噪声。

最后，在以上分类的基础上，对样本进行更详细的分类和匹配。目前国内绝大多数研究受样本数量和数据可得性限制，限于在小区层面进行样本匹配。一般来说，样本匹配的范围越小，样本的同质性就会越高，这对于提高指数的可靠性是有利的。但如果数据不充分或者交易频率较低，样本匹配的范围越小，形成交易配对可能会越难，从而实际回归数据越少，这又会降低指数估算的精度。但这也不绝对，如果数据充分交易足够活跃，也可能出现匹配范围越小而交易配对数越大的情况。由于本研究样本数量较为充分，可获得重复交易频率较高，拟在小区的基础上进一步缩小匹配面，以降低样本的异质性偏差。

根据数据特性，此处的匹配层次为：**以同一小区的同一建筑面**

积区间作为基本的匹配单元。在这个匹配层次，只有同时满足同一小区且同一建筑面积区间的交易，才进行交易配对。该匹配层次隐含的假定是，为了节约建筑成本及规划设计成本，最大限度发挥规模经济效应，同一个地产项目往往只会有少数几种建筑面积类型，分别对应不同的户型结构，并对应于过渡、入门、改善、享乐等不同的需求类型。比如，某小区仅有 60 平方米的单居室、85 平方米的两室一厅及 115 平方米的三室一厅三种户型产品。显然，这三种产品又分别落在 60—70 平方米、80—90 平方米、110—120 平方米三个面积区间内，并分别对应于过渡、入门和改善三种需求群体。

（三）数据

统计范围：2018 年 1 月至 2020 年 3 月，所有可获得的租金报价数据。

数据来源：合作机构提供及链家、房天下等各大中介网站、房地产门户网站公开数据。

获取方式：网络采集与合作机构提供相结合。

经初步去重清洗后，删除地下室等非标准住宅，每一条独立的报价为一个样本。

（四）综合指数加权

在城市租金指数的基础上，通过加权平均法，获得全国和分级的综合指数。租金核心指数综合全国 22 个核心城市住房租金的变化，可作为分析中国住房市场变化的重要参照系。22 个核心城市分别为北京、成都、大连、东莞、广州、杭州、济南、南京、青岛、厦门、上海、深圳、沈阳、苏州、天津、武汉、长沙、重庆、福州、南通、宁波、无锡，基本覆盖了中国最具经济竞争力的城市群体。其中包含一线城市 4 个、二线城市 18 个。

租金核心指数以 2018 年 1 月为租金基期，以各城市基期租金总额为指数权重进行综合计算。这样，租金核心指数就可以较好反映基期租金总消费由于租金变动的原因，到目标期将变为多少。由于租金总额数据不可得，但租金总额和工资收入总额有相对固定的比例关系，即人们总是以工资的一定比例用于租房支出，此处用在岗职工工资总额作为租金总额的替代指标。由于 2017 年数据缺失，以 2016 年在岗职工工资总额作为 2017 年的替代。

三 结果分析

通过计算，得到 2018 年 1 月至 2020 年 3 月全国核心城市租金综合指数和一线重要城市租金指数。从而可以对中国住房租赁市场走势作一个更为准确的评价。

（一）租金核心指数显示，核心城市住房租金回落略有加快

核心城市住房租金回落略有加快。反映全国 22 个核心城市住房租金总体变化的租金核心指数显示（见图 5—1），2020 年 3 月，核心城市住房租金环比下跌 1.01%，下跌速度比上月扩大 0.87 个百分点。

（二）一线城市租金指数显示，一线城市租金全面回落

一线城市租金指数显示（见图 5—2），一线城市住房租金全面回落。2020 年 3 月，广州租金环比下跌 1.98%。居跌幅第一位，上海环比下跌 0.69%，北京环比下跌 0.49%，深圳环比下跌 0.11%。

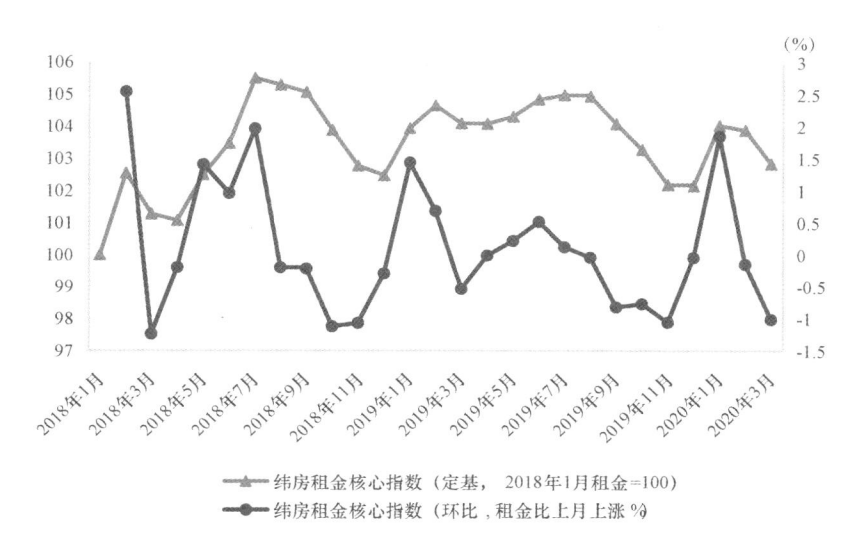

图 5—1　纬房租金核心指数

资料来源：纬房指数研究小组。

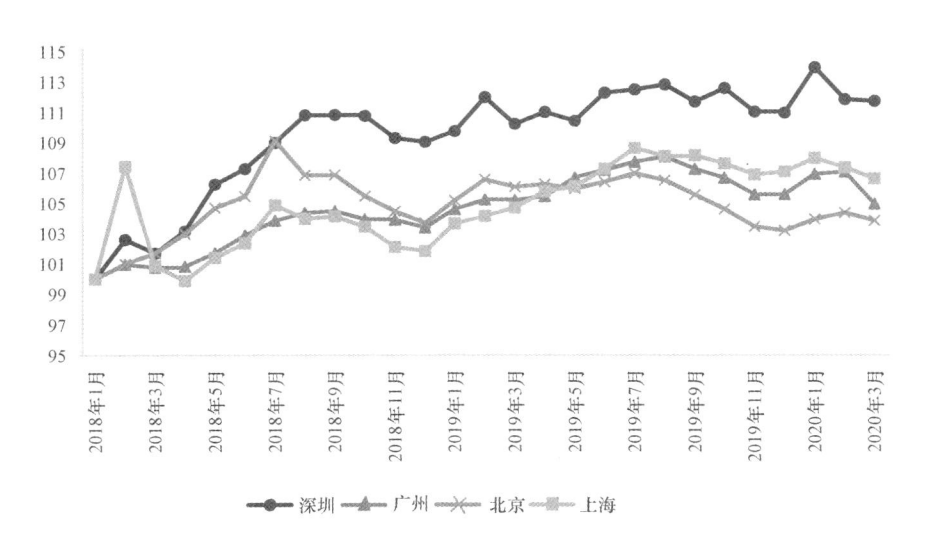

图 5—2　一线城市纬房租金指数（定基，2018 年 1 月租金 = 100）

资料来源：纬房指数研究小组。

从 2018 年 1 月以来的租金走势看，一线城市中，深圳租金上涨较快，上海次之，广州再次之，北京最低。

与 2018 年 1 月相比，2020 年 3 月深圳租金累计上涨 11.79%，北京累计上涨 3.88%。

（三）二线城市租金指数显示，多数二线城市住房租金由涨转跌

二线城市租金指数显示（见图 5—3），2020 年 2 月多数二线城市住房租金止跌略涨，但到 3 月又由涨转跌。2020 年 3 月，二线城市中租金跌幅较大的有武汉、杭州、宁波、南通、成都、沈阳、重庆等，租金跌幅较小或有所上涨的有福州、厦门、东莞、无锡、青岛等。

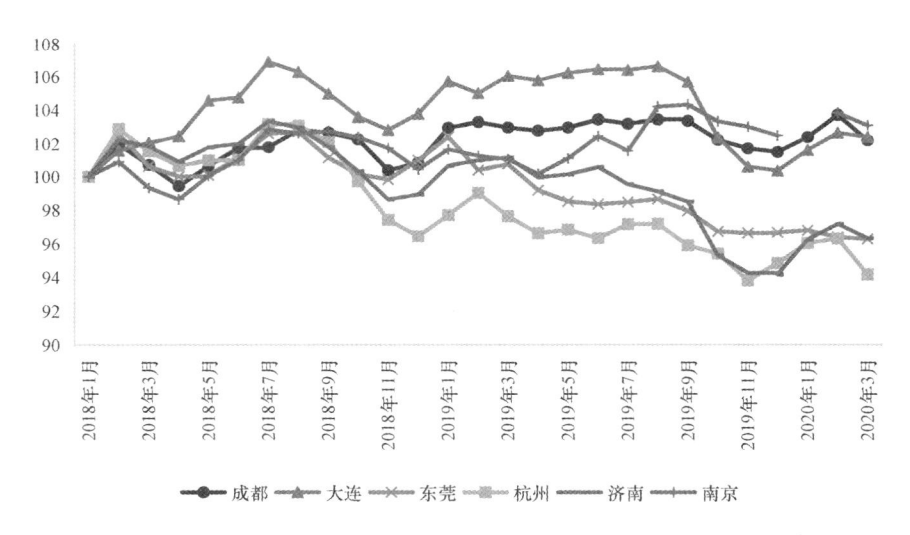

图 5—3 二线城市租金指数 1（定基，2018 年 1 月租金=100）

资料来源：纬房指数研究小组。

2020 年 3 月，福州环比上涨 1.58%，东莞环比下跌 0.12%，厦门环比下跌 0.09%，分别居二线城市租金涨跌幅前三位。武汉租金环比下跌 7.44%，杭州环比下跌 2.22%，宁波环比下跌 2.01%，分别居二线城市租金涨跌幅后三位（见表 5—1）。

表 5—1　　　　　　　　　2020 年 3 月租金指数

	定基指数 （2018 年 1 月 = 100）	环比指数 （比上月上涨%）	城市分类
北京	103.88	-0.49	一线
广州	104.99	-1.98	一线
上海	106.66	-0.69	一线
深圳	111.79	-0.11	一线
福州	107.51	1.58	二线
苏州	106.10	-1.03	二线
天津	105.43	-0.98	二线
无锡	103.43	-0.18	二线
南京	103.03	-0.72	二线
大连	102.33	-0.24	二线
成都	102.12	-1.48	二线
武汉	99.58	-7.44	二线
厦门	99.54	-0.09	二线
宁波	97.68	-2.01	二线
重庆	96.99	-1.29	二线
长沙	96.46	-0.87	二线
济南	96.30	-0.87	二线
东莞	96.25	-0.12	二线
青岛	94.56	-0.19	二线
杭州	94.14	-2.22	二线
南通	94.05	-1.90	二线
沈阳	92.52	-1.40	二线

资料来源：纬房指数研究小组。

从 2018 年以来的租金走势看（见图 5—4、图 5—5），二线城市中，福州、苏州、天津等城市租金上涨相对较快，沈阳、南通、杭州等城市租金下跌相对较多。

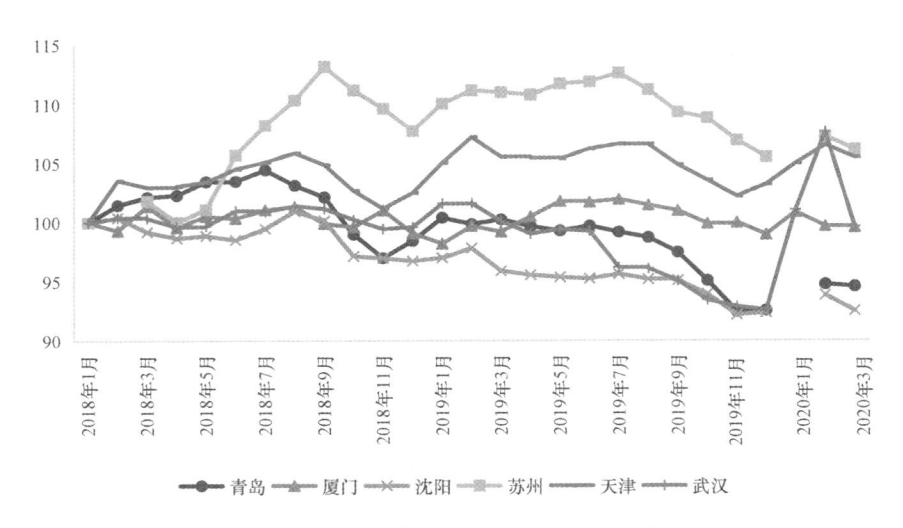

图5—4 二线城市租金指数2（定基，2018年1月租金=100）

资料来源：纬房指数研究小组。

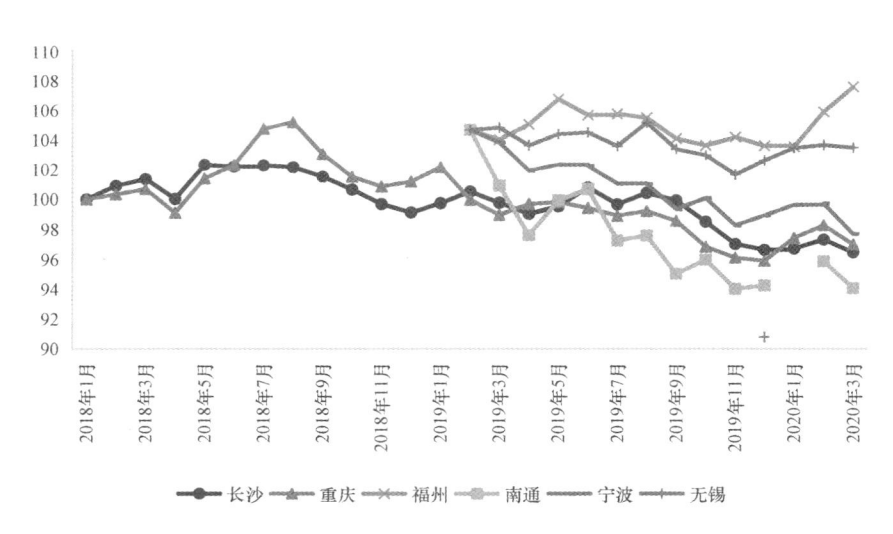

图5—5 二线城市租金指数3（定基，2018年1月租金=100）

资料来源：纬房指数研究小组。

与2018年1月相比，2020年3月，福州租金累计上涨7.51%，苏州租金累计上涨6.10%，天津租金累计上涨5.43%，分别居累计涨跌幅前三位。沈阳租金累计下跌7.50%，南通租金累计下跌6.00%，杭州租金累计下跌5.86%，分别居累计涨跌幅后三位。

（四）区域子市场租金指数：以北京为例

根据同样的计算模型与方法，还可以对城市内部区域子市场作租金指数的计算。此处以北京为例，计算城市内部区域子市场租金指数，考察其内部是否存在实质性差异。

计算结果（见图5—6、表5—2）发现，2018年1月以来，核心城区租金涨势由高到低分别为西城区、海淀区、东城区、朝阳区。这个排序基本上和学区有直接关联。核心城区与非核心城区租金涨势存在较大差异，非核心城区总体涨幅很小，核心城区涨幅相对较大。此外，门头沟区和其他区租金走势有着显著的差异。

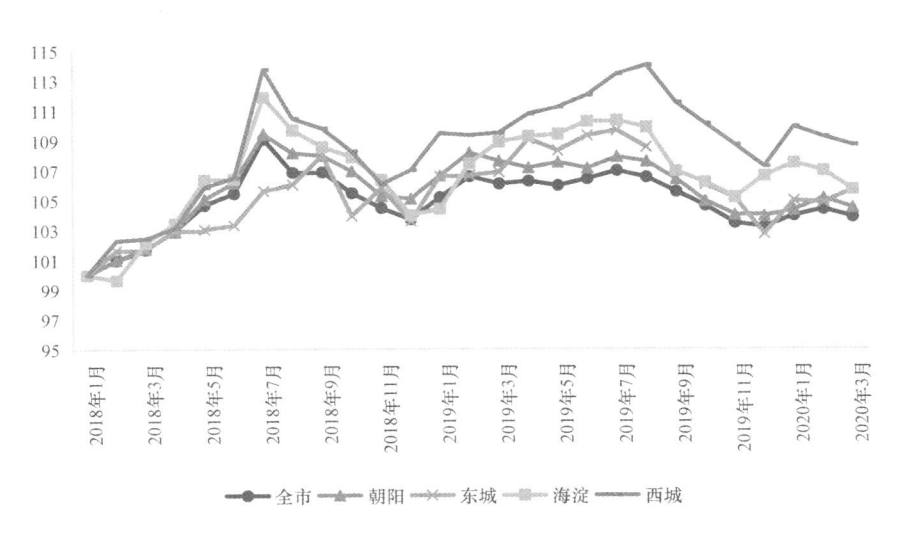

图5—6 北京核心城区纬房租金指数（定基，2018年1月租金=100）

资料来源：纬房指数研究小组。

表 5—2　　　　　　　2020 年 3 月北京市各区租金指数

时期	租金定基指数（以 2018 年 1 月为 100）	租金环比指数（比上月上涨%）	区县	类型
2020 年 3 月	108.70	-0.51	西城区	整租
	107.98	-0.16	房山区	
	105.71	-1.21	海淀区	
	105.69	0.81	东城区	
	105.18	1.11	昌平区	
	104.50	-0.60	朝阳区	
	103.88	-0.49	全市	
	103.60	0.93	石景山区	
	101.68	0.59	丰台区	
	100.16	-1.46	通州区	
	98.73	-2.06	顺义区	
	97.75	0.26	大兴区	
	90.37	-3.12	门头沟区	

第 六 章

长租公寓发展与房租上涨:基于北京等 8个城市的大数据分析[①]

一 被推到房租上涨舆论风口浪尖的长租公寓

构建多层次住房供应体系,贯彻"房住不炒",建立促进房地产市场平稳健康发展的长效机制,是近年来我国房产市场调控的主要政策方向,其中,培育和完善住房租赁市场是长效机制的重要内容。近年来,从中央到地方出台了一系列政策措施培育租赁市场,而长租公寓作为完善租赁市场的一个方式,吸引了政府的关注,其存在的利润空间又吸引了大量资本进入。因此,长租公寓成为最火热的资本风口之一,近年来获得跨越式发展。

不过,2018年8月,长租公寓却遇到了很大的麻烦,被推到了舆论的风口浪尖。8月1日,一则北京天通苑租赁房源被多家住房租赁企业争抢,最终导致租金暴涨的消息在网络传开,人们开始关注快速上涨的租金和长租公寓企业抬高租金的现象。紧接着,8月17日,时任我爱我家副总裁胡景晖发表关于房租飞涨的言论,并直接将矛头指向自如、蛋壳等长租公寓运营商,此番言论瞬间引爆网络。而胡景晖旋即被我爱我家逼迫辞职,更增添了事件的

[①] 本章与中国社会科学院经济研究所刘学良副研究员共同撰写。

戏剧性。①

当然，还有其他很多因素可能导致房租上涨，比如居民收入增长、人口流入、拆除私搭乱建、治理群租房、住房价格上涨等，从供需两侧来看，都是导致房租上涨的可能原因。不能仅从个别房源被长租公寓高价哄抢，或者一些意见领袖的个人言论，就认定长租公寓是导致房租上涨的最终原因，这需要翔实的数据和可靠的分析。

二 数据、方法与实证分析结果

本章利用中国社会科学院财经战略研究院住房大数据项目组所编制的大数据住房价格指数来分析房租上涨的问题。在这之前，已经有许多文章试图分析房租上涨和长租公寓问题，但基本都停留在描述性的逻辑分析，而缺乏可靠的数据来证明其观点。其中，值得注意的是，陈沁在微信公众号和知乎上发表的《自如、蛋壳公寓等房产中介是否存在囤积房子抬高房租的行为？》利用了北京租房交易微观数据，将样本从空间上划分为每1平方公里的格点，然后证实格点内长租公寓的占比越高，该格点的房租水平和上涨速度越高。不过，这只是局限于一个城市内部的分析，而缺乏对全国其他城市，特别是有长租公寓的城市进行一个全面的分析。

我们基于重复交易指数模型，计算了包括北京、上海、杭州、南京、成都、天津、深圳、武汉八个城市2017年12月至2018年8月的同质性房租价格指数（一些城市规模小或样本数量少、样本质量不佳的城市，如佛山等，则没有纳入本书的分析）。我们分别计算了非长租公寓、长租公寓整租、长租公寓合租以及所有租房样本的同质性房租价格指数（限于数据原因，长租公寓合租和整

---

① 《专访我爱我家原副总裁胡景晖：北京租售比很不合理》，《中国经济周刊》2018年第35期。

租的区分不是每个城市都有，部分城市只有合租），来看不同城市间的房租上涨速度的差异，以及长租公寓对房租所起的作用。

（一）基本模型

为剔除非同质性因素的影响，本章采用样本匹配重复交易模型计算可比性租金指数。重复交易模型可以视为特征价格指数模型的差分变换。特征价格指数模型的基本形式为：

$$y_{it} = \delta_t + X_i\beta + u_{it} \qquad (6-1)$$

其中，X_i 为不随时间变化的住房特征向量。

将两期特征价格模型差分，获得基本重复交易模型为：

$$y(t) - y(s) = \delta(t) - \delta(s) + u(t) - u(s) \qquad (6-2)$$

其中，y 为交易价格对数，s 为重复交易对中的前一期交易，t 为后一期交易，price 0 = $y(s)$，price 1 = $y(t)$，time 0 = s，time1 = t。

在以往的计算中，大多忽略了出租方式（合租或整租）对租金计价的影响，从而造成估算结果出现较大偏差。[1] 由于不同出租方式（合租或整租）的计价方式大不相同，本章在重复交易模型计算中，仅当出租房源处于同一小区、同一面积区间、户型相同且出租方式一致时，才视为重复交易样本进行租金比较和匹配计算。此外，由于不同的出租主体（个人房源或长租公寓房源）所提供的服务内涵不尽相同，因此在样本匹配时，还进一步区分了个人房源与长租公寓房源，只有房源性质相同才作为重复交易样本。通过对小区、户型、面积区间、出租方式、房源性质等特性的控制，模型尽可能做到现有数据下的最大同质可比性。

---

[1] 一般而言，由于厨卫等公共面积不纳入合租计价，且合租本身的加总价格要高于整租，所以合租单位面积租金要远高于整租。如果出租结构出现变化，直接的租金指数计算将出现较大偏差。合租比重的提升将使租金涨幅高估。

（二）数据

数据取自中国社会科学院财经战略研究院住房大数据项目组，包含 2017 年 12 月至 2018 年 8 月北京、成都、杭州、南京、上海、深圳、天津、武汉 8 个城市共计 637740 条当月末房租报价数据。房源类型包括个人整租房源、自如整租房源、自如合租房源三大类。以最大长租公寓企业——自如的房源租金作为长租公寓租金代表指标。样本分布统计见表 6—1。

表 6—1　　　　　　　　样本分布统计　　　　　　　　单位：条

城市	个人整租房源	自如整租房源	自如合租房源	合计
北京	48457	9776	24539	82772
成都	118778	—	2199	120977
杭州	18625	698	16183	35506
南京	70132	1451	9253	80836
上海	106202	4021	13783	124006
深圳	27530	800	3823	32153
天津	42815	—	2882	45697
武汉	111009	—	4784	115793
合计	543548	16746	77446	637740

各城市各类房源租金中位数统计见图 6—1 至图 6—3。

第六章　长租公寓发展与房租上涨：基于北京等8个城市的大数据分析

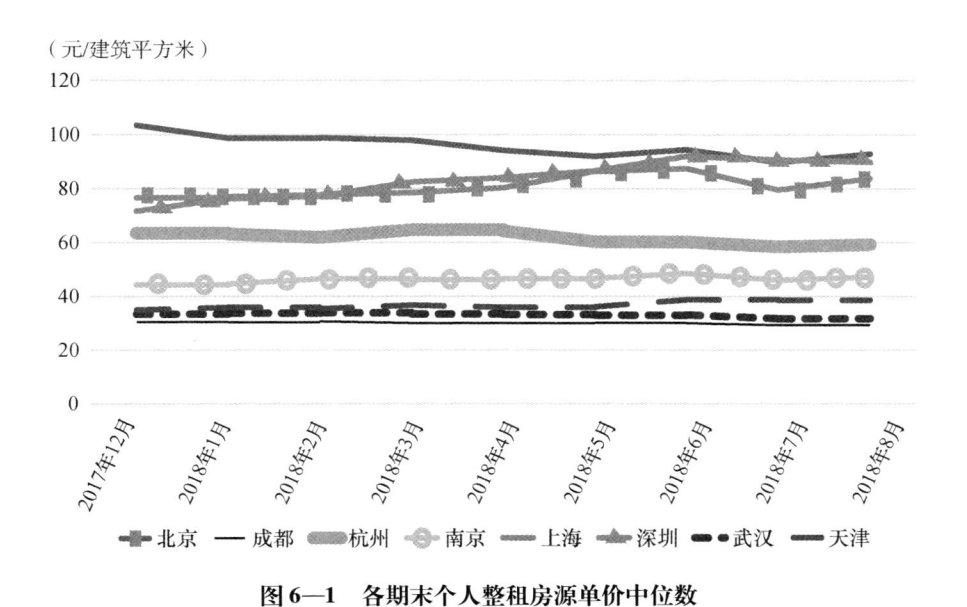

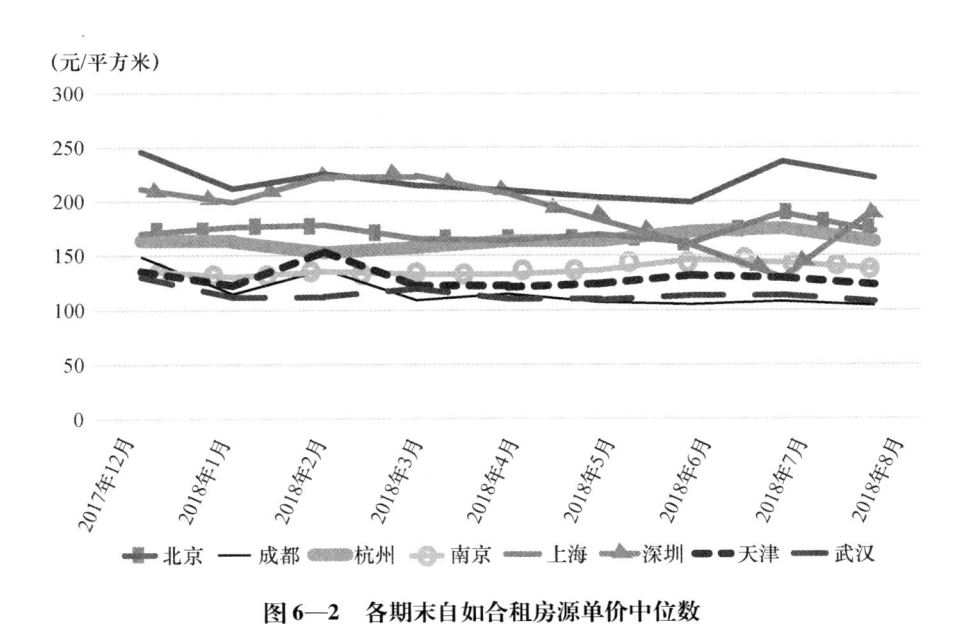

图6—1　各期末个人整租房源单价中位数

图6—2　各期末自如合租房源单价中位数

(元/建筑平方米)

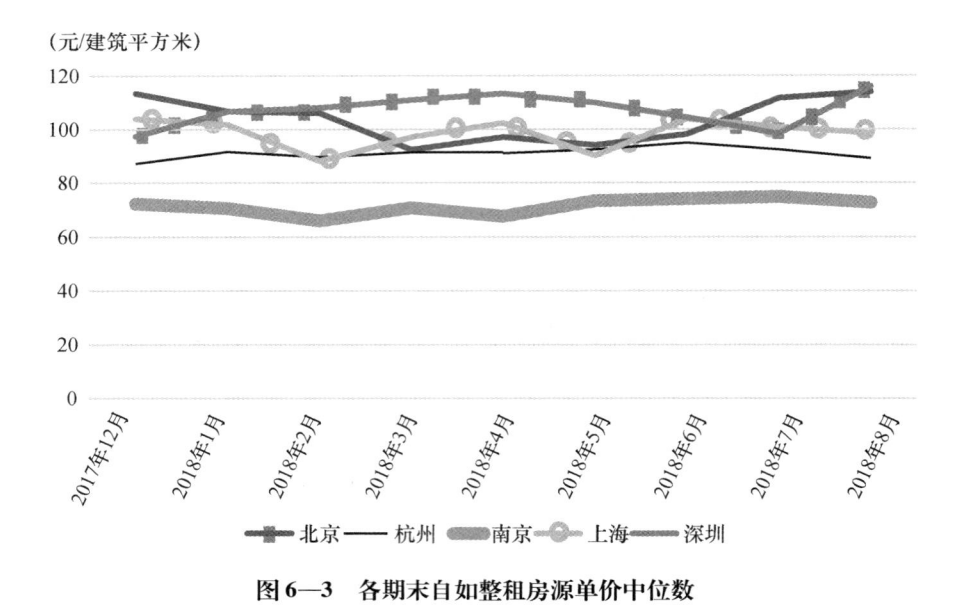

图6—3 各期末自如整租房源单价中位数

(三) 计算结果

数据结果如下:

第一,部分城市房租上涨速度较快,2018年8月房租又有明显回落。如图6—4所示,其中,房租上涨速度最快的是北京,到2018年7月价格指数为109.3(2017年12月为100)。武汉则是房租上涨最慢的城市,2018年7月价格指数为101.3。不过,2018年8月,许多城市房租又出现回落,特别是北京、天津、上海、杭州,回落较为明显。需要注意的是,2018年8月长租公寓推高房租的舆论爆发后,当月中旬,住建等有关部门纷纷约谈自如等长租公寓企业,自如、蛋壳等也争相表态,不会提高房租,并承诺拿出手中全部存量房源投向市场。这一冲击可能一定程度上扭转了市场的走向,使得房租在当月出现下跌。同时,可以发现,从价格指数上看,首先,在最大限度采取同质计算,特别是控制了出租方式对租金计价的影响后，房租的上涨实际并没有传言中那么多，租金上涨程度被舆论夸大了；其次，房租并没有集中在 2018 年 7 月猛涨，上涨是相对较为平稳的，从图 6—4 中看，特别是从 2018 年 4 月以后，各个城市房租出现普遍上涨。

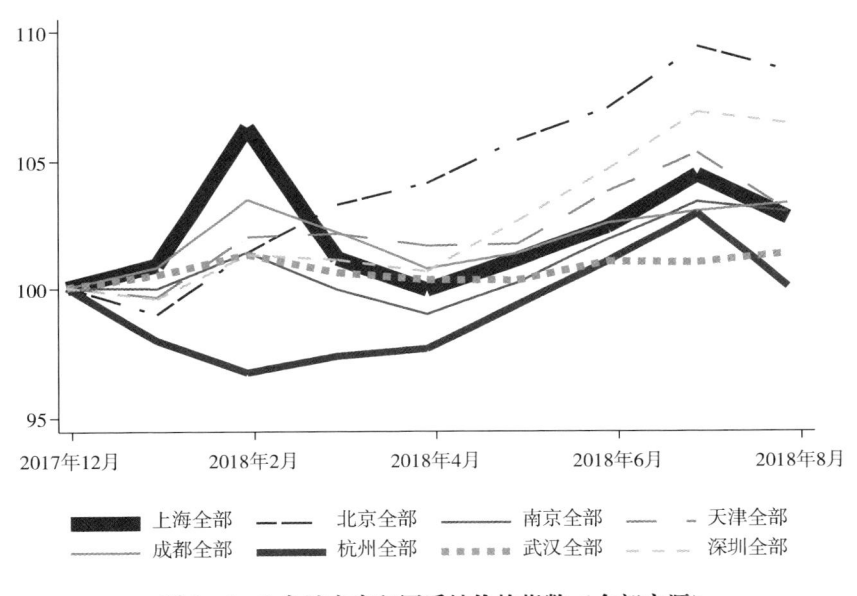

图 6—4　8 个城市房租同质性价格指数（全部房源）

第二，长租公寓的房租上涨速度不一定比普通房源更快。很多人把房租上涨归结为长租公寓的租价上涨推动，但从数据看，长租公寓租金不一定比普通房源有更快的增长速度。2018 年 7 月，八个城市中，只有三个城市的长租公寓定基价格指数高于非长租公寓，他们是北京、上海和南京，其他五个城市长租公寓价格指数均低于非长租公寓，见表 6—2。其中，长租公寓价格上涨最快的城市是北京（见图 6—5）。到 2018 年 8 月，部分受舆论影响，长租公寓下调租金，使得长租公寓的价格涨幅更小。[①] 因此，长租公寓租金上涨速

---

① 长租公寓企业迫于舆论和政府压力下调或者维持租金水平不变，但这预计只会起到一时的效果，在舆论和政府压力减轻后房租可能会再次提升。

度比非长租公寓更快并不是普遍现象，长租公寓的房租上涨速度不一定比普通房源更快。

表6—2　2018年7月长租公寓和非长租公寓价格指数（2017年12月为100）

	长租公寓价格指数	非长租公寓价格指数	两者差异
北京	113.04	107.32	5.72
南京	106.49	102.87	3.62
上海	107.01	103.85	3.16
杭州	101.60	102.60	−1.00
武汉	99.28	100.85	−1.57
天津	99.53	104.38	−4.85
深圳	96.99	107.41	−10.42
成都	91.05	102.95	−11.90

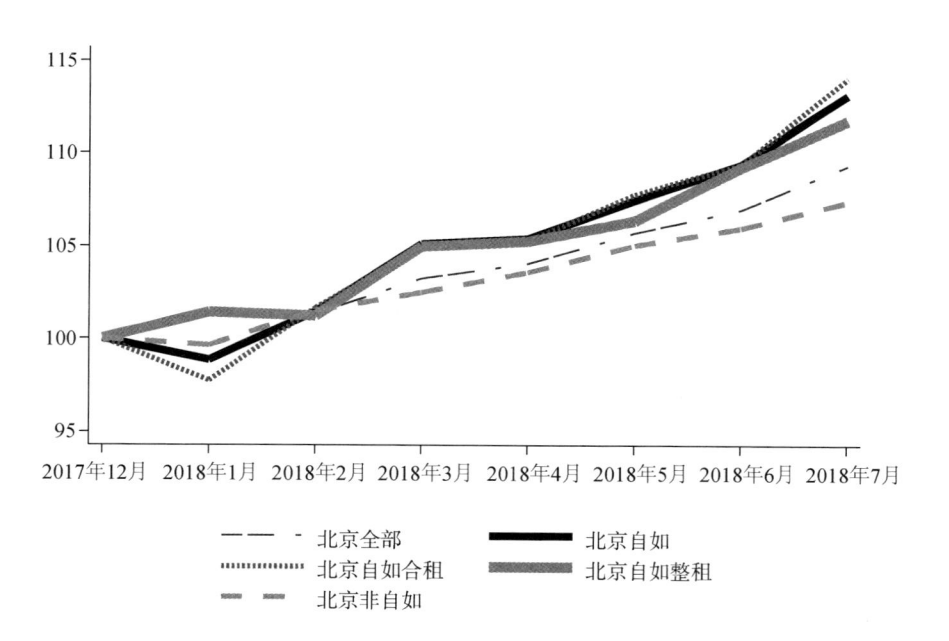

图6—5　北京出租房屋租金定基指数

第三，房租上涨速度与长租公寓市场的集中度有正向关系。作为市场主体，长租公寓自然希望自己的房租价格能够越高越好、房屋空置越低越好，从而最大化销售收入和利润（因为不论空置与否，长租公寓企业都要支付给房东约定的房租）。但房租价格和房屋出租率是一对负相关的变量，如果房租价格定得越高，价格缺乏竞争力，房子就越难租出去（闲置的时间越长）。因此，长租企业必须在房租价格和房屋出租率之间取得平衡，毫无节制地提高房租是不现实的。然而，理论上，如果长租市场的集中度越高，那么龙头企业的定价能力也就越强（毕竟居住是一件缺乏替代品的生活必需品）。这里，假定长租公寓中的合租公寓里，每套公寓平均有3个房间，[①] 在此假定基础上求得长租公寓市场在各个城市的市场集中度，然后做市场集中度和房租上涨速度的相关系数，结果见表6—3。

表6—3　　长租公寓市场占有率和租金指数的相关系数

	全部样本租金指数	长租公寓租金指数	非长租公寓租金指数
相关系数	0.5019	0.6286	0.3862

从表6—3看，长租公寓的市场集中度与房租上涨速度确实有正相关关系，其中市场集中度和长租公寓租金指数的相关程度要高于与非长租房源租金指数的相关系数，这也与直观的认识相吻合。从描述性统计的结果来看，其中，长租公寓市场集中度最高的是北京，集中度指数达到27%，其次是杭州的24.6%和上海的7.5%。市场集中度最低的是成都、武汉和天津，集中度指数分别为1%、1.7%和2.6%。如表6—2所示，这三个城市在2018年7月的长租公寓价格指数均小于100，且均小于非长租公寓的价格指数。[②]

---

① 合租的公寓平均每套3个房间还是2.5个或2个均不影响结论。
② 当然，这里可能存在一个问题，即长租公寓进入哪个城市可能是存在内生性的，不是因为长租公寓份额增加导致了房租上涨，而是长租公寓企业提前预期到某个城市房租上涨空间大，因此提前在该城市布局，之后的房租上涨是预期的实现。

当市场集中度低时，企业可以争抢房源，却很难抬高租金转嫁抢房成本，这也与经济常识相一致。长租公寓的发展或长租公寓市场规模的扩大本身并不一定会推高租金，推高租金的是少数大企业对这一市场的控制地位。

第四，长租公寓与非长租公寓租金价格相互影响，长租公寓对市场信息反应更加敏锐。显然，市场中会存在价格溢出机制，长租公寓可能与非长租公寓相互影响，且长租公寓和非长租公寓在价格溢出上的行为可能存在差异。我们猜想，由于长租公寓是由少数大企业经营，而不像非长租公寓，是由无数个分散的房东作为供给者（分散的房东可能更加缺乏市场信息和议价能力），因此可能对市场行情（非长租公寓价格）反应更加敏锐和迅速。[1] 因此，我们又利用这8个城市的数据，做了一个简单的面板回归模型，来考察长租公寓和非长租公寓租金价格的相互影响。不过，一个问题是，由于只有8个城市8个时期（模型有滞后，因此减掉1期），样本量只有64个，样本量少是采用城市层面的宏观数据难以避免的。结果见表6—4。

表6—4　　　　长租公寓价格指数与普通公寓价格指数关系

	(1)	(2)	(3)	(4)
	长租公寓价格模型1	长租公寓价格模型2	普通公寓价格模型1	普通公寓价格模型2
VARIABLES	长租公寓价格	长租公寓价格	普通公寓价格	普通公寓价格
L. 长租公寓价格	0.0231	−0.0104	0.0033	−0.0529
	(0.1265)	(0.1253)	(0.0368)	(0.0475)
L. 普通公寓价格	0.2295	−0.4981	0.5490***	0.5161***
	(0.4267)	(0.5828)	(0.1228)	(0.1216)

---

[1] 反过来，非长租公寓的房东也会受到长租公寓提价的影响而抬升房租（吴家明，2018），但如文中所讨论的，分散的房东可能更缺乏市场信息和议价能力，使得其对市场信息的反应不够敏捷和及时。

续表

	(1) 长租公寓价格 模型1	(2) 长租公寓价格 模型2	(3) 普通公寓价格 模型1	(4) 普通公寓价格 模型2
L. 普通公寓价格 * 长租公寓市场份额		5.0924* (2.8427)		
L. 长租公寓价格 * 长租公寓市场份额				0.5914* (0.3258)
时间趋势项	0.4064 (0.2860)	0.4725 (0.2826)	0.2318*** (0.0847)	0.2072** (0.0840)
Constant	69.9033 (41.8718)	93.4551** (43.0657)	44.7501*** (11.8424)	47.4728*** (11.6906)
R-squared	0.112	0.165	0.633	0.655

注：表中的 trend 是时间趋势项；模型使用截面固定效应；括号中是标准误；*** $p<0.01$，** $p<0.05$，* $p<0.1$。

从表6—4第一列看，滞后一期的普通公寓价格系数为正，但并不显著，显示普通公寓对长租公寓的价格溢出效应并不明显。第三列同样如此，滞后一期的长租公寓价格系数为正，并不显著。此外，值得注意的是第一列长租公寓价格回归中普通公寓价格的系数为0.2295，要明显大于第三列普通公寓回归中长租公寓价格的系数0.0033。若将公寓价格指数与长租公寓市场份额的交叉项放入回归，如第二、第四列所示，交叉项的回归系数均显著为正，且第二列的普通公寓价格与长租公寓市场份额交叉项的回归结果系数为5.0924，几乎是第四列长租公寓价格与长租公寓市场集中度交叉项回归系数0.5914的8.6倍。因此，我们可以初步判断，长租公寓价格对市场信息（即普通公寓的价格波动）比普通公寓对市场信息（长租公寓的价格波动）反应更加敏锐，且当长租公寓市场集中度越高时，敏锐程度会明显增加。

基于以上分析，我们认为，不同城市层面的信息显示，长租公寓与房租上涨确实存在密切的关系，不过，这个关系强弱受长租公寓的市场集中度影响，只有当长租公寓市场集中度较高时，才会出现长租公寓价格上涨更快的现象，长租公寓的租金价格比普通公寓上涨更快并不是普遍现象。①

三 房租上涨的其他解释辨析

关于房租价格的上涨，除了长租公寓被看作上涨的重要原因，还有其他一些不同的解释。其中比较受关注的，一是部分城市治理住房租赁市场导致供给收缩从而房租上涨，二是个税改革带来的房租支出扣除。下面我们对这两种观点逐一分析。

（1）治理私搭乱建、清理群租房假说不能完全解释房租上涨谜题。部分城市治理私搭乱建、清理群租房导致供给收缩，被部分学者认为是导致房租暴涨的重要原因（如陆铭等）。当然，这一外生政策冲击在理论上确实可能会压缩供给，从而提高房租价格。不过，我们认为，首先，治理私搭乱建、清理群租房可能主要集中在北京市，而在其他城市缺乏这种大规模清理行动的证据，因此这一假说可能难以解释其他城市的房租上涨。其次，从图6—4可以发现，其他城市的房租普遍上涨发生在2018年4月以后，而北京的房租上涨从2018年1月以后就开始了，比其他城市提早了3个月。因此，我们怀疑，治理私搭乱建、清理群租房的外生冲击是造成北京的房租比其他城市早3个月（1—4月）上涨的原因，但它不能解释2018年4月后其他城市房租的全面上涨。因此，治理私搭乱建、清理群租房造成的房源供给收缩或许可以帮助解释为什么北京涨幅最高，但不能否定长租公寓可能起到的作用。

（2）个税改革中的房租专项附加扣除导致房租上涨的解释不太可信。此外，方汉明（2018）认为2018年6月份开始征求意见的

---

① 当然，必须承认的是，由于数据限制，目前的样本量相对较少，这可能对结果的稳健性造成一定影响。

《中华人民共和国个人所得税法修正案（草案）》中提出，要将租房支出纳入专项附加扣除，这会让租房者的个税负担变小，从而增加租房者的租房需求，致使房租上升。同时，对于房东而言，个税改革后房租会纳入其个人收入综合计税，使得房东的纳税负担升高，因此房东也有激励抬高租金价格，从而弥补自己在个税增加上的损失。因此，个税改革也是造成房租上涨的可能原因。我们认为，这一假说听起来符合逻辑，但存在很大问题，即如前所述，2018年4月之后各城市房租就开始出现普遍上涨（北京2018年1月后房租即开始上涨），但个税修正案到2018年6月29日才公开征求意见（修正案中关于租金的扣除方案也仍不明确），要到2019年1月1日后才开始执行，租金做出反应的提前量未免也太早。此外，这一假说亦无法解释城市间的差异。

四 长租公寓的经营模式、融资和潜在风险

（一）长租公寓的两种经营模式

目前，长租公寓企业存在多种经营模式，其中，依据房源来源和分布情况的不同，主要分为集中式和分散式两种模式。[①] 集中式长租公寓，即整栋物业或整个社区都是长租公寓，其中有些是开发商储备的自持物业，将其拿出来做长租公寓的开发和运营（经常再与专门的长租公寓公司合作，负责操作和管理），有的则是长租公寓企业对某些楼盘的租赁改造再出租。这种模式的好处是统一、规范、管理方便，社区环境和氛围好，因而受到租客青睐，多定位在中高端市场。但这种模式最大的问题是整栋房源的获取十分困难（即使获得，也可能面临代价高昂的问题），特别是在城市优质地段的整栋

---

① 张娟锋和林甦（2018）从不同角度总结了更多长租公寓的经营模式。

房源更加稀少。此外，由于目前我国住房市场的住房价格租金比很高，折算成收益率则很多连2%都不到（扣除相关成本则收益率更低），① 这也是很多房产市场知名人士如郁亮、潘石屹等认为长租公寓不赚钱的主要原因。万科CEO郁亮曾公开提及："如果从回报率来说，长租公寓能达到1%—2%的回报率，就已经很满意了。"因此，受各种因素影响，集中式长租公寓发展相对更为缓慢。

分散式长租公寓，如链家自如、我爱我家相寓、蛋壳等都是这种模式，目前主要是房产中介机构在运营。借助庞大的、分散的中介门店服务体系，房产中介机构具有城市房源信息和租客客源信息的优势，从房东那里把房源租下来，稍加改造后再出租。这种模式的好处是城市中分散的房源数量庞大，获取相对容易。同时，依据楼盘、装修等的条件，也可以满足不同类型的租客需求，使得客源基础更加广泛。此外，与自持式长租公寓的收益模式不同，分散式长租公寓企业利润来源是收房和出租的价差，以及对生活服务等征收的服务费，相对属于轻资产运营，其资本收益率可能比自持式长租公寓高很多。② 因此，特别是近年来，分散式长租公寓的发展十分迅速。③ 分散式长租公寓的缺点是房源分散且同质性差，使得相对个人直租运营管理成本较高。这一商业模式虽然目前发展迅速，但是否能取得真正成功还有待市场验证。④

（二）长租公寓受到资本市场青睐，巨额风投资本注入

分散式长租公寓也更加受到资本市场的青睐，许多长租公寓企

---

① 以北京为例，目前北京的住房价格租金比约为60，意味着租金收益率仅为1.67%。
② 当然，由于没有房源的产权，他们无法获得房源价值升值的收益。同时，由于拥有房屋产权，自持项目更容易发行REITs和进行债权融资。
③ 以链家自如为例，2015年租金收入为45亿元，2016年达到90亿元，2017年突破160亿元。
④ 在长租公寓快速发展的同时，2018年8月杭州长租公寓企业鼎家宣布破产，波及平台上4000余房东、租客，以及6家网贷平台，揭示了风险的存在。鼎家公寓的破产即来源于扩张太快、杠杆过高导致的资金链断裂。

业都获得巨额风投资本投资。例如，自如在2018年1月16日获得40亿元的A轮融资，是目前中国长租公寓行业单次最高融资额，而蛋壳公寓也在2018年2月和6月获得总计1.7亿美元的B轮和B+轮投资。巨量的资本注入，帮助长租公寓企业规模快速扩张，而扩张的第一步，就是要拿到更多优质房源，因此，也就出现了北京天通苑租赁房源被多家住房租赁企业争抢的现象。谁更快拿到了优质房源，谁就占据先发优势，赢在了起跑线上。这与房地产开发一样，开发的第一步就是要拿到土地。因此，资本的助力可能是加速房租在短期内上涨的重要原因。

（三）长租公寓企业基于租金收益发行ABS值得关注

此外，值得注意的是，目前不少长租公寓还发行了基于房租收益的ABS产品。与自持式长租公寓因为有房屋产权，因此便于发行REITs实现证券化和融资不同，如自如等长租公寓均是租赁再转租模式，因此可能并不适合REITs的证券化方式，而更适合资产证券化。这类证券化产品一般是以租金收益为标的资产。[①] 租金收益证券化进一步降低了长租公寓企业的资金占用，加快回收资金，从而加速收获更多房源，扩大市场份额。目前，已有多家长租公寓企业发行了相关ABS产品，其中自如发行了5亿元的以房租分期小额贷款为底层资产的ABS，魔方公寓发行了以租金收入为底层资产的ABS。当然，可以发现，目前市场上的长租公寓ABS产品金额相对仍然较小，更多是在试水阶段，因此要将房租上涨的原因都归结到ABS可能缺乏依据。但资产证券化对于长租公寓企业而言是一个有较大空间的市场，值得后续持续关注。

---

① 有些则是以租房分期消费贷款为底层资产，与租金收益实际没有太大本质区别。

（四）长租公寓企业的风险不容小觑

在使用各种金融工具和手段的情况下，长租公寓企业和其相关金融产品的风险不容小觑。首先，长租公寓企业轻资产运营的特征既帮助其快速发展，也意味着其经营的高杠杆特征，其在房东端有大量的应付账款的债务存在，而企业本身自有资金很少，这意味着一旦管理不善，资金链就可能断裂。其次，如美国次贷危机的教训所启示的那样，ABS 的发行可能一定程度上会加剧长租公寓企业的道德风险。在次贷危机中，问题的来源在于 ABS 发行导致房贷发放机构出现道德风险，使得它不再对借款者的信用做尽职的审查，首付比例大幅降低，一旦住房价格下跌大量贷款违约就会出现；而长租公寓企业发行 ABS，可能导致长租公寓企业倾向于抬高对房东支付的租金来抢占房源，在租客的房租没有相应提高或出租率过低时，就容易导致 ABS 产品出现问题。[①] 基于以上考虑，我们预期未来还可能有更多杠杆过高、资金链紧张的长租公寓企业出现问题。

五 结论与对策建议

利用中国社会科学院财经战略研究院住房大数据项目组所编制的大数据住房价格指数数据分析显示，在控制了出租方式对租金计价的影响后，2018 年以来，房租的上涨实际并没有传言的那么多，租金上涨程度被舆论夸大了。其次，长租公寓的房租上涨速度不一定比普通房源更快，长租公寓与房租上涨确实存在密切的关系，但这个关系强弱取决于长租公寓的市场集中度，只有当长租公寓市场集中度较高时，才会出现长租公寓推高市场房租的现象。而治理私

---

① 当然，长租公寓企业蕴藏的风险无法与次贷相比，长租公寓企业的债务是对房东在 0—5 年的房租应付账款，这与房贷涉及的资金量不是一个等级的。

搭乱建、清理群租房的假说不能完全解释房租上涨谜题，个税改革中的房租专项附加扣除导致房租上涨的解释则不太可信。

目前长租公寓企业中以分散房源的转租模式为主，而转租业务的轻资产特性，使得这一市场很容易为资本杠杆所撬动，集中度迅速提高。因此，对于长租公寓的发展，并没有必要笼统地采取限制政策。政策应主要着力于避免长租公寓市场垄断性寡头的出现。此外，以转租为主业、轻资产类长租公寓，其高杠杆扩张模式隐含一定金融风险，为了稳定租金及维持长租公寓市场的健康发展，有必要关注长租公寓企业目前蕴含的经营和金融风险问题，对轻资产类长租公寓企业借助高金融杠杆迅速抢占房源的行为进行一定的限制。特别应慎重发展轻资产类长租公寓的资产证券化融资，避免利用资本杠杆垄断区域房源、操控租金。应区分重资产类长租公寓和轻资产类转租企业，将针对长租公寓的融资优惠政策主要用于支持产权式、集中式的长租公寓的发展。

第七章

基于大数据及随机森林法的住房价格波动预警预报

一 引言

与股票市场等资本市场不同,住房市场成交标的金额高、频率低,且交易成本高、交易周期长、市场信息不充分,因而相对来说,其可预测性更强。特别是在泡沫扩张期与破灭期,由于市场预期的自我强化,会使住房价格走势表现出较强的自相关性。

除了时间上的关联性外,住房市场的另一个特性是住房价格空间上的关联性。诸多研究均表明了住房价格空间关联机制的存在。特定城市住房价格的率先变动,可能会像湖中投石一样,形成波纹状的向外传导扩散效应。由于住房价格变动的空间传导存在时间差,因而也可以利用空间相关城市住房价格变动时间先后顺序来进行住房价格预测。

针对同样的外部冲击比如贷款利率升降,不同市场的反应速度也会存在较大的差别。如果能够找到其敏感度差异规律,也可以据此对市场变动做出提前预判。这是因为不同市场的基础条件特别是库存状况存在较大差别,而住房价格往往需要在库存预料之外增长或减少到一定程度才能做出反应。而住房市场库存状况,又和经济增长速度、城市化速度、产业结构等有很大关联,有研究表明,人口流入较快的城市,往往具有较大的库存或空置率。因而,不同类型城市,在相同的外部冲击下,其住房价格变动也会存在时间差。

从现实应用看,各地方政府对稳定当地住房价格负主体责任和第一责任,而住房价格的预警预报体系是稳定房地产市场的重要支撑。因为住房价格走势的自我强化特征,一旦涨势或跌势形成,再采取相应的手段事倍功半或将产生较大副作用。如果能够未雨绸缪提前采取相应措施,则市场的稳定性将显著增强。对于投资者或房地产企业来说,也可以提前规避风险及调整营销策略。

以往,受制于数据充足性和运算能力,虽然理论上对住房价格的预测具有一定的可行性,但难以得到具有实际意义的分析结果。一方面,在方法上广泛采用代表简单因果关系的结构方程或单纯时间序列来做预测,难以模拟现实中极为复杂的因果关系或非因果关系,结果与现实相去甚远;另一方面,传统的统计数据样本数量较少,也难以充分发掘其中的相关性。

随着机器学习方法和大数据的兴起,我们可以放弃以简单因果关系解释为主要目标的结构方程,而采取深度学习方法,通过反复训练总结其中存在的复杂相关关系并推及新的数据集,从而可以更好地服务于预测目标。

在已有的大数据分析及住房价格指数研究的基础上,本研究利用深度学习方法,对此做出初步尝试。

二 主要流程与信号系统

在最新住房价格指数大数据监测的基础上,基于住房价格空间传导机制及区域住房价格相互作用机理建立预报模型。在人工智能等算法模型给出初步风险判断结果之后,通过专家会商评估,给出最终预报信号(见图7—1、表7—1)。需要注意的是,住房价格预警预报系统仅为市场短期走势预测,并不一定代表现实已经发生的涨跌。住房价格预警预报信号为数学概率信号而非确定性结果，具有一定的差错概率。结果仅供分析市场参考，不直接构成决策及买卖建议。

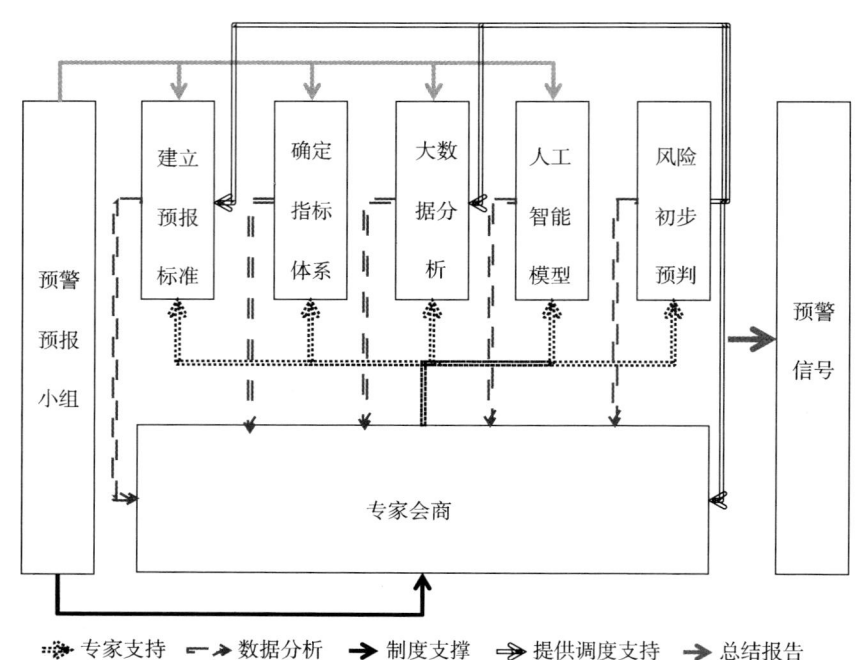

图 7—1　住房价格预警预报系统

表 7—1　　　　　住房价格预警预报信号系统及其内涵

预警分值（等级）	预警信号	信号含义	预警期限	对应市场预报区间
3	深红色	大涨	季度（三个月内）	过热
2	正红色	较快上涨	季度（三个月内）	中热
1	浅红色	一般上涨	季度（三个月内）	稍热
0	白色	无预警	季度（三个月内）	平稳
−1	浅绿色	一般下跌	季度（三个月内）	稍冷
−2	正绿色	较快下跌	季度（三个月内）	中冷
−3	深绿色	大跌	季度（三个月内）	过冷

三 方法与模型

通过反复比较和试验，采用随机森林模型（Random Forests）能够比较适合本研究的需要。

（一）随机森林基本原理与应用范围

在机器学习中，随机森林是一个包含多个随机决策树的分类器，其输出的类别由个别树输出的类别的众数而定。20 世纪 80 年代，Breiman 等人发明分类树算法，通过反复二分数据进行分类或回归。2001 年 Breiman 把分类树组合成随机森林，通过在变量的使用和数据的使用上进行随机化，生成很多分类树，再汇总分类树结果。

随机森林是集群分类模型中的一种，它采用随机的方式建立一个由很多决策树组成的森林，且森林中的每一棵决策树之间是没有关联的。当新样本进入时，随机森林中的每一棵决策树分别进行判断。对于分类问题通常使用投票法，得到最多票数类别或者类别之一为最终模型输出。对于回归问题通常使用简单平均法，对多个弱学习器得到的回归结果进行算术平均，得到最终模型输出。

随机森林通过自举法（Bootstrap）抽样，生成每棵树时每个节点变量都仅在随机选出的少数变量中产生，其实质是对决策树算法的一种改进。因此不但样本是随机的，连每个节点变量（Feature）的产生都是随机的。随机森林法从原始训练样本集 N 中有放回地重复随机抽取 k 个样本生成新的训练样本集，然后根据自助样本集生成 n 个分类树组成随机森林。它在对数据进行分类的同时，还可以给出各个变量重要性评分，评估各个变量在分类中所起的作用。许多研究表明，组合分类器比单一分类器的分类效果好。

在训练时每棵树的输入样本都不是全部样本，特征采样也不是全部特征，由于两个随机采样过程保证了随机性，即使不剪枝，也不会出现过拟合。

随机森林既可以应用于回归，也可以应用于分类。

（二）优缺点

随机森林算法的优点有：（1）在运算量没有显著提高前提下提高了预测精度；（2）对多元共线性不敏感，结果对缺失数据和非平衡数据比较稳健，它可以处理大量的输入特征，可以很好地预测多达几千个解释变量的作用，且不用做特征选择；（3）既能处理离散型数据或分类变量，也能处理连续型数据，数据集无须规范化；（4）在建造森林时，它可以在内部对于一般化后的误差产生无偏的估计；（5）通过样本及特征的随机抽样来构建决策树，使随机森林不容易陷入过拟合；（6）通过样本及特征的随机抽样来构建决策树，使得随机森林具有很好的抗噪声能力，对于不平衡的分类资料集来说，它可以平衡误差；（7）训练速度快，并可得评估变量的重要性，到变量重要性排序；（8）在训练过程中，能够检测到变量间的互相影响。

随机森林算法的主要缺点包括：（1）在一些噪声比较大的样本集上，随机森林模型可能会出现过拟合；（2）取值划分比较多的特征容易对随机森林模型产生更大的影响，从而影响拟合结果。

（三）实现过程

1. 数据随机选取

K 来表示训练样本的个数，首先应用 Bootstrap 方法，从原始数据集中采取有放回抽样，取样 K 次，形成一个训练集，并用未抽到的样本作预测，评估其误差（见图 7—2）。子数据集数据量一般与原始数据集相同，不同子数据集的元素可以重复，同一子数据集中的元素也可重复。利用子数据集构建子决策树，每个子决策树输出一个结果。

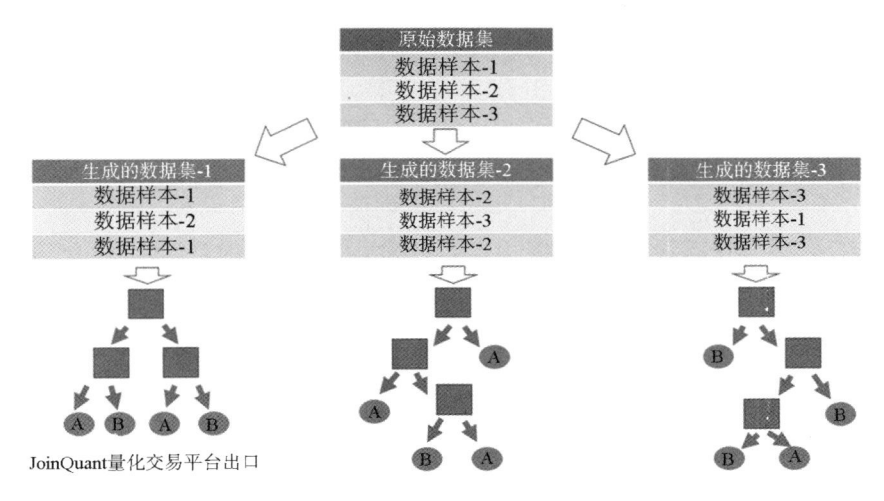

图 7—2 数据随机选取

资料来源：JoinQuant 量化交易平台。

2. 特征随机选取

与数据集随机选取类似，随机森林子决策树的每一分裂过程（即每一枝节点处）并未用到所有待选特征，而是从所有待选特征中随机选取一定数量特征（无放回抽取），之后在随机选取特征中选取最优特征（见图 7—3）。这样能使随机森林中的决策树都彼此不同，提升系统多样性从而提升分类性能。设有 n 个特征，在每一棵树的每个节点处随机抽取 $mtry$ 个特征（其中 m 应远小于 n）。通过计算每个特征的蕴含信息量，在特征中选择一个最具分类能力的特征进行节点分裂。

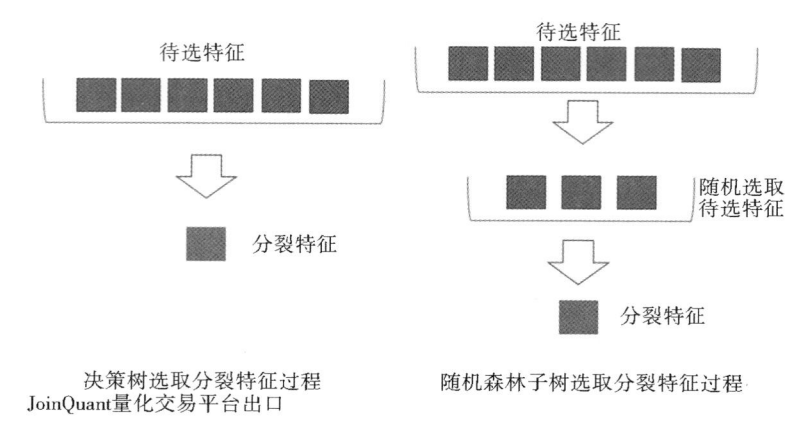

图 7—3 选取分裂特征过程

资料来源：JoinQuant 量化交易平台。

3. 结果输出

每棵树最大限度生长不做任何剪枝。将生成的多棵树组成随机森林，用随机森林对新数据进行分类。分类结果按树分类器投票多少而定，如果有新数据需要通过随机森林得到分类结果，就可通过对子决策树的判断结果投票，得到随机森林输出结果。

（四）预警模型设定

基于城市住房价格的区域关联性原理，深入分析各城市的区域关联性，将各城市的关联城市住房价格数据作为特征变量，与待预报城市共同组成数据集。以近三个月数据作为预测子集，三个月之前的数据作为训练集。计算预测值与实际值的偏差率，作为预警分析的基础。

四 基于大数据及随机森林法的城市住房价格预警预报结果

以截至 2019 年 10 月的各城市大数据住房价格指数为基础，根据监测模型及专家评价，提出 2019 年 11 月至 2020 年 1 月的以下参考性预警预报：（1）浅红色（一般上涨）预警：深圳、东莞、珠海、惠州、苏州、南通、无锡、宁波；（2）正红色（较快上涨）预警：无；（3）深红色（大涨）预警：无；（4）浅绿色（一般下跌）预警：北京、天津、廊坊、保定、张家口、沧州、青岛、济南、烟台、威海；（5）正绿色（较快下跌）预警：无；（6）深绿色（大跌）预警：无。

第八章

基于大数据住房价格指数的2019年中国住房市场分析

在2018年1月至2019年10月大数据住房价格指数监测分析的基础上,运用大数据挖掘分析方法,结合对中国住房市场的长期跟踪研究,对2019年中国住房市场作了全面系统分析,并给出了对策建议。

一 2019年住房市场运行动态

(一)核心城市住房价格由较快回升到止涨趋稳,二手住房成交量冲高回落

反映全国24个核心城市住房价格综合变动的住房价格核心指数显示(见图8—1),2019年,核心城市住房价格经历了由回升到趋稳的转变。2019年2—4月,核心城市住房价格出现被称为"小阳春"的较快反弹;2019年5—7月,"小阳春"逐步消退,核心城市住房价格涨速下降。2019年8—10月,市场进一步趋稳,核心城市住房价格稳中略降。2019年10月,核心城市住房价格同比微涨0.3%,环比微涨0.028%。住房价格核心指数显示,近一年核心城市住房增值率,要远低于同期物价上涨率和存贷款利率。

核心城市住房价格的季节波动率要大于年度波动率。住房价格核心指数还显示，2018年10月，尽管与上年同月相比核心城市住房价格只上涨了0.3%，但与2019年1月的102.53点相比，核心城市住房价格累计上涨了3.42%。与2018年1月100点相比，核心城市住房价格累计上涨了5.73%。

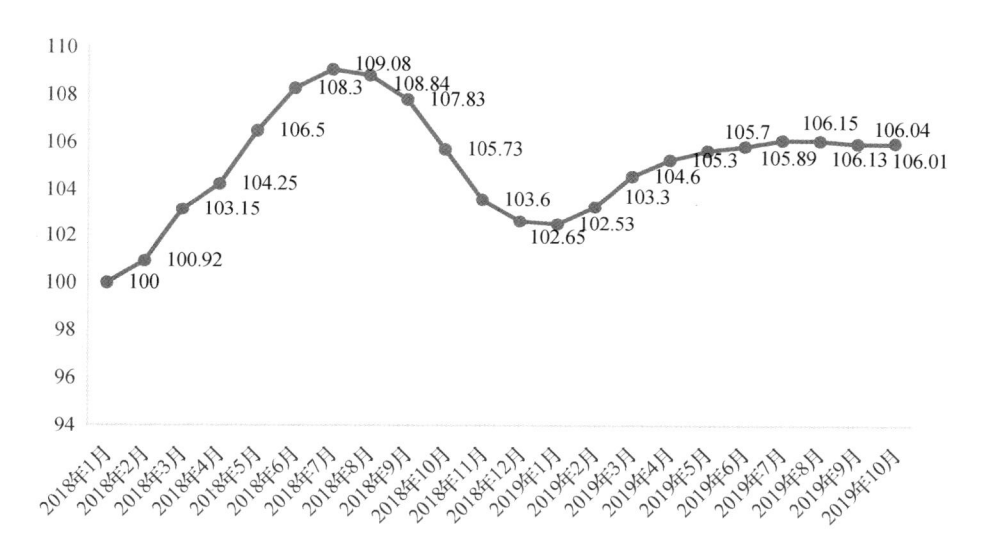

图8—1 纬房核心指数（定基，2018年1月住房价格=100）

资料来源：中国社会科学院财经战略研究院住房大数据项目组。

从二手房成交量指数看，在核心城市住房价格止涨趋稳的同时，二手住房成交量也冲高回落。2019年10月，十大重点城市二手住房成交量指数为135.61，比9月下降了19.89%，但仍比2018年同期成交量指数高出45%（见图8—2）。在其他条件不变的情形下，二手房成交量的持续下降，表明短期住房价格上涨动能减退。

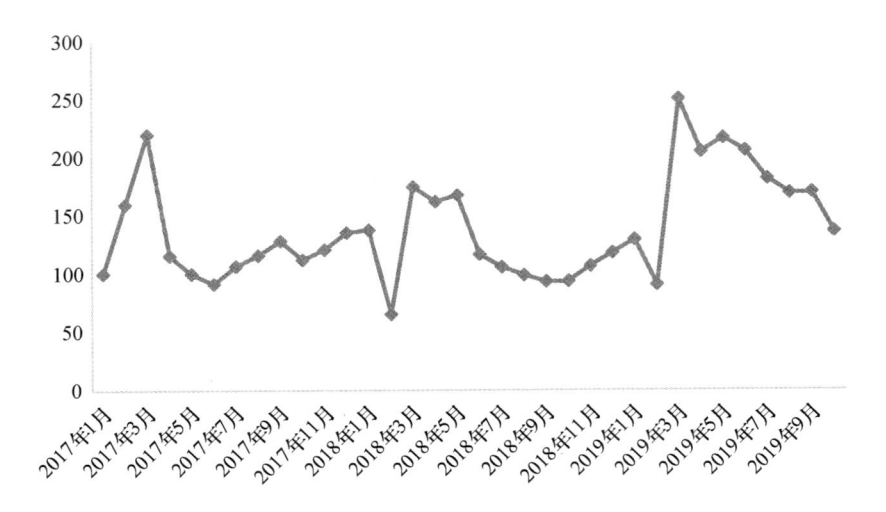

图 8—2　十大城市二手住房成交量指数（2017年1月成交量=100）

注：十大城市的样本为北京、上海、成都、大连、武汉、苏州、深圳、南京、杭州、重庆。

（二）一线城市住房价格反弹力度较弱，除深圳外其他城市均处于下降阶段

从一线城市近一年的住房价格走势看（见图8—3），广州、北京、上海住房价格相对低迷，2019年第一季度住房价格有所反弹，但反弹力度较弱。只有深圳2019年下半年仍继续维持上半年的涨势。一线城市住房价格指数监测显示（见图8—4），近一年来广州住房价格同比下跌3.37%，北京同比下跌3.99%，上海同比微涨0.81%，深圳同比上涨5.58%。

从2019年10月环比变化看（见图8—5），一线城市住房价格平均环比下跌0.025%。其中北京环比下跌1.33%，在一线城市中跌速相对较快，跌幅比上月也略有扩大；上海环比下跌0.70%；广州环比微涨0.12%；深圳住房价格环比上涨1.81%，涨速比上月扩大0.91%。

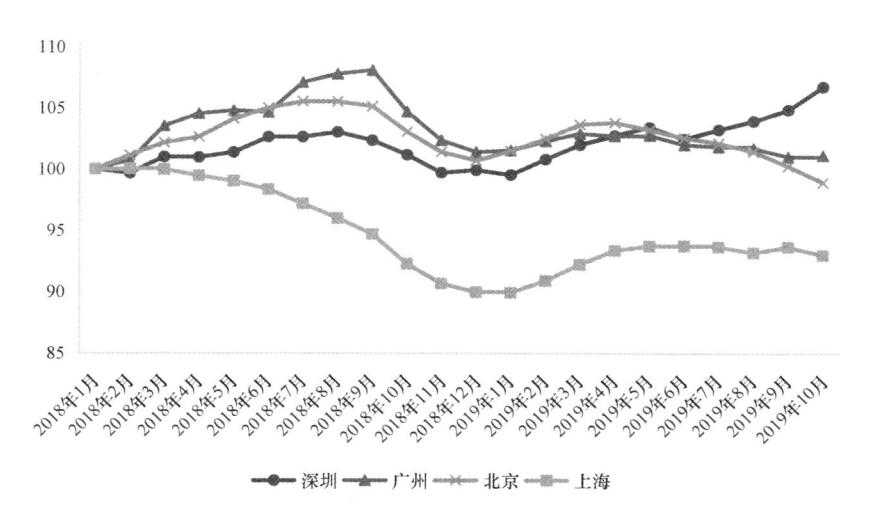

图 8—3　一线城市纬房指数（定基，2018 年 1 月住房价格 = 100）

资料来源：中国社会科学院财经战略研究院住房大数据项目组。

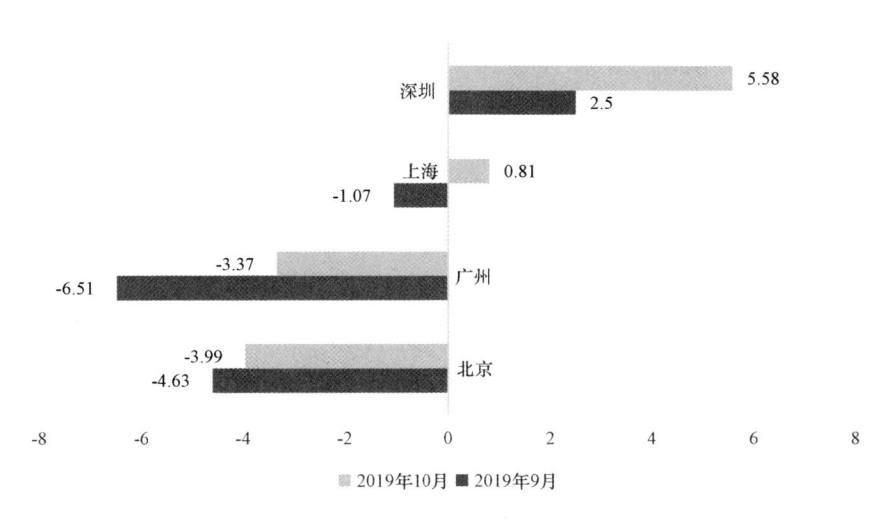

图 8—4　一线城市纬房指数（同比）

资料来源：中国社会科学院财经战略研究院住房大数据项目组。

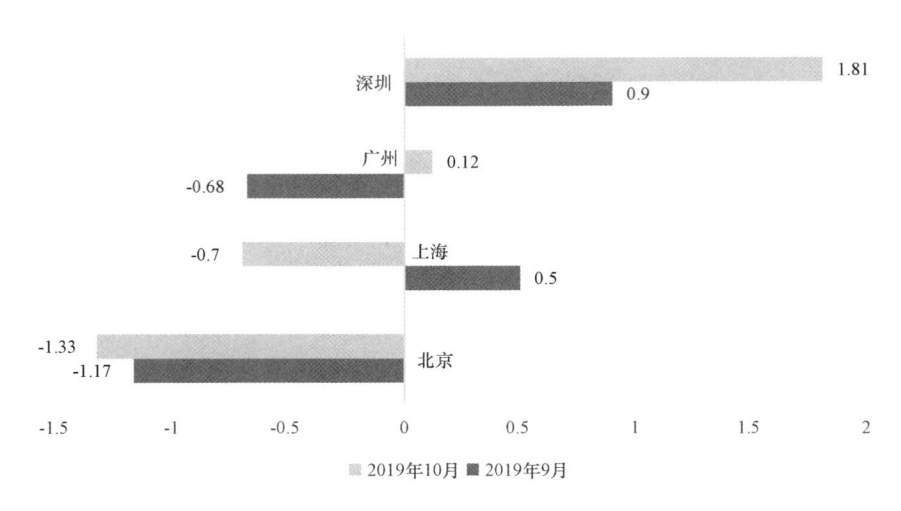

```
        深圳                               1.81
                                0.9
        广州      0.12
   -0.68
        上海
   -0.7
                   0.5
        北京
-1.33
-1.17
-1.5    -1      -0.5     0      0.5      1      1.5      2
             ■ 2019年10月  ■ 2019年9月
```

图 8—5 一线城市纬房指数（环比）

资料来源：中国社会科学院财经战略研究院住房大数据项目组。

（三）准一线城市中天津重庆住房价格相对低迷，苏州上涨较快但涨势得到抑制

从准一线城市近一年的住房价格走势看（见图 8—6），天津、重庆住房价格相对低迷。准一线城市住房价格指数监测显示（见图 8—7），近一年天津累计下跌 3.78%，重庆累计下跌 2.55%。杭州住房价格基本稳定，近一年杭州住房价格累计微涨 0.66%。苏州住房价格上涨较快，近一年累计上涨 20.71%。

从 2019 年 10 月环比变化看（见图 8—8），准一线城市住房价格平均环比下跌 0.117%，跌速比上月减缓 0.473 个百分点。其中天津环比下降 1.43%，跌速比上月收窄 0.1 个百分点，住房价格下跌速度仍较快；杭州环比下降 0.11%，比上月减缓 0.39 个百分点；重庆环比上涨 0.87%；热点城市苏州环比上涨 0.2%，前期涨势得到抑制。

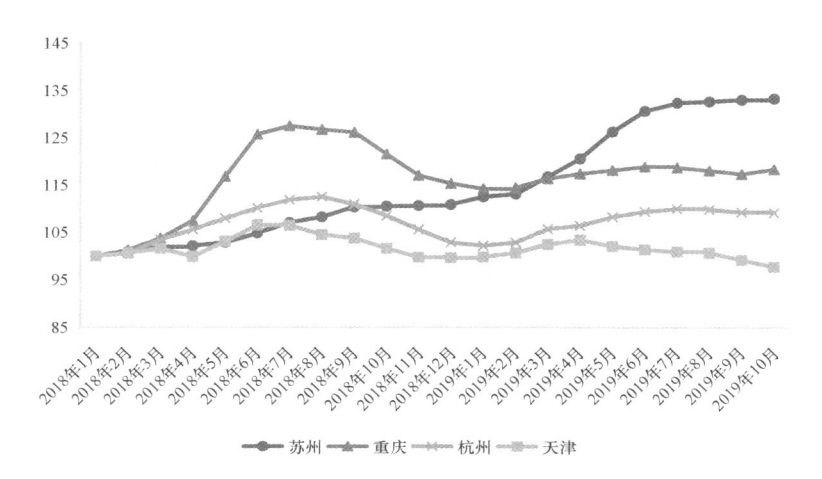

图 8—6　准一线城市纬房指数（定基，2018 年 1 月住房价格 = 100）

资料来源：中国社会科学院财经战略研究院住房大数据项目组。

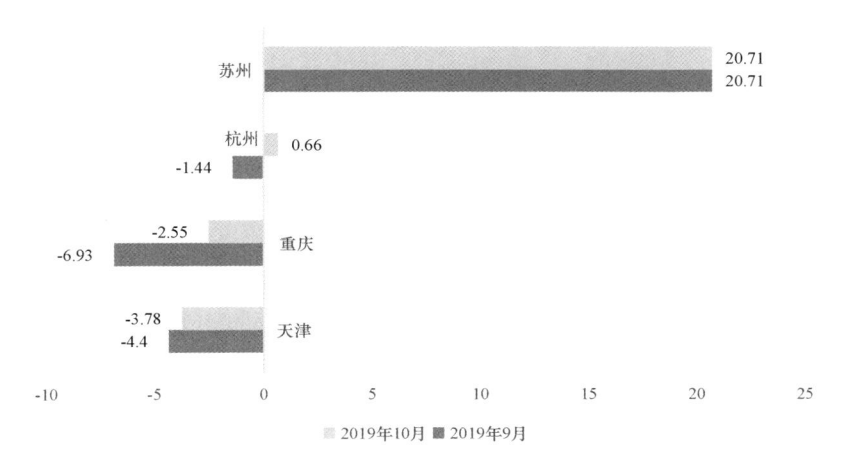

图 8—7　准一线城市纬房指数（同比）

苏州：2019年10月 20.71，2019年9月 20.71
杭州：2019年10月 0.66，2019年9月 -1.44
重庆：2019年10月 -2.55，2019年9月 -6.93
天津：2019年10月 -3.78，2019年9月 -4.4

资料来源：中国社会科学院财经战略研究院住房大数据项目组。

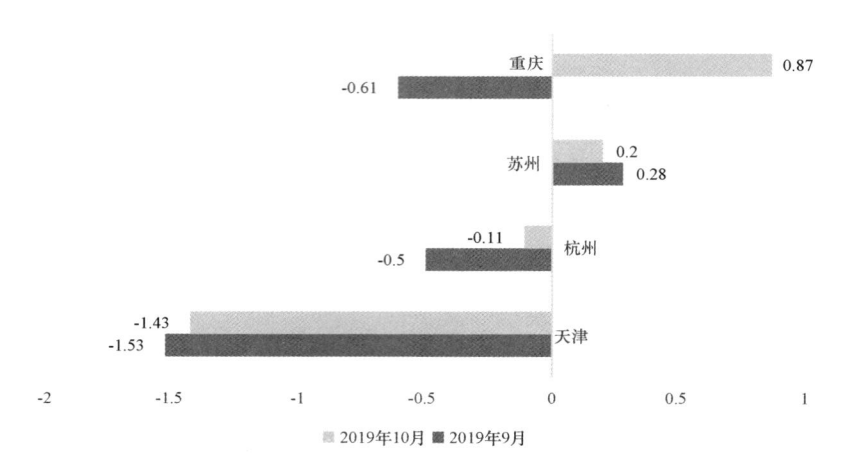

```
                          重庆
                                    0.87
              -0.61
                          苏州
                         0.2
                            0.28
                         -0.11  杭州
                 -0.5
        -1.43            天津
      -1.53
-2    -1.5    -1    -0.5    0    0.5    1
         ■ 2019年10月  ■ 2019年9月
```

图 8—8　准一线城市纬房指数（环比）

资料来源：中国社会科学院财经战略研究院住房大数据项目组。

（四）过半二线城市稳中趋涨，部分城市继续下跌

从近一年二线城市住房价格走势看（见图8—9），过半二线城市稳中趋涨。上海周边的宁波、南通、无锡，以及东北沈阳、哈尔滨、长春等同比均有上涨，昆明、厦门住房价格也有回升。二线城市住房价格指数监测显示（见图8—10），二线城市住房价格平均同比上涨1.647%。其中，近一年宁波同比上涨10.41%，沈阳同比上涨9.79%，南通同比上涨9.18%，昆明同比上涨8.20%，厦门同比上涨8.15%。成都、南昌分别同比略涨2.35%和2.32%，年度涨幅相对较小。青岛、济南、长沙、武汉住房价格相对低迷，其中青岛同比下跌11.67%，济南同比下跌8.89%，长沙同比下跌6.62%，武汉同比下跌3.9%。

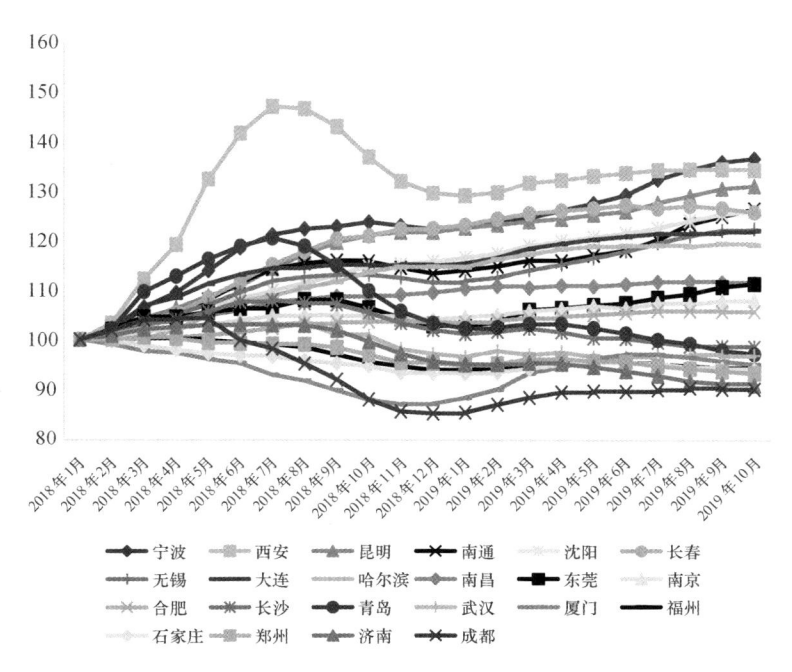

图 8—9　二线城市纬房指数（定基，2018 年 1 月住房价格 = 100）

资料来源：中国社会科学院财经战略研究院住房大数据项目组。

从 2019 年 10 月环比变化看（见图 8—11），二线城市住房价格平均环比下跌 0.008%，涨速比上月收窄 0.144 个百分点。二线城市中，短期住房价格上涨、停滞和下跌的城市均有存在。上海周边的宁波、南通、无锡，以及东北沈阳、大连等仍有上涨；青岛、厦门、郑州等延续下跌，但厦门的年度涨幅仍然为正；西安、长沙、成都、武汉、南昌等短期市场走势暂处于停滞状态。

102　基于大数据的城市住房价格重复交易指数研究

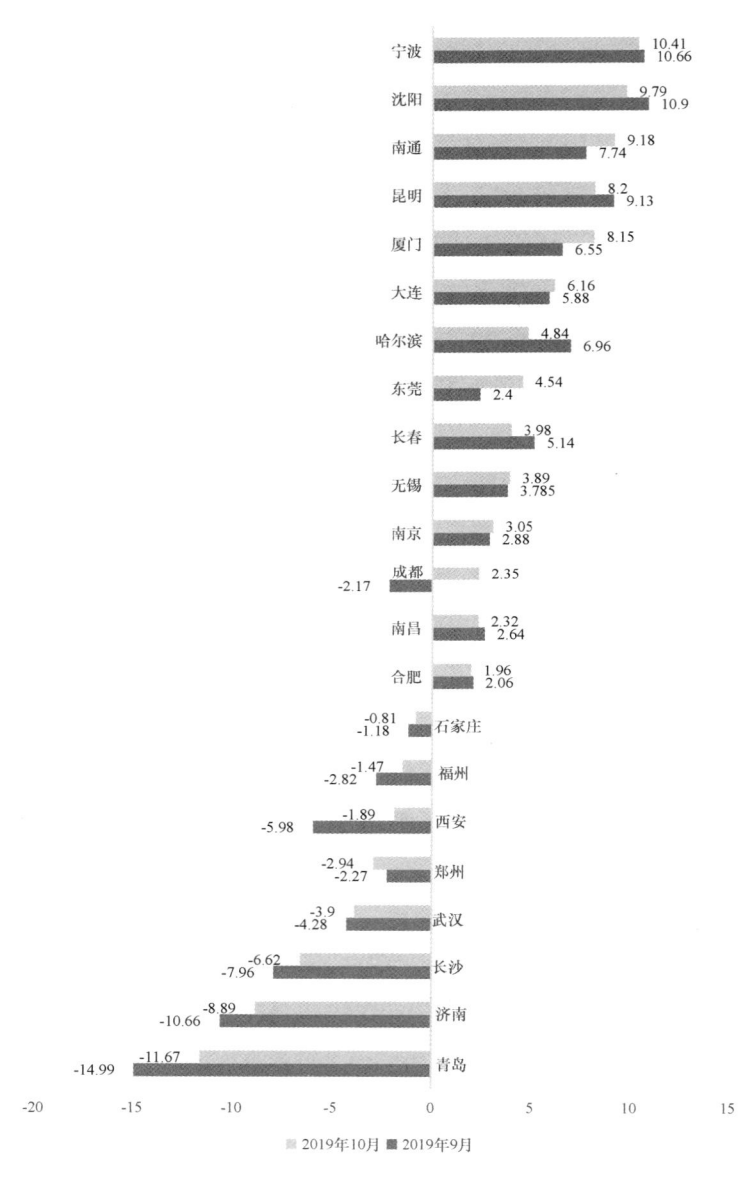

城市	2019年10月	2019年9月
宁波	10.41	10.66
沈阳	9.79	10.9
南通	9.18	7.74
昆明	8.2	9.13
厦门	8.15	6.55
大连	6.16	5.88
哈尔滨	4.84	6.96
东莞	4.54	2.4
长春	3.98	5.14
无锡	3.89	3.785
南京	3.05	2.88
成都	2.35	-2.17
南昌	2.32	2.64
合肥	1.96	2.06
石家庄	-0.81	-1.18
福州	-1.47	-2.82
西安	-1.89	-5.98
郑州	-2.94	-2.27
武汉	-3.9	-4.28
长沙	-6.62	-7.96
济南	-8.89	-10.66
青岛	-11.67	-14.99

图 8—10　二线城市纬房指数（同比）

资料来源：中国社会科学院财经战略研究院住房大数据项目组。

第八章 基于大数据住房价格指数的2019年中国住房市场分析

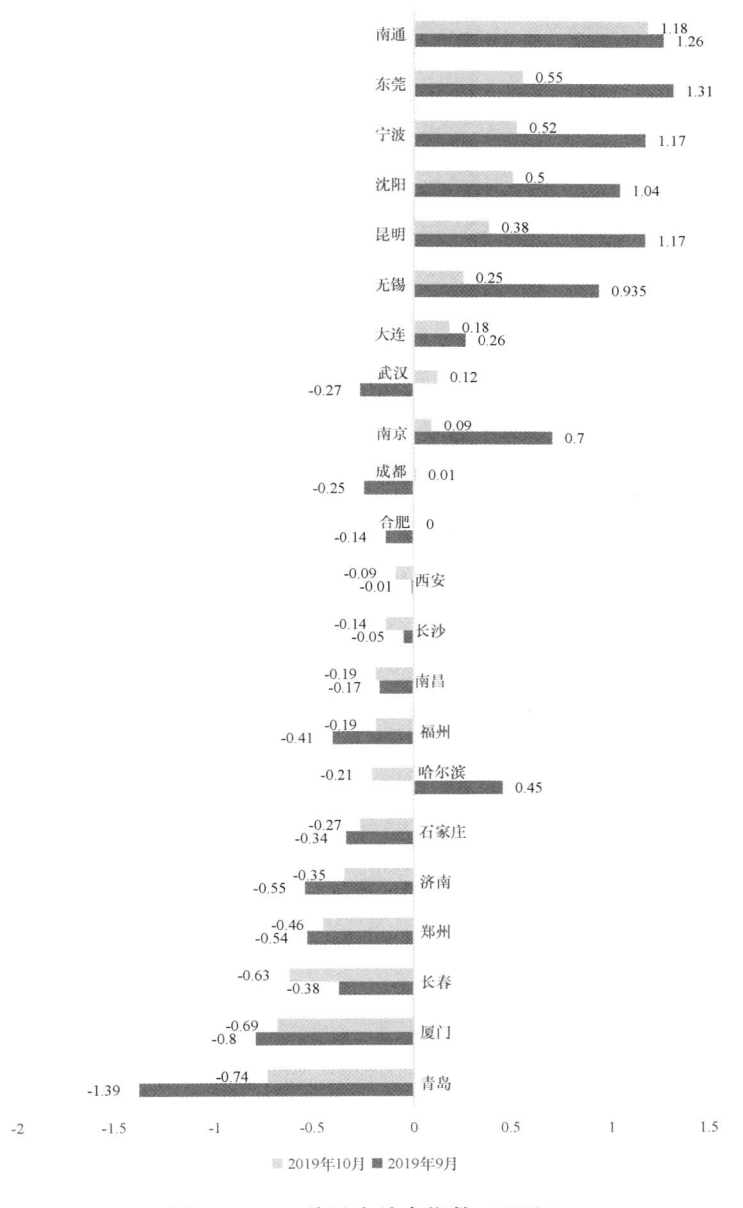

城市	2019年10月	2019年9月
南通	1.18	1.26
东莞	0.55	1.31
宁波	0.52	1.17
沈阳	0.5	1.04
昆明	0.38	1.17
无锡	0.25	0.935
大连	0.18	0.26
武汉	-0.27	0.12
南京	0.09	0.7
成都	-0.25	0.01
合肥	-0.14	0
西安	-0.09	-0.01
长沙	-0.14	-0.05
南昌	-0.19	-0.17
福州	-0.41	-0.19
哈尔滨	-0.21	0.45
石家庄	-0.27	-0.34
济南	-0.55	-0.35
郑州	-0.46	-0.54
长春	-0.63	-0.38
厦门	-0.69	-0.8
青岛	-1.39	-0.74

图8—11 二线城市纬房指数（环比）

资料来源：中国社会科学院财经战略研究院住房大数据项目组。

（五）三四线城市住房价格下跌个数增多，部分城市住房价格涨速仍相对较快

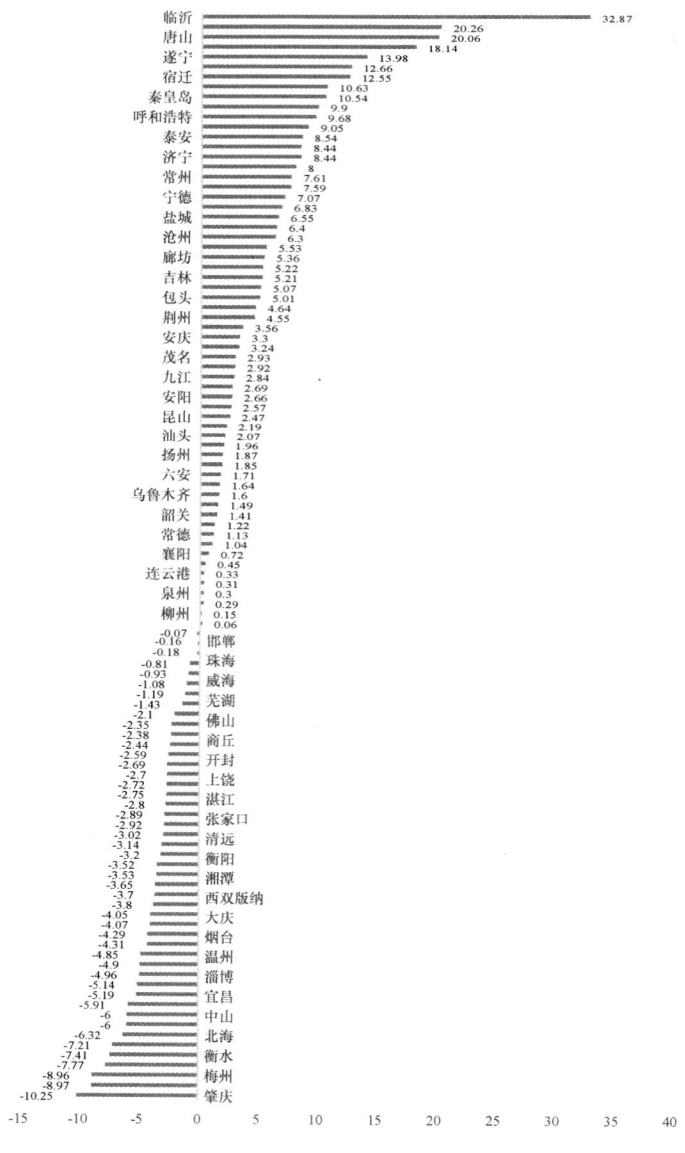

城市	指数
临沂	32.87
唐山	20.26
遂宁	20.06
宿迁	18.14
秦皇岛	13.98
呼和浩特	12.66
泰安	12.55
济宁	10.63
常州	10.54
宁德	9.9
盐城	9.68
沧州	9.05
廊坊	8.54
吉林	8.44
包头	8.44
荆州	8
安庆	7.61
茂名	7.59
九江	7.07
安阳	6.83
昆山	6.55
汕头	6.4
扬州	6.3
六安	5.53
乌鲁木齐	5.36
韶关	5.22
常德	5.21
襄阳	5.07
连云港	5.01
泉州	4.64
柳州	4.55
	3.3
	3.24
	2.93
	2.92
	2.84
	2.69
	2.66
	2.57
	2.47
	2.19
	2.07
	1.96
	1.87
	1.85
	1.71
	1.64
	1.6
	1.49
	1.41
	1.22
	1.13
	1.04
	0.72
	0.45
	0.33
	0.31
	0.3
	0.29
	0.15
	0.06
邯郸	-0.07
珠海	-0.16
威海	-0.18
芜湖	-0.81
佛山	-0.93
商丘	-1.08
开封	-1.19
上饶	-1.43
湛江	-2.1
张家口	-2.35
清远	-2.38
衡阳	-2.44
湘潭	-2.59
西双版纳	-2.69
大庆	-2.7
烟台	-2.72
温州	-2.75
淄博	-2.8
宜昌	-2.89
中山	-2.92
北海	-3.02
衡水	-3.14
梅州	-3.2
肇庆	-3.52
	-3.53
	-3.65
	-3.7
	-3.8
	-4.05
	-4.07
	-4.29
	-4.31
	-4.85
	-4.9
	-4.96
	-5.14
	-5.19
	-5.91
	-6
	-6
	-6.32
	-7.21
	-7.41
	-7.77
	-8.96
	-8.97
	-10.25

图 8—12　2019 年 10 月三四线城市纬房指数（同比）

资料来源：中国社会科学院财经战略研究院住房大数据项目组。

第八章 基于大数据住房价格指数的2019年中国住房市场分析

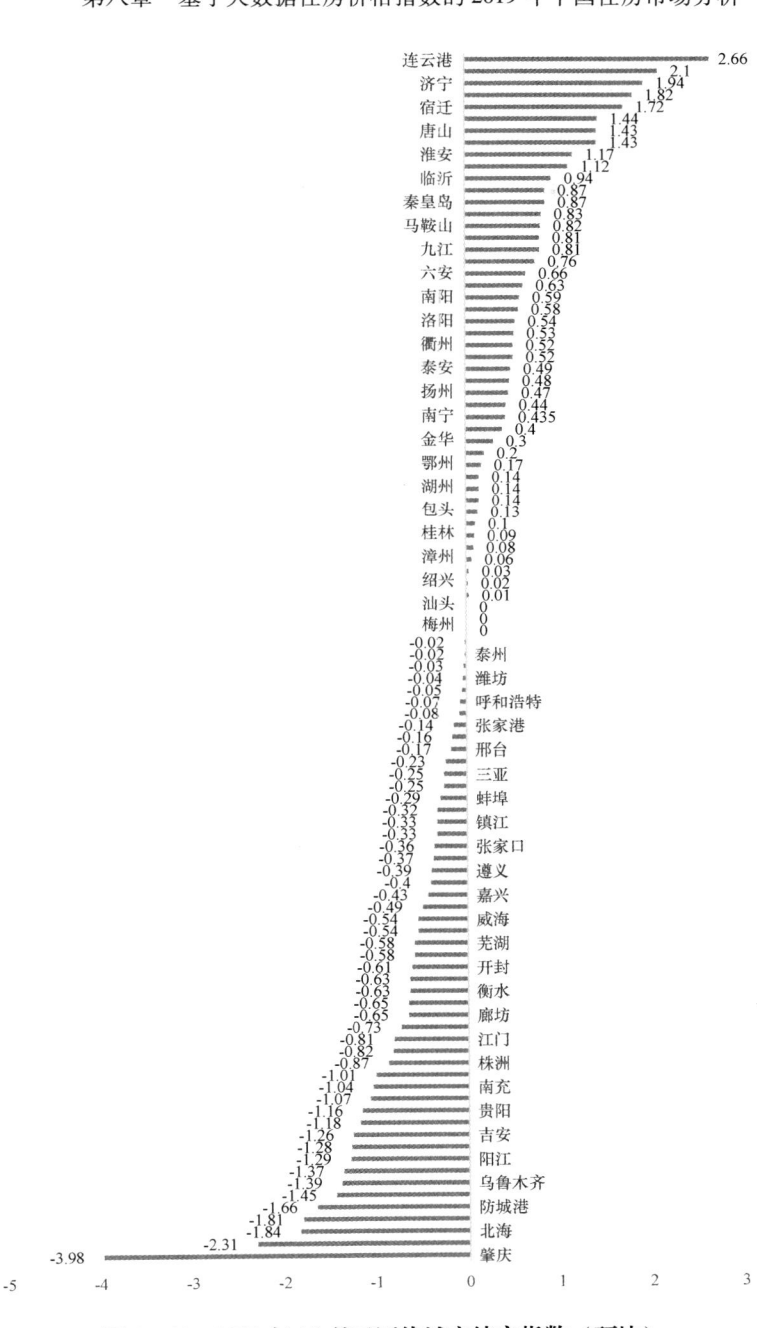

城市	指数
连云港	2.66
济宁	2.1
宿迁	1.94
唐山	1.82
淮安	1.72
临沂	1.44
秦皇岛	1.43
马鞍山	1.17
九江	1.12
六安	0.94
南阳	0.87
洛阳	0.87
衢州	0.83
泰安	0.82
扬州	0.81
南宁	0.76
金华	0.66
鄂州	0.63
湖州	0.59
包头	0.58
桂林	0.54
漳州	0.53
绍兴	0.52
汕头	0.49
梅州	0.48
	0.47
	0.44
	0.435
	0.4
	0.3
	0.2
	0.17
	0.14
	0.14
	0.14
	0.13
	0.1
	0.09
	0.08
	0.06
	0.03
	0.02
	0.01
	0
	0
泰州	-0.02
潍坊	-0.02
呼和浩特	-0.03
张家港	-0.04
邢台	-0.05
三亚	-0.07
蚌埠	-0.08
镇江	-0.14
张家口	-0.16
遵义	-0.17
嘉兴	-0.23
威海	-0.25
芜湖	-0.25
开封	-0.29
衡水	-0.32
廊坊	-0.33
江门	-0.33
株洲	-0.36
南充	-0.37
贵阳	-0.39
吉安	-0.4
阳江	-0.43
乌鲁木齐	-0.49
防城港	-0.54
北海	-0.54
肇庆	-0.58

图8—13　2019年10月三四线城市纬房指数（环比）

资料来源：中国社会科学院财经战略研究院住房大数据项目组。

2019年以来，三四线城市住房价格下跌个数逐渐增多。但受周期异步性、货币化棚改余热等因素的综合影响，少部分三四线城市如临沂、南阳、唐山、洛阳等，在总体市场下滑的背景下仍然相对较快上涨。三四线城市住房价格指数监测显示（见图8—12），近一年临沂、南阳、唐山、洛阳分别同比上涨32.87%、20.26%、20.06%和12.66%。由于部分三四线城市住房价格的上涨可能依赖地方隐性债务的增加，其中隐含着未来下跌的风险。

从2019年10月环比变化看（见图8—13），三四线城市短期住房价格总体微跌。三四线城市住房价格平均环比下跌0.055%，跌幅比上月收窄0.103个百分点。

（六）分城市群看，2019年珠三角城市群景气度相对较低，长三角城市群景气度相对较高

从2019年各大城市群的市场表现看，长三角城市群的市场景气度相对较高，住房价格上涨城市比例更大，部分城市如苏州、宁波、南通等住房价格涨速也相对较快；珠三角城市群的景气度相对较低，住房价格下跌比例更大，除深圳、东莞等外，广州、佛山、肇庆、中山、惠州、阳江、清远等均有下跌，其中肇庆跌速相对较快。

环渤海区域住房价格同比显示，在京津冀一带，唐山住房价格同比上涨较快，大连、秦皇岛、廊坊、沧州等城市同比略涨，而北京、天津，以及河北的张家口、保定、衡水等城市住房价格同比下跌；山东临沂住房价格同比上涨较快，而青岛住房价格同比下跌约10%，淄博、潍坊、日照等城市住房价格停滞或略跌。

（七）核心城市住房租金下跌，住房租赁市场景气度下降

反映全国22个核心城市住房租金总体变化的租金核心指数显示

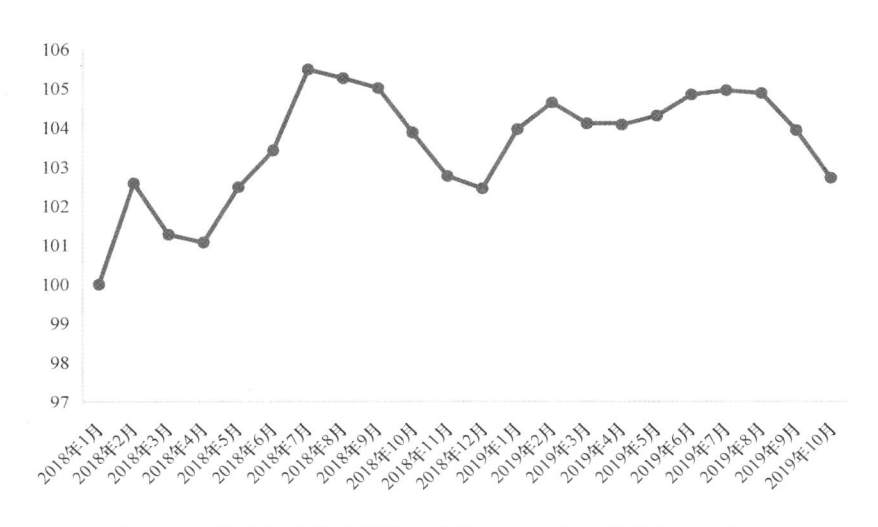

图 8—14 纬房租金核心指数（定基，2018 年 1 月租金 = 100）

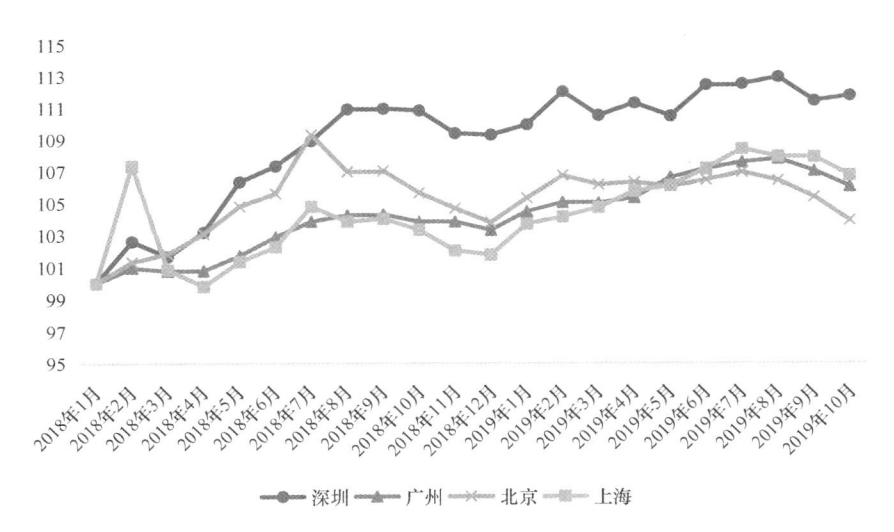

资料来源：中国社会科学院财经战略研究院住房大数据项目组。

图 8—15 一线城市纬房租金指数（定基，2018 年 1 月租金 = 100）

资料来源：纬房大数据与人工智能研究院。

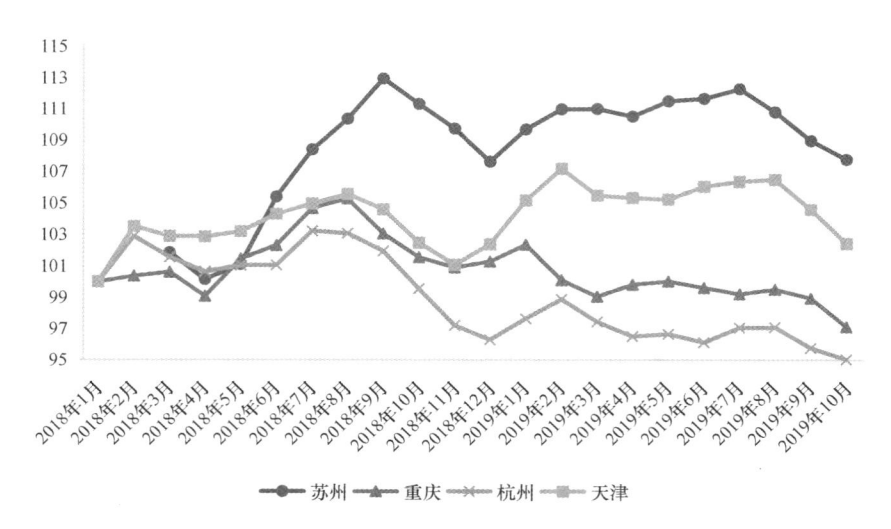

图 8—16　准一线城市纬房租金指数（定基，2018 年 1 月租金 = 100）

资料来源：纬房大数据与人工智能研究院。

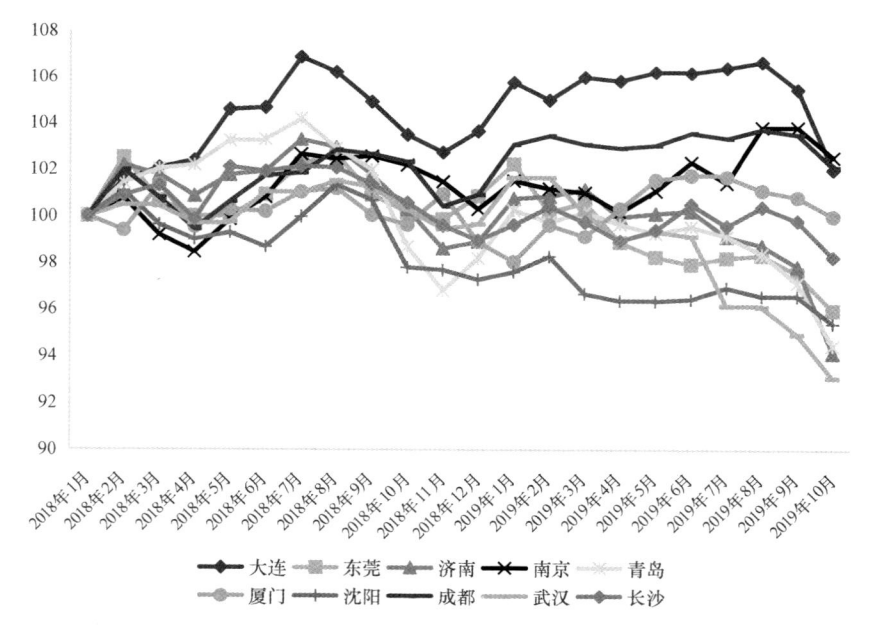

图 8—17　二线城市纬房租金指数（定基，2018 年 1 月租金 = 100）

资料来源：纬房大数据与人工智能研究院。

（见图8—14），2019年10月，核心城市住房租金指数为102.74，环比下跌1.16%，同比下跌1.10%。核心城市住房租金继9月下跌速度有所加快后，10月租金下跌速度继续加快。一方面，9—10月属于住房租赁市场淡季，住房租金下跌具有一定的季节性波动属性；另一方面，2019年5—7月住房租金并未出现如2018年同期的显著上涨，但8—10月的下跌态势类似，因而2019年的住房租赁市场景气度要低于上年。

二 市场形势分析

（一）房地产融资政策仍然从紧，但房贷利率趋于回落

房地产融资仍然受到严格管控。2018年年底至2019年年初，随着定向降准等货币政策的实施，资本市场的资金紧张状况得到显著缓解，部分城市首套房贷的实际利率由上浮10%—15%降至基准利率水平。在信贷相对宽松的背景下，2019年春季住房市场出现"小阳春"现象，部分城市住房价格较快反弹。但在复杂的内外部经济环境下，防范宏观风险仍是政策底线，"大水漫灌"的情形并没有出现。房地产相关信贷也仍然受到严格的管控，房地产融资政策环境仍然从紧。这消除了住房价格进一步上涨的可能性，使得"小阳春"自行消退。

利率动态调整机制开启，房贷利率中长期有回落的趋势。2019年8月25日，央行发布《关于新发放商业性个人住房贷款利率调整公告》，要求商业银行自2019年10月8日起，新发放商业性个人住房贷款利率以最近一个月相应期限的贷款市场报价利率（LPR）为定价基准加点形成。其中首套商业性个人住房贷款利率不得低于相应期限贷款市场报价利率，二套商业性个人住房贷款利率不得低于

相应期限贷款市场报价利率加 60 个基点。由于房贷利率历来以基准利率为锚，而基准利率又自 2014 年 11 月 22 日未再做出调整。央行此次发布个人房贷利率新规，相当于重启了房贷利率的调整机制。在全球经济存在下行压力的条件下，货币环境总体仍将适度宽松，这意味着市场利率将处于合理区间的下限。考虑到信贷利率有走低的趋势，在房贷利率形成新规下，即使存在房贷利率加成机制，房贷利率中长期也将趋于下降。但在短期内，房贷利率不会有显著变化。

（二）土地市场格局或将发生重大变化，但短期不会对房地产市场构成直接冲击

土地政策出现重大变革，城乡土地市场并轨改革启动，符合条件的集体土地可合法直接入市。在较长时间内，集体土地无法直接进入土地市场，土地市场的城乡二元分割特征显著。2019 年 8 月 26 日，十三届全国人大常委会第十二次会议表决通过关于修改《中华人民共和国土地管理法》（以下简称《土地管理法》）的决定，并于 2020 年 1 月 1 日起施行。修改后的《土地管理法》首次开辟了集体建设用地直接入市的合法途径。其中，以法律形式明确了"土地利用总体规划、城乡规划确定为工业、商业等经营性用途，并经依法登记的集体经营性建设用地，土地所有权人可以通过出让、出租等方式交由单位或者个人使用"，"通过出让等方式取得的集体经营性建设用地使用权可以转让、互换、出资、赠与或者抵押"。

修改后的《土地管理法》改变了多年来只有国有土地才能入市的单一土地供应渠道，土地市场供应格局或将发生重大变化。短期内，由于可用的集体经营性建设用地规模较为有限，城乡土地市场并轨的尝试尚不会对房地产市场构成直接冲击。中长期看，虽然集体建设用地仍然不能用于房地产开发和商品房建设，但通过建设租赁性住房等渠道，集体土地入市也能对房地产市场格局产生重大

影响。

（三）抑制住房投资投机方向未变，但调控政策面临边际性宽松

一方面，"房住不炒"、抑制住房投资投机的调控政策方向得到坚持。在复杂的内外部经济形势下，中央和相关主管部门领导多次强调和重申要坚持"房住不炒"，充分表明了中央控制住房价格上涨的决心。2019年4—5月，包括佛山、苏州、大连、南宁等10个热点城市因住房价格涨幅较大被住建部预警提示，表明了政府对住房价格上涨的现实态度。房地产调控政策仍将总体保持延续性与稳定性。房地产调控政策不松动，也意味着住房价格短期难以出现大涨。

另一方面，限购、限价政策面临边际性调整的需要。自2010年北京首次推出住房限购政策以来，住房限购政策实施的最长时间已经接近10年。作为一项被动成为长期制度的短期行政手段，虽然住房限购政策对于抑制住房投资投机、稳定房地产市场起了积极的作用，但是也在一定程度上降低了市场效率。作为短期应急手段，一些城市的限价政策中长期效果也不明确，但对市场效率的影响却较为显著。随着土地改革等重大制度改革的推进和全国住房价格稳中趋降，部分城市住房限购、限价政策有一定的边际性调整需要。

（四）经济增速下滑对住房价格的影响逐步显现，住房价格上涨预期有所减退

经济增速下滑使得住房价格上涨预期进一步减退，更多潜在购房者的住房价格预期转向悲观。在全球贸易摩擦加剧的背景下，世界经济前景趋于复杂化，全球经济不确定因素进一步增加。受世界经济大环境及国内结构调整的影响，我国经济增速也不断下滑。由于长期住房价格变化与预期收入的变化紧密关联，这将导致市场观

望情绪增强，抑制房地产投资投机。

2018年年底至2019年年初，部分城市根据市场变化对房地产调控政策进行了微调，一些城市取消或弱化了限价、限售等辅助性调控手段，房地产信贷也有一定松动迹象。部分购房者认为房地产调控可能进一步松动，从而对住房价格预期也由悲观向谨慎乐观转变。2019年第一季度，全国住房价格总体回升，个别一二线城市住房价格出现较快上涨。2019年4月以来，在经济增速下滑的背景下，随着政府"稳住房价格"决心的进一步明确，以及货币宽松政策短期见顶，住房价格回升的态势受到抑制，住房价格上涨预期逐步减退。2019年4月以来二手房成交量和住房价格整体涨速的下降，也表明市场预期的转变。

三 短期重点城市市场预测

预计短期重点城市住房市场总体先抑后稳，住房价格有望实现软着陆。少部分城市仍存在较快上涨或下跌的可能。

短期重点城市住房价格趋降主要原因有：

（1）经济增速下滑，城市化动力减弱。经济增长是城市进而房地产业发展的原动力。经济增长速度下滑，将导致城市化动力减弱，并使得部分居民对房地产市场预期也发生转变。受外部贸易摩擦和内部结构调整的影响，2019年第三季度GDP同比增速降至6%。随着经济增长不断趋缓，城市的人口吸引力相对降低，对住房市场的短期信心也将受到影响。短期的主流住房价格预期将由谨慎乐观向有限悲观转变。

（2）始于2015年年底的本轮房地产景气周期趋于尾声。以房地产去库存、货币化棚改政策为触发点的本轮房地产景气周期，住房价格上涨持续时间长，总体涨幅巨大，一二三四线城市轮动特征明显。但2017年以来，一线城市住房价格开始由涨转降；2018年以来，部分热点二线城市住房价格也出现较大下调；2019年以来，越来越多的三四线城市加入到住房价格下降的行列。三四线城市住房价格逐步由升转降，表明始于2015年年底的本轮房地产景气周期趋于尾声。在没有新的激发因素出现之前，市场信心难以有效恢复，住房价格总体趋降。

另外，住房价格存在先抑后稳的条件。尽管经济增速下滑，但经济增长的内生动力仍然存在，住房价格即使下降也仍存在一定支撑。住房调控政策基本见底，调控政策及融资条件均存在边际性改善的可能。这些因素可能共同促成住房价格的软着陆。

由于中国房地产市场区域差距大、发展极不平衡，在总体先抑后稳的背景下，不排除局部较快上涨或下跌的可能性。

分城市看：

（1）一线城市住房价格总体先抑后稳，个别可能上涨。一线城市作为全球性城市，住房价格对外部经济环境变化比较敏感，全球经济动荡加剧将对一线城市住房价格产生一定负面影响。作为科技创新中心，一线城市住房价格也将受到科技创新企业估值大幅缩水的影响。近期，部分一线城市住房价格下跌有所加快且成交量下降，短期市场难以有回升的基础；在再城市化背景下，一线城市作为高端人才流入地和高端产业聚集区，住房价格回调存在一定支撑点，个别城市住房价格仍可能上涨。

（2）二线城市涨跌并存，但大起大落可能性不大。受一线城市住房价格下跌的传导及短期观望氛围增强的影响，二线城市住房价格或将以小跌为主。但部分城市发展前景较好、住房价格基数低、中长期住房价格累计涨幅相对小的城市住房价格仍可能上涨。

（3）三四线城市总体下跌。从城市化总体格局看，三四线城市收入水平及人口吸引力偏低，住房投资投机需求和二手房市场相对不活跃，住房价格持续上涨动力不足。在政策刺激效力减退及住房价格"相对洼地"消失的背景下，三四线城市住房市场可能将先后进入下行阶段。部分行情启动较慢的三四线城市，借助于货币化棚改余热,住房价格也仍可能上涨。

四 存在问题

(一) 高速增长趋于结束,局部市场下行风险增大

经过近二十年的快速发展,当前住房总量供应较为充分,住房市场从总体看并无较大的实际增值空间。虽然有些城市住房价格已停止上涨,但由于住房供给规模的持续增加,不排除局部房地产市场风险继续累积的可能性。随着供给的不断增长和需求增速下降,部分三四线城市住房价格存在一定的波动风险。

(二) 住房价格趋降考验政策定力

在"房住不炒"和地方政府稳定住房价格的主体责任成为政策共识的背景下,住房投资投机需求减退。在当前的内外部经济环境下,只要"房住不炒"的方略能够坚持,不仅住房价格难以出现大幅上涨,部分城市还将进入买方市场。这虽然有利于降低宏观风险及平抑住房价格,但也会使一些房地产开发企业面临经营困难。对土地财政依赖较大的部分城市,财政压力也难免增大。这些都将考验城市稳定房地产市场的定力。

(三) 市场下行时,房地产企业延期交房、烂尾及各类市场纠纷的发生概率增大

房地产市场本质上是具有较强波动性的市场。我国房地产企业大多采取高负债经营模式,本身蕴含着较大的经营风险。在过去十多年,由于住房价格涨多跌少,开发企业资金链断裂风险被乐观的

市场表现所掩盖。一旦市场增长停滞或持续下行，负债率过高或对市场预判过于乐观的房地产企业，将面临资金链紧绷甚至断裂的风险。房地产企业延期交房及烂尾的风险也随之增大。在期房预售制度下，这也将极大损害购房者的权益。特别是在三四线及以下城市，行业监管力量薄弱，市场下行压力加大，相对更容易出现无法按期交房现象。此外，由于买卖双方对期房权益的理解不一，一旦住房价格下行，各类市场纠纷案例就会迅速增长。

（四）房地产企业资金紧张，对市场产生多方面影响

房地产企业资金紧张成为常态，这对土地市场降温起了有效作用，也对稳定短期住房价格起了一定作用。房地产企业资金紧张主要源于两个方面因素：一是为避免土地市场过热，政策层面对房地产企业的融资采取了一定的规范性管控措施，房地产企业融资成本升高；二是受限购及市场调整等因素的影响，商品房销售增速下降，房地产企业资金回笼出现不畅。

房地产企业资金紧张对供给也将产生一定影响。短期内，房企供给能力下降；中长期来看，开发融资模式将逐步转型，市场供给不会因此发生变化；为了降低资金压力，部分房地产企业倾向于采取缩短开发及销售时间的快周转模式，短期内部分商品房产品的品质有所下降。

五　对策与建议

（一）坚持"房住不炒"，保持调控政策的延续性与稳定性

历史经验证明，在城市化发展阶段，出台刺激购房政策必然导

致住房价格的异常上涨，增加市场风险。为保持市场平稳，应保持调控政策的延续性与稳定性，继续抑制住房投资投机，使购房投资杠杆保持在可控范围。以限购、限贷等为核心的住房投资需求管控政策，仍应保持相对稳定。房地产政策的调整优化应坚守"房住不炒"的底线，坚持避免出台刺激购房政策。

坚持"房住不炒"虽然有利于降低宏观风险和提升居民住房水平，但与土地财政在短期内具有一定的内在矛盾，需要保持充分政策定力。随着"房住不炒"的推进，部分城市不可避免地面临一定的财政压力。为避免市场出现政策性波动，一方面需要保持政策定力，继续抑制住房投资投机，保持房地产市场的持续稳定；另一方面需要加大财政结构转型力度，降低对房地产相关收入的依赖度。

（二）把好货币供应总闸门，保持房地产信贷规模稳定

从宏观看，房地产市场和金融市场密不可分。房地产市场在一定程度上具有货币"蓄水池"的功效，货币供应扩张紧缩是住房价格大起大落的必要条件。稳定房地产市场，首先需要从宏观上维持货币供应量的相对稳定，避免大水漫灌或过度紧缩。货币政策保持松紧适度，可以为房地产市场的平稳发展和居民家庭住房条件的持续改善创造条件。

从微观上看，按揭贷款是达成房地产交易的重要前提，差别化信贷政策是控制住房投资投机最为直接有效的政策手段。在坚持差别化信贷的前提下，加强对各类融资手段的用途管控，避免借其他用途融资而违规流入房地产市场。

从供给侧看，继续维持对开发环节融资的适度合理管控，可以从源头抑制土地相关炒作。为避免信贷资金"脱实入虚"或违规流入房地产市场，相关金融管理部门对房地产开发环节采取了一定的

融资管控措施，有效地抑制了土地市场过热、平抑了短期住房价格。为稳定土地市场预期，从源头抑制土地和房地产的相关炒作，应保持对开发环节融资的适度合理管控措施的稳定性。

（三）落实完善"因城施策"方略，明确地方政府稳定市场主体责任

房地产市场属于地域性很强的市场，将城市政府作为稳定房地产市场的第一责任人契合经济规律。此外，"因城施策"也可以大大降低房地产市场系统性风险发生的概率。进一步明确各城市政府稳定住房价格的主体责任与上级政府的监督指导责任。对于局部住房价格的异常上涨，实现及时预警和"露头就打"。住房价格短期波动较大的区域，还可进一步明确稳定住房价格的短期数量目标。严格防止个别城市以"因城施策"之名出台刺激购房政策。

将稳定住房租赁市场纳入各地政府稳定房地产市场的重要目标，大力规范住房租赁市场秩序，保护租房者合法权益，防范中介及各类机构试图操控、垄断市场行为，避免租金的异常波动。

从各地市场实际出发，增强需求管控政策的弹性与灵活性。在坚持"房住不炒"、维持市场总体稳定的前提下，可根据市场实际情况对已有的限购、限价等需求管控政策作边际性调整，以适应市场形势的新变化。避免误伤合理购房需求，适度支持改善性住房需求。进一步增强政策针对性，减少"一刀切"式管控。

（四）完善住房市场监测指标与方法，实现对市场风险的及时预警

在政策层面，上级政府对住房市场监测评价指标的单一化，容易诱发下级政府简单调控或虚假调控。有必要对现有的监测评价指标体系加以改进，以促进市场的持续稳定。可以考虑增加住房市场

监测指标、完善监测方法,加强二手房监测、成交量监测、舆情监测、大规模摇号等市场异常监测,引入大数据监测、人工智能监测等新方法。

及时发现和预判市场动向,实现事前预调,减少事后调控。与股市等资本市场相比,房地产交易属于低频、大额交易。房地产市场的规律性、可预判性相对较强。加强人工智能、大数据等新技术手段在房地产监测领域的应用,加大对地价、住房价格、房地产舆情及交易量等的监测力度,实现对市场风险的实时预警。

(五)稳妥推进住房市场长效机制建设,促进长短期政策目标的均衡协调

推进公共服务均等化,缓解住房供求结构性矛盾。房地产需求与城市公共服务息息相关。公共服务的不均衡,不仅表现为不同区域公共服务水平的巨大差异,更表现为同一区域内部公共服务水平的较大落差。公共服务在空间分布上的极不均衡,是导致住房结构性短缺的重要原因。这需要优化各级政府的财权与事权划分,大力推进基础教育、医疗、公共交通等公共服务的均等化。通过公共服务的均等化,平衡住房需求的空间分布,促进存量住房资源的有效利用。

大力发展住房租赁市场,实现租购并举。发展住房租赁市场是建立完善住房市场长效机制的重要组成部分。长期以来,住房租赁市场被政策所忽视,租房者权益未得到很好的保护。进一步落实租购房同权,建立健全住房租赁相关法律法规,增加租赁住房土地供应,完善住房租赁市场监测体系,促进住房租赁市场发展。

深化土地市场改革。以用途管制为基础,推进城乡土地市场一体化,为建立多主体供应的住房供应体系奠定基础。

促进地方财政结构转型,降低城市政府对土地财政的依赖度。分类推进地方政府投融资体制改革,转变地方政府高负债发展模式,

是稳定房地产市场的必要条件之一。

从保护购房者权益出发，因地制宜稳妥推进住房预售制改革。随着住房市场由快速上涨转入总体趋稳，房地产企业短期资金压力将迅速增大，期房烂尾或延期交付风险可能较快增加。在期房预售制度下，这些风险都将转嫁给购房者。特别是在三四线及以下城市，购房者权益更难以得到保护。为有效保护购房者合法权益、维护社会稳定，有必要因地制宜稳妥推进期房预售制度改革。

建立房地产政策的综合协调机制。房地产市场的稳定涉及金融、土地、住房、财税、教育、交通、发展规划等多个部门，房地产市场的变动同时又会与金融市场及宏观经济发生联动。这需要加强宏观政策的综合协调，实际统一目标齐抓共管，避免重要宏观政策的出台与稳定住房价格目标相背离。

第九章

上涨与分化：后疫情时代住房市场分析与展望

一 后疫情时代住房市场新特征

2021年是一个特殊的历史时期，中国经济刚从新冠肺炎疫情的冲击中初步走出。尽管经济前景仍存在较大不确定性，但部分城市住房价格却率先复苏。这与2009年的市场情形有相似之处。2009年，国际金融危机的阴影还未散去，而一二线住房价格已经出现较快的上涨。

据国家统计局最新发布数据，与2020年相比，2021年一季度房地产市场显著复苏，量价齐增。房地产开发投资同比增长25.6%，两年平均增长7.6%。全国商品房销售面积36007万平方米，同比增长63.8%，两年平均增长9.9%；商品房销售额38378亿元，同比增长88.5%，两年平均增长19.1%。商品房销售额增速与商品房销售面积增速之间约为25个百分点的差，则为住房价格上涨所贡献。

大数据监测也显示，2021年一季度，核心城市住房价格出现结构性较快上涨。2021年3月，纬房核心指数显示（见图9—1），全国24个核心城市综合住房价格环比上涨2.34%，同比上涨9.8%，创2018年1月以来新高。

第九章　上涨与分化：后疫情时代住房市场分析与展望　　121

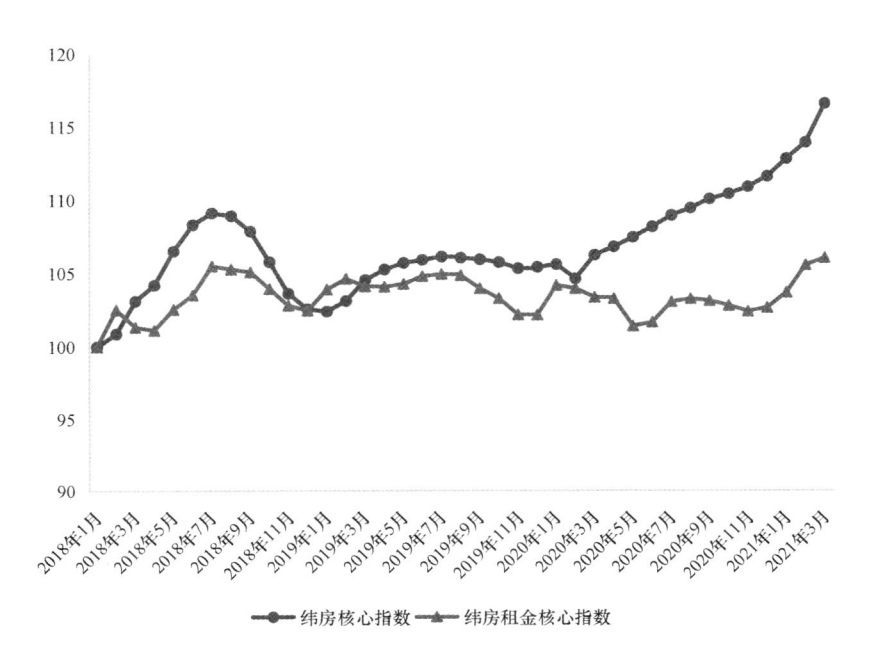

图9—1　纬房核心指数与纬房租金核心指数（定基，2018年1月住房价格或租金=100）
资料来源：纬房研究院。

与2009年及2020年相比，2021年一季度的住房市场形势还存在以下鲜明的特征：

一是市场分化加剧。一二线城市住房价格涨速要显著快于三四线城市。在一线和热点二线城市住房价格相对较快上涨的同时，还有一些二三四线城市仍在下跌。纬房城市分级指数显示（见图9—2），2021年3月，二线城市综合住房价格环比上涨2.5%，涨速比上月加快1.6个百分点；一线城市综合住房价格环比上涨1.8%，涨速比二线城市略低；三线城市环比上涨0.9%，四线城市环比上涨0.4%，涨速相对较低。

二是地域差距显著。南北差距、东西差距均明显存在。房地产市场总体呈现南热北稳、东热西稳的态势（见图9—3）。热点城市主要集中在南方和东部，特别是集中于长三角和粤港澳大湾区城市群；北方城市和中西部城市住房价格总体平稳，热点城市在北

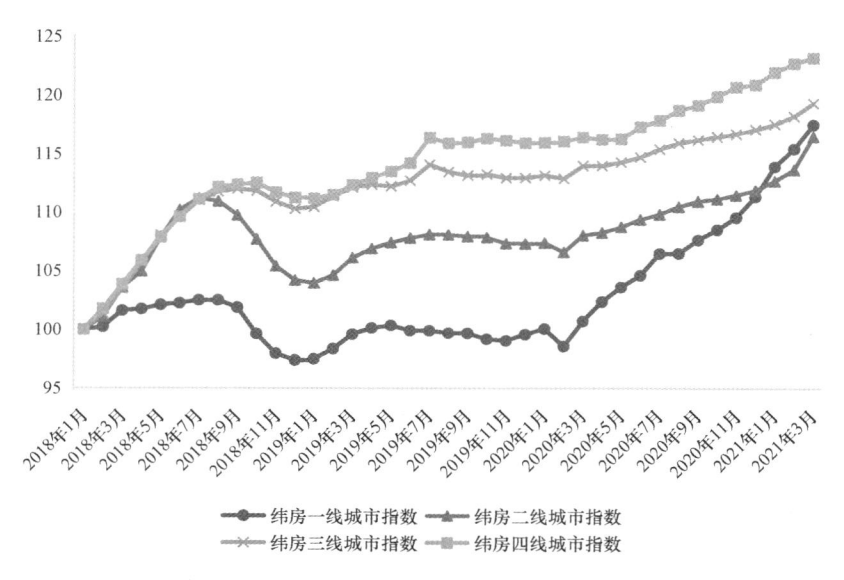

图 9—2 纬房城市分级指数（定基，2018 年 1 月住房价格 = 100）

资料来源：纬房研究院。

方和中西部属个别现象。京津冀城市群各城市到目前为止住房价格持续平稳。

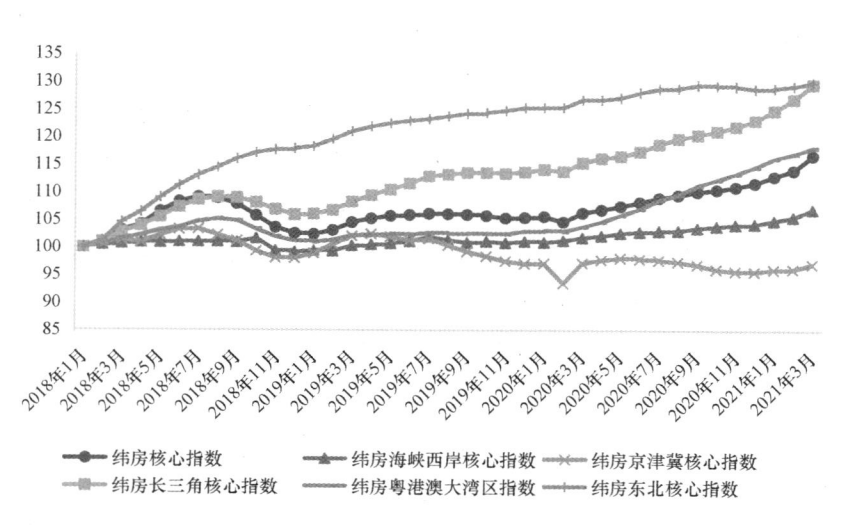

图 9—3 纬房区域指数（定基，2018 年 1 月住房价格 = 100）

资料来源：纬房研究院。

三是热点城市内部分化严重。不仅城市间差异加大,城市内部也同样存在较大差异。即使在热点城市内部,区位及综合配套较好的核心城区上涨相对较快,偏远区往往上涨相对慢或停滞下跌。热点城市的住房价格上涨,往往以重点学区的上涨为先导。由于城市内部的住房价格分化,对城市住房价格的涨跌以比前更难以判定。以北京为例,2021年3月海淀同比上涨11%,而作为副中心的通州还同比下跌0.7%,呈现冷热不均的局面。

表9—1　　　2021年一季度北京市重点城区纬房同比指数　　　单位:%

城区	2021年1月	2021年2月	2021年3月	3个月平均
海淀	6.45	8.09	11.10	8.55
昌平	5.77	5.82	6.30	5.96
石景山	3.53	3.86	4.84	4.08
西城	2.54	3.26	5.38	3.73
东城	3.07	3.39	4.64	3.70
朝阳	2.47	3.02	4.05	3.18
门头沟	3.95	3.69	1.24	2.96
丰台	1.85	2.14	3.10	2.36
顺义	2.69	2.28	2.09	2.35
大兴	1.57	1.68	1.60	1.62
通州	-0.43	-0.27	-0.72	-0.47

注:本数据仅供研究参考,市场评价以统计部门为准。
资料来源:纬房研究院。

四是改善性需求成为交易主导。2009年,我们尚处于房地产由总量短缺到总量过剩的过渡阶段,首次置业者仍是购房主力之一。而当前,我们基本上处于总量过剩阶段,改善性需求取代首次置业成为市场需求的主体,首次置业比例已经大大下降。这也可以部分解释为什么城市内部住房价格走势分化非常严重,地段或片区较好的住房价格涨得更快,而偏远城区住房价格相对平稳。

五是住房与住房租赁市场联动上涨。2020年,热点城市住房价格上涨的同时,租金在持续下跌,住房价格租金的剪刀差不断扩大。2021年,住房价格上涨的同时,租金也较快上涨。且这种租金上涨不能完全归结为季节性上涨,因为部分核心城市租金已经创出新高。

具体分城市看,根据大数据住房价格同比监测分析,结合相关统计数据可知(见图9—4、图9—5),一线城市中,深圳上涨最快,上海住房价格上涨较快,广州紧随其后,北京稳中有升。① 一线城市尚未全面快速上涨。

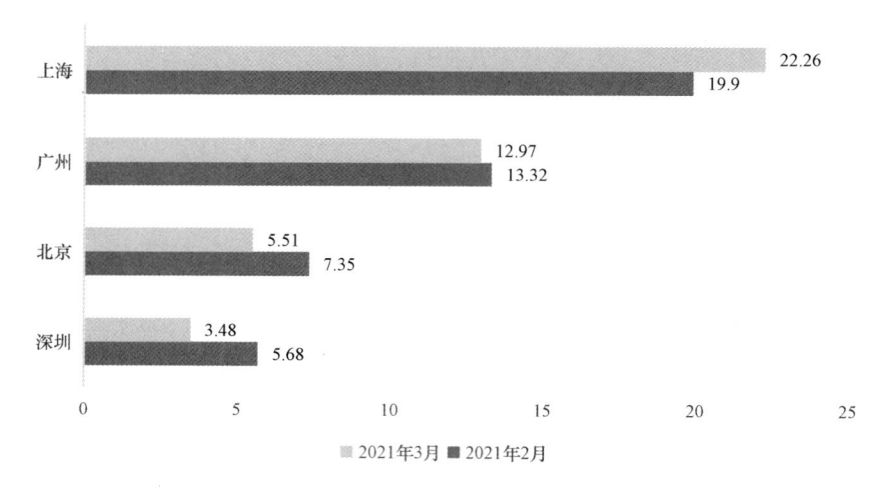

图9—4 一线城市纬房同比指数

资料来源:纬房研究院。

---

① 由于2021年2月开始深圳采用政府指导价,且指导价平均约低于实际成交价15%,住房价格数据未能真实反映其住房价格走势。

第九章 上涨与分化：后疫情时代住房市场分析与展望

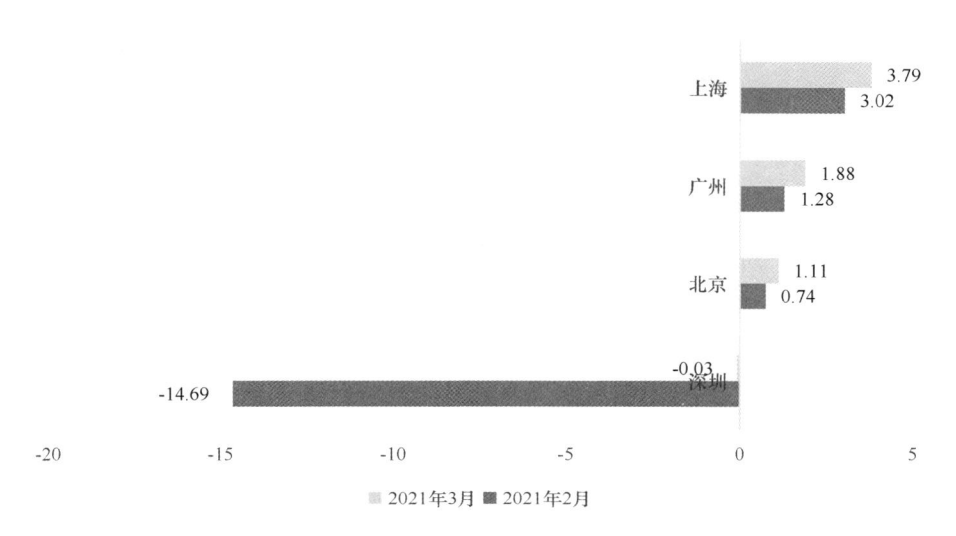

城市	2021年3月	2021年2月
上海	3.79	3.02
广州	1.88	1.28
北京	1.11	0.74
深圳	-0.03	-14.69

图9—5　一线城市纬房环比指数

资料来源：纬房研究院。

二线城市中部分热点城市涨速有所加快（见图9—6、图9—7）。宁波、东莞、无锡、杭州、南京、厦门、合肥、南通、西安、大连等城市上涨相对较快，天津、福州、济南、青岛、郑州、长沙、哈尔滨等城市相对平稳。

三四线城市涨跌互现，以涨为主（见图9—8、图9—9）。盐城、泉州、银川、嘉兴、淮安、马鞍山等城市上涨相对较快，其中不少都是长三角非核心城市。廊坊、保定、防城港、肇庆、淄博、北海等城市住房价格下跌，这些城市大多曾经历过较强的市场炒作，市场需求被透支。

126　基于大数据的城市住房价格重复交易指数研究

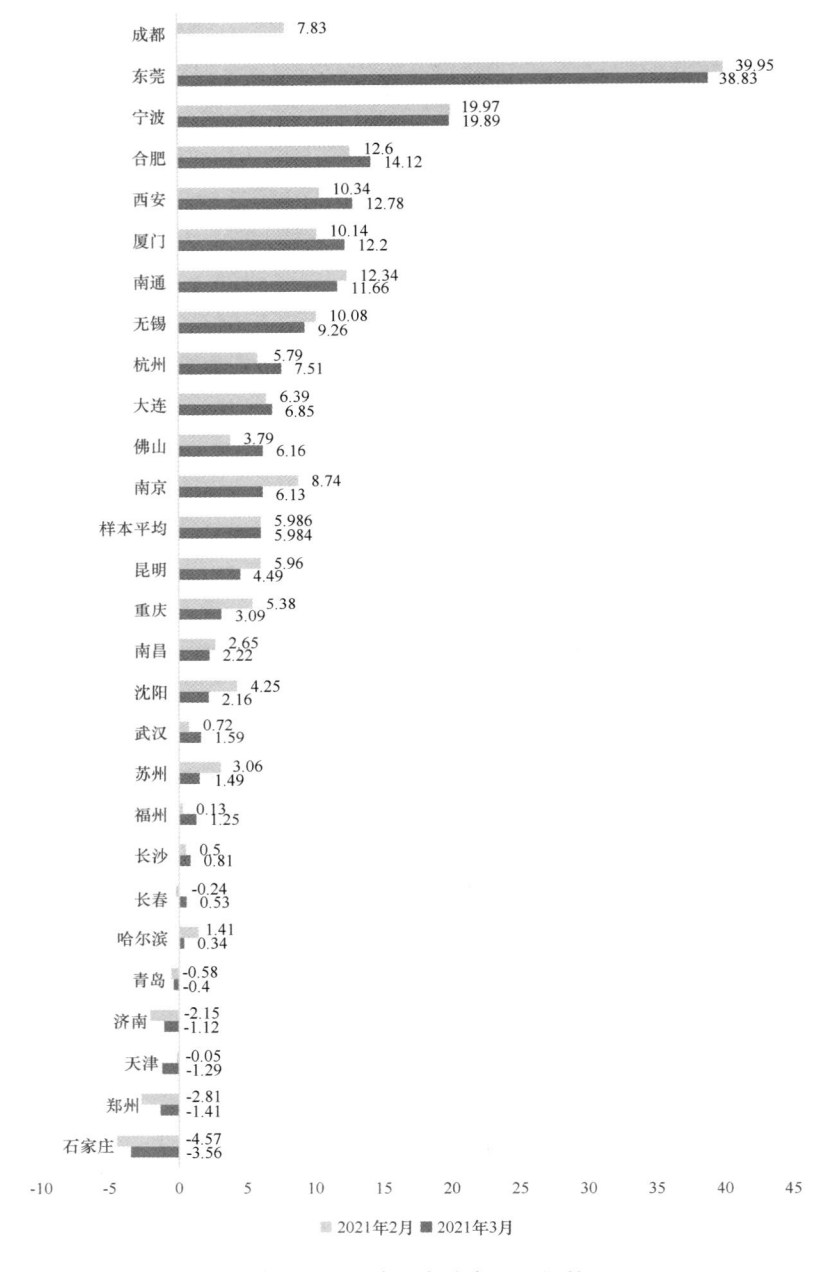

城市	2021年2月	2021年3月
成都	7.83	
东莞	39.95	38.83
宁波	19.97	19.89
合肥	12.6	14.12
西安	10.34	12.78
厦门	10.14	12.2
南通	12.34	11.66
无锡	10.08	9.26
杭州	5.79	7.51
大连	6.39	6.85
佛山	3.79	6.16
南京	8.74	6.13
样本平均	5.986	5.984
昆明	5.96	4.49
重庆	5.38	3.09
南昌	2.65	2.22
沈阳	4.25	2.16
武汉	0.72	1.59
苏州	3.06	1.49
福州	0.13	1.25
长沙	0.5	0.81
长春	-0.24	0.53
哈尔滨	1.41	0.34
青岛	-0.58	-0.4
济南	-2.15	-1.12
天津	-0.05	-1.29
郑州	-2.81	-1.41
石家庄	-4.57	-3.56

图 9—6　二线城市纬房同比指数

资料来源：纬房研究院。

第九章 上涨与分化：后疫情时代住房市场分析与展望

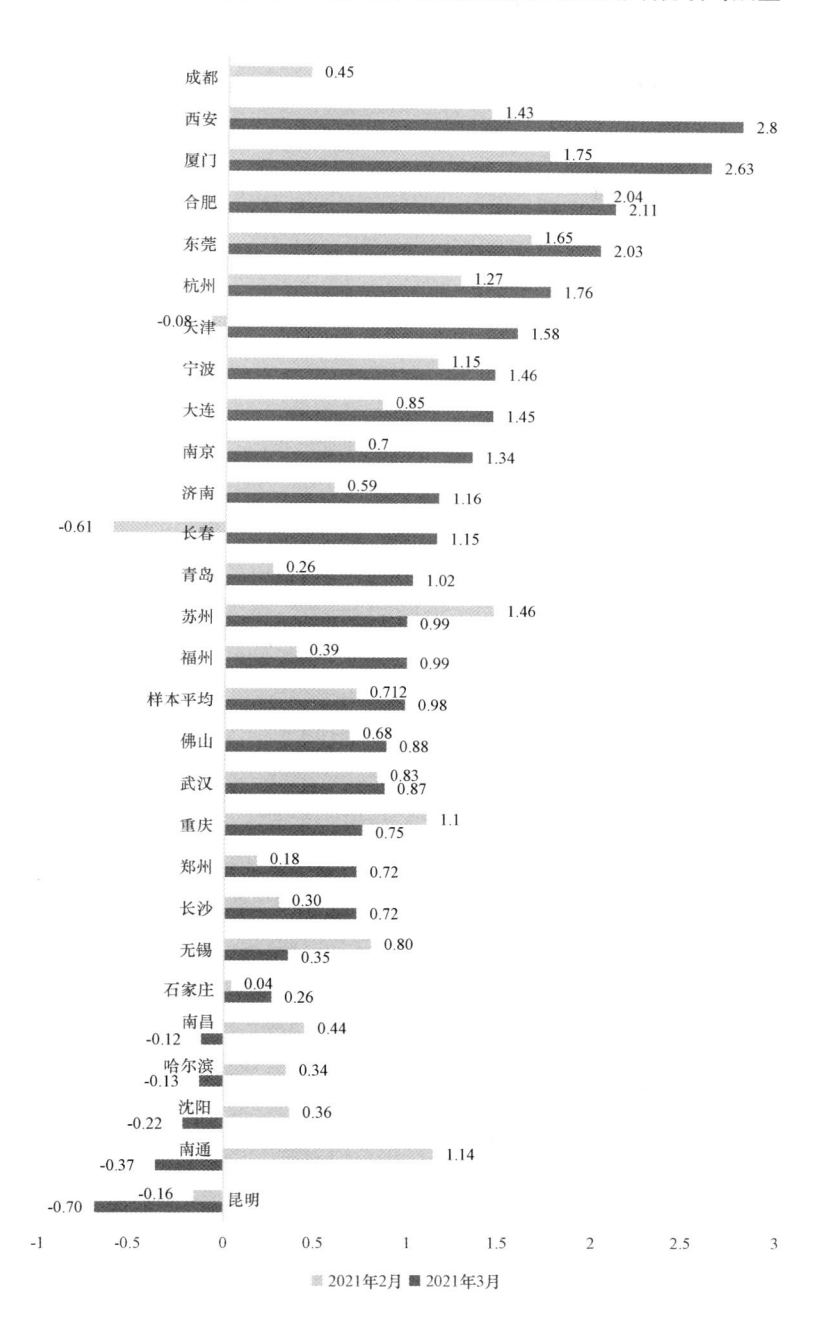

城市	2021年2月	2021年3月
成都	0.45	
西安	1.43	2.8
厦门	1.75	2.63
合肥	2.04	2.11
东莞	1.65	2.03
杭州	1.27	1.76
天津	-0.08	1.58
宁波	1.15	1.46
大连	0.85	1.45
南京	0.7	1.34
济南	0.59	1.16
长春	-0.61	1.15
青岛	0.26	1.02
苏州	1.46	0.99
福州	0.39	0.99
样本平均	0.712	0.98
佛山	0.68	0.88
武汉	0.83	0.87
重庆	1.1	0.75
郑州	0.18	0.72
长沙	0.30	0.72
无锡	0.80	0.35
石家庄	0.04	0.26
南昌	0.44	-0.12
哈尔滨	0.34	-0.13
沈阳	0.36	-0.22
南通	1.14	-0.37
昆明	-0.16	-0.70

图 9—7　二线城市纬房环比指数

资料来源：纬房研究院。

128　基于大数据的城市住房价格重复交易指数研究

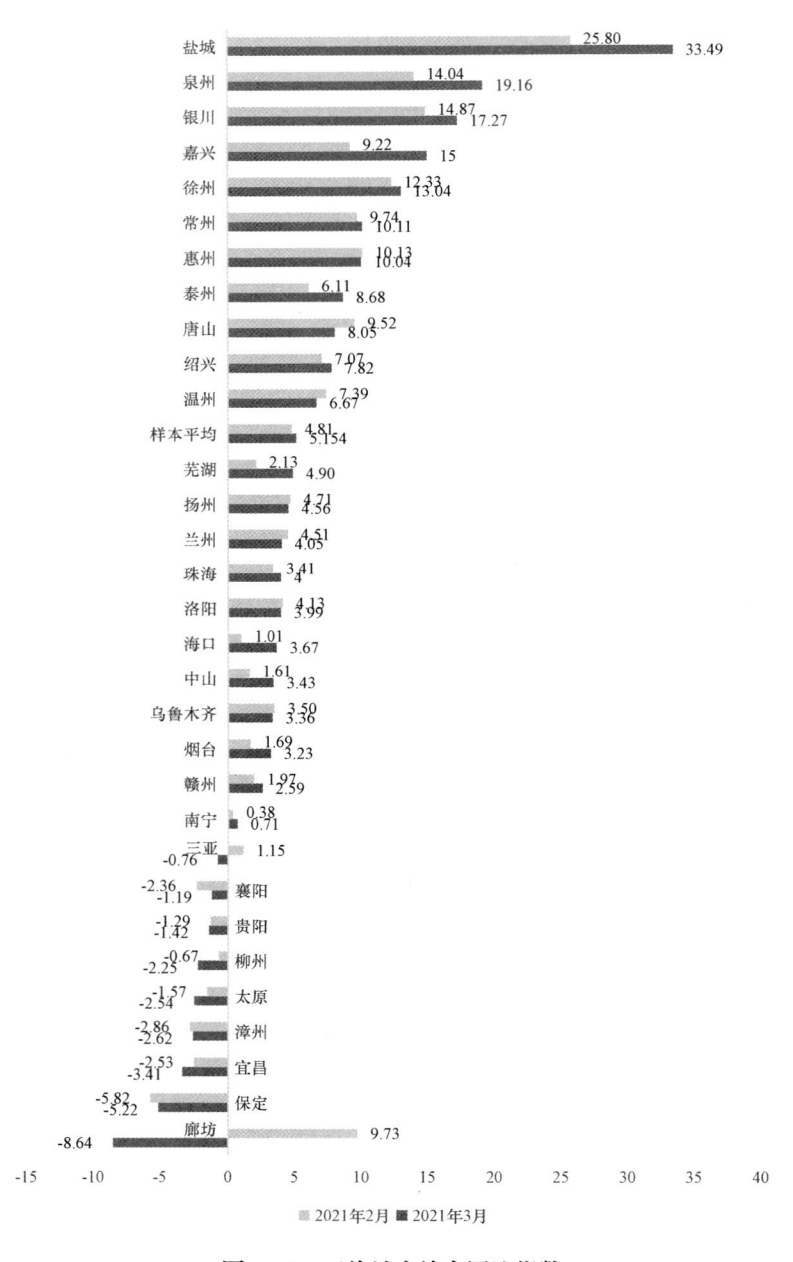

城市	2021年2月	2021年3月
盐城	25.80	33.49
泉州	14.04	19.16
银川	14.87	17.27
嘉兴	9.22	15
徐州	12.33	13.04
常州	9.74	10.11
惠州	10.13	10.04
泰州	6.11	8.68
唐山	8.05	9.52
绍兴	7.07	7.82
温州	7.39	6.67
样本平均	4.81	5.154
芜湖	2.13	4.90
扬州	4.71	4.56
兰州	4.51	4.05
珠海	3.41	3.41
洛阳	4.13	3.99
海口	1.01	3.67
中山	1.61	3.43
乌鲁木齐	3.50	3.36
烟台	1.69	3.23
赣州	1.97	2.59
南宁	0.38	0.71
三亚	1.15	-0.76
襄阳	-2.36	-1.19
贵阳	-1.29	-1.42
柳州	-0.67	-2.25
太原	-1.57	-2.54
漳州	-2.86	-2.62
宜昌	-2.53	-3.41
保定	-5.82	-5.22
廊坊	9.73	-8.64

图9—8　三线城市纬房同比指数

资料来源：纬房研究院。

第九章　上涨与分化：后疫情时代住房市场分析与展望　　129

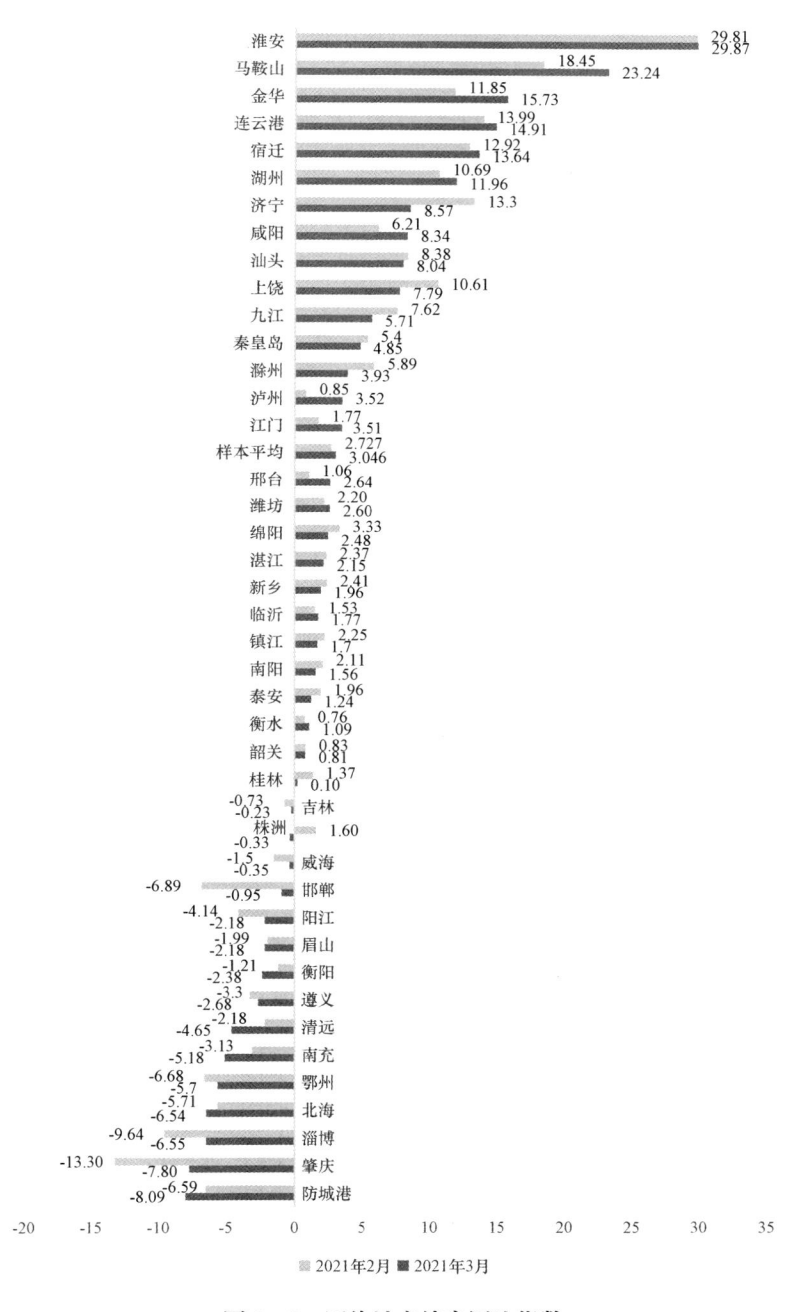

城市	2021年2月	2021年3月
淮安	29.81	29.87
马鞍山	18.45	23.24
金华	11.85	15.73
连云港	13.99	14.91
宿迁	12.92	13.64
湖州	10.69	11.96
济宁	8.57	13.3
咸阳	6.21	8.34
汕头	8.38	8.04
上饶	7.79	10.61
九江	7.62	5.71
秦皇岛	5.4	4.85
滁州	5.89	3.93
泸州	0.85	3.52
江门	1.77	3.51
样本平均	2.727	3.046
邢台	1.06	2.64
潍坊	2.20	2.60
绵阳	2.48	3.33
湛江	2.37	2.15
新乡	2.41	1.96
临沂	1.53	1.77
镇江	2.25	1.7
南阳	2.11	1.56
泰安	1.96	1.24
衡水	0.76	1.09
韶关	0.83	0.81
桂林	1.37	0.10
吉林	-0.73	-0.23
株洲	-0.33	1.60
威海	-1.5	-0.35
邯郸	-6.89	-0.95
阳江	-4.14	-2.18
眉山	-1.99	-2.18
衡阳	-1.21	-2.38
遵义	-3.3	-2.68
清远	-2.18	-4.65
南充	-3.13	-5.18
鄂州	-6.68	-5.7
北海	-5.71	-6.54
淄博	-9.64	-6.55
肇庆	-13.30	-7.80
防城港	-8.09	-6.59

图9—9　四线城市纬房同比指数

资料来源：纬房研究院。

二 短期市场走势展望

当前部分城市住房价格较快上涨,与全球宽松的货币环境有很大的关系。为了应对新冠肺炎疫情冲击,全球各国纷纷采取非常宽松的货币政策。由于这个原因,全球多个国家如韩国、澳大利亚、美国等住房价格出现结构性较快上涨,部分重要城市住房价格创出新高。

据此推断,如果相对宽松的货币环境不发生逆转,一线和热点二线城市的住房价格上涨可能还将持续一段时间,并可能会扩散到更多的二线城市。涨得最早最快的城市,住房价格涨势可能会被调控政策强力遏制,但其他一二线城市住房价格仍可能上涨。

但在当前经济环境下,全球经济未完全从新冠肺炎疫情中走出,经济增长的不确定性较大,住房价格结构性上涨演变成全面上涨的可能性还较小。

此外,由于住房市场分化严重,即使同一个城市,住房价格上涨的压力与去库存的压力也会同时存在。

三 问题与建议

"房住不炒"包含"房子是用来住的"和"房子不是用来炒的"两方面的内容。但我们更多地把它简单解读为打击住房投机,却对实际居住需求特别是改善性需求的支持不够。在稳定住房价格的前提下,房地产政策的最终目标,还是要不断提升居民的居住水平。

(一)适度降低房贷利率

当前抵押经营贷流入楼市并影响到热点城市住房价格走势,很大原因就是住房按揭贷款利率要高于一般商业性贷款利率，形成利率倒挂。

商业性信贷资金流入楼市现象一直存在，但问题以前并不突出。以前商业性贷款违规进入楼市难以形成规模，主要原因是商业性贷款利率远高于住房按揭贷款利率。

住房投资有低周转、期限长、变现慢等特性，并不适合于使用较高利率的贷款。由于住房按揭贷款期限长、还款稳定且违约风险相对低，住房按揭贷款利率的市场定价也要天然低于商业性贷款。为了鼓励居民购买自住住房，购买首套住房还享受政府的优惠利率政策支持。如果通过其他途径获取高息商业性贷款用来购房，往往收益难以覆盖成本，或者现金流难以应付利息支出。这具有很高的亏损风险和资金链断裂风险。一般仅用于临时性的资金腾挪，难以对市场走势产生影响。

2020年以来，信贷市场出现了住房按揭贷款和商业性贷款利率倒挂的新形势。一方面，受全球宽松货币环境、信贷政策支持中小企业融资与个人消费等因素的综合作用，商业贷款的利率大幅降低。消费贷款、信用贷款的主流利率降至4.36%，抵押经营贷款的主流产品利率低至3.85%。另一方面，为了房地产调控需要，住房按揭贷款利率并未同步降低，从而形成利率倒挂与扭曲。这为商业性贷款成规模进入楼市创造了条件。据2021年1月份贝壳研究院监测，36城主流首套住房按揭贷款利率为5.23%，二套利率为5.52%，均高于消费贷、信用贷及抵押经营贷主流产品利率。

商业性贷款和住房按揭贷款利率倒挂，刺激了违规信贷的发生，促使房贷资金脱离了监管视线，是抵押经营贷成规模流入楼市的重要原因。如果利率倒挂的现象不改变，围堵经营贷也难以解决一线和热点二线城市楼市升温的问题，市场仍然可以通过其他渠道将资金挪入地产市场。

因而，在信贷市场整体利率大幅度下调的条件下，有必要适当调低自住性购房的按揭贷款利率，逐步促进房贷利率的市场化。这样既可以维持针对自住性购房的政策支持力度,降低居民家庭的购房负担;还可以降低商业性信贷和住房信贷市场的利率压差,缓解各类信贷资金倒灌进入房地产市场的压力。

符合市场规律的房贷利率应低于一般商业性贷款利率。不能因担忧住房价格上涨,而人为将房贷利率控制在违背一般市场规律的水平,最终结果可能事与愿违。

(二) 合理使用限购和限售政策,避免误伤真实住房需求

住房限购政策最初出台于 2010 年,当前住房市场形势与限购政策刚出台的十一年前相比,已经有很大变化。当前,一二线城市陆续进入存量房市场,改善性需求已经取代首次置业成为市场交易的主体。限购、限售政策如果设计不够科学,很大程度上会把改善性需求、换房需求挡在门外。在新的住房市场形势下,不利于居民居住条件的持续改善,也不利于经济平稳运行。

虽然抑制住房投资投机已经成为各级政策制订者的共识,但是肩负稳定住房价格主体责任的地方政府,也很难对住房投资投机者作精准识别。为了实现短期内稳定市场的目标任务,最有效的办法还是通过严厉的限购限贷政策,暂时封冻市场交易。这不可避免要伤及真实需求,特别是改善性需求。而需求的堰塞湖又迟早会累积释放,这可能会造成住房价格的脉冲性上涨现象。

对于以居住为目的购房换房需求,理应给予充分的政策支持。这既有利于改善居民住房水平,也有利于促进经济增长。不能为了遏制投机,而使正常的购房特别是改善性购房换房受到限制。

(三) 全力加速推进租购房同权

租购同权是住房市场健康发展的基础性制度,也是住房长效机

制的基石之一，同时也是社会公平的重要方面。为稳定住房市场、发展租赁市场，应克服困难和阻力，全力加速推进租购房同权。特别是在当前部分城市住房价格结构性上涨压力较大的背景下，推进租购同权可以缓解住房价格结构性上涨压力、保障居民住有所居，具有迫切重要。从社会公平出发，参照发达国家成熟经验，在保障隐私的前提下，逐步推进以实际居住生活及就业轨迹核查作为就近入学依据，在入学审核时禁止查验房屋产权证明。

（四）提高供给效率和交易效率

根据以往政策经验看，住房需求增长的韧性很大，单纯通过抑制需求来控制住房价格上涨很难有持续积极的作为。往往只是把住房价格的线性上涨，转变成了脉冲性上涨。在"房住不炒"的基础上，平抑住房价格的重点，应回归到提高供给效率和交易效率上来。具体包括：加快城乡土地市场改革，打破土地出让和住房开发垄断；完善住房融资体系，降低融资负担；降低交易税费，简化交易程序；推进与住房相关的公共服务的市场化改革，促使公共服务均等化。

（五）加强投资风险提示警示

对于改变用途将其他信贷资金挪入房地产市场、追涨杀跌、炒作概念性住房（如"学区房"）等行为，应及时提示警示其中可能存在的市场波动风险或政策风险。

第十章

住房租赁市场预警预报研究[①]

一 建立住房租赁市场预警预报体系的意义

较长时间以来，住房租赁市场的发展相对滞后。1978年，在改革开放大势下，住房制度改革启幕。改革开放40多年来，随着住房制度改革的推进，中国城镇居民从蜗居到更加适居，过上了更有尊严和质量的生活。在中国40多年住房制度改革的历程中，作为住房制度改革的重要组成部分，住房租赁制度同样遵循了"渐进式"改革的原则，先后经历了公房租赁制度改革探索、住房租赁市场机制初步确立、住房租赁市场二元格局形成和建立租购并举的住房制度四个发展阶段，并取得了一定的成就。

近年来特别是党的十九大以来，中央高度重视住房租赁市场的发展，并将其作为构建住房市场长效机制和深化住房制度改革的重要组成部分。

党的十九大报告提出要"坚持房子是用来住的、不是用来炒的定位，加快建立多主体供给、多渠道保障、租购并举的住房制度，让全体人民住有所居"。2019年10月31日，党的十九届四中全会通过的《中共中央关于坚持和完善中国特色社会主义制度推进国家治理体系和治理能力现代化若干重大问题的决定》重申要"加快建立

[①] 本章与悉尼科技大学博士研究生叶冰阳共同撰写。

多主体供给、多渠道保障、租购并举的住房制度"。

2020年11月3日，党的十九届五中全会通过《中共中央关于制定国民经济和社会发展第十四个五年规划和二〇三五年远景目标的建议》，进一步明确强调要"坚持房子是用来住的、不是用来炒的定位，租购并举、因城施策，促进房地产市场平稳健康发展。有效增加保障性住房供给，完善土地出让收入分配机制，探索支持利用集体建设用地按照规划建设租赁住房，完善长租房政策，扩大保障性租赁住房供给"。

2021年3月5日，政府工作报告提出"切实增加保障性租赁住房和共有产权住房供给，规范发展长住房租赁市场，降低租赁住房税费负担，尽最大努力帮助新市民、青年人等缓解住房困难"。

国家和有关部门在深入总结前期房地产调控经验基础上，将培育和发展住房租赁市场、建立租购并举的住房制度作为房地产供给侧改革的核心工作之一。

多部门、多维度、全方位加快住房租赁市场制度建设，以求为构建房地产市场健康发展长效机制提供有力支撑。从租赁市场的定位、土地供应、金融支持、税收等多个方面对租赁市场的建设给予支持，2015年以来出台了一系列关于租赁市场的政策（见表10—1）。2015年1月，住房和城乡建设部发布《关于加快培育和发展住房租赁市场的指导意见》（建房〔2015〕4号），提出"用3年时间，基本形成渠道多元、总量平衡、结构合理、服务规范、制度健全的住房租赁市场"。2016年5月，国务院办公厅印发《关于加快培育和发展住房租赁市场的若干意见》（国办发〔2016〕39号），提出"以建立购租并举的住房制度为主要方向，健全以市场配置为主、政府提供基本保障的住房租赁体系"。这也是我国首次以国家规范性文件的形式对住房租赁市场作顶层设计。2017年5月，住房和城乡建设部发布《住房租赁和销售管理条例（征求意见稿）》并向社会公开征求意见。2017年7月，住房和城乡建设部等九部委联合印发《关于在人口净流入的大中城市加快发展住房租赁市场的通知》（建房〔2017〕153号），从培育企业、建立平台、增加供应和创新管理体制四大方面提出了加快发展住房租赁市场的具体政策措施。2017年8月，国土资源部、住房和城乡建设部联合印发《利用集体建设用地建设租赁住房试点方案》，在北京、上海、沈阳等13个城市开展利用集体建设用地建设租赁住房试点。2018年5月，住建部就房地产市场调控问题，约谈了成都、太原两市政府，并在约谈中提出要认真落实稳住房价格、稳租金的调控目标。这是政府首次对住房租赁市场提出了调控目标。2018年底，在新发布的《个人所得税法实施条例》中出台了房贷利息抵税和房租抵扣个税方案。2020年9月7日，住建部发布了《住房租赁条例（征求意见稿）》，在出租与承租、租赁企业、经纪活动、法律责任等方面提出60多条规范措施，提出严控长租公寓领域"高进低出""租金贷"等现象，规范住房租赁合同网签备案，稳定各地租金水平。

2015年以来，央行、银监会、保监会分别从住房公积金、资产证券化、保险资金参与长租公寓等方面出台了促进住房租赁市场发展的金融改革政策。

在地方层面，广州市政府首次提出"租购同权"，随后很多城市发布的租赁市场建设方案中都提到了"租购同权"。

政府有关部门和中央财政对重点城市的租赁市场发展给予了优先支持。至2021年，全国范围内已经先后形成了两类、共三个批次的住房租赁试点城市。

2017年，住房和城乡建设部会同有关部门选取了广州、深圳、南京、杭州、厦门、武汉、成都、沈阳、合肥、郑州、佛山、肇庆等12个城市作为首批住房租赁试点城市。

2019年，16个城市进入中央财政支持住房租赁市场发展试点范围，包括北京、长春、上海、南京、杭州、合肥、福州、厦门、济南、郑州、武汉、长沙、广州、深圳、重庆、成都。

2020年，财政部、住房和城乡建设部公布了第二批中央财政支持住房租赁市场发展试点入围的8个城市，包括天津、石家庄、太原、沈阳、宁波、青岛、南宁、西安。

表10—1 2015年以来关于租赁市场的政策汇总

发布日期	发布部门	文件名称	主要内容
2015年1月	住房和城乡建设部	《关于加快培育和发展住房租赁市场的指导意见》	提出政府要建立好租赁服务信息平台、培育住房租赁经营机构、鼓励开发商将其持有的房源向社会出租,并要求推进房地产投资信托基金试点,积极鼓励和引导国内外资金进入住房租赁市场
2015年1月	住房和城乡建设部、财政部、央行	《关于放宽提取住房公积金支付房租条件的通知》	放宽居民提取住房公积金的条件
2015年10月	税务总局	《国家税务总局公告第73号文》	出租公有住房和廉租房免征营业税,个人出租房屋减征个人所得税、个人出租住房房产税暂减按4%
2015年11月	国务院办公厅	《关于加快生活性服务业促进消费结构升级的指导意见》	积极发展客栈民宿、短租公寓、长租公寓等细分业态,并将其定性为生活服务业给予政策支持
2016年2月	国务院	《关于深入推进新型城镇化建设的若干意见》	建立租购并举的城镇住房制度;住房保障采取实物补贴和租赁补贴相结合并逐步转向租赁补贴为主;加快发展专业化住房租赁市场
2016年6月	国务院办公厅	《关于加快培育和发展住房租赁市场的若干意见》	健全以市场配置为主、政府提供基本保障的住房租赁体系;将在2020年形成供应主体多元、经营服务规范、租赁关系稳定的住房租赁市场体系,在金融制度业务模式等多个方面予以支持
2016年12月	中央经济工作会议		要加快住房租赁市场立法、加快机构化、规模化租赁企业发展

续表

发布日期	发布部门	文件名称	主要内容
2017年5月	住房和城乡建设部	《住房租赁和销售管理条例（征求意见稿）》	提出了租金支付方式、合同、租房人权益和租赁市场规范；鼓励发展规模化、专业化的住房租赁企业
2017年7月	住房和城乡建设部等九部委	《关于在人口净流入的大中城市加快发展住房租赁市场的通知》	支持相关国有企业转型为住房租赁企业、规定租赁企业申请工商登记经营范围统一规范为住房租赁经营；建设政府租赁交易信息服务平台；鼓励将闲置和低效率利用的国有厂房、商办用房等按照规定改建为租赁住房并执行民用水电
2017年8月	国土资源部、住房和城乡建设部	《利用集体建设用地建设租赁住房试点方案》	第一批在北京、上海、沈阳、南京、杭州、合肥、厦门、郑州、武汉、广州、佛山、肇庆、成都13个城市开展利用集体建设用地建设租赁住房试点
2018年4月	证监会、住房和城乡建设部	《关于推进住房租赁资产证券化相关工作的通知》	鼓励专业化、机构化住房租赁企业开展资产证券化
2018年6月	银保监会	《关于保险资金参与长租公寓与长租市场相关事项的通知》	保险公司在参与长租市场时要发挥自身优势
2018年9月	中共中央、国务院	《关于完善促进消费体制机制进一步激发居民消费潜力的若干意见》	大力发展住房租赁市场特别是长期租赁；总结推广住房租赁试点经验，在人口净流入的大中城市加快培育和发展住房租赁市场；加快推进住房租赁立法，保护租赁利益相关方合法权益
2018年12月	国家税务总局	《个人所得税法实施条例》	增加房贷利息抵税和房租抵税

续表

发布日期	发布部门	文件名称	主要内容
2019年7月	财政部、住房和城乡建设部	《关于开展中央财政支持住房租赁市场发展试点的通知》	中央财政将对确定的16个示范城市（北京、长春、上海、南京、杭州、合肥、福州、厦门、济南、郑州、武汉、长沙、广州、深圳、重庆、成都）给予奖补资金支持，试点示范期为3年；中央财政奖补资金标准按城市规模分档确定，直辖市每年10亿元，省会城市和计划单列市每年8亿元，地级城市每年6亿元
2019年9月	北京市住房和城乡建设委员会同市场监督管理局、市互联网信息办公室、市通信管理局、市公安局	《北京市关于规范互联网发布本市住房租赁信息的通知》	自2019年11月1日起施行；住房租赁企业应于签订收进房屋或出租房屋合同之日起3日内，将合同主要信息（包括房屋坐落、面积、间数、价格和租赁双方等）录入北京市住房租赁监管平台；同一房源由多家不同机构发布的，逐步实现合并展示；发布北京市房屋租赁合同示范文本、房屋租赁经纪服务合同示范文本

资料来源：赵奉军《住房租赁市场与租赁平台建设：新特征、新问题与展望》，载《中国房地产发展报告 No.16》，社会科学文献出版社2019年版；笔者根据中华人民共和国中央人民政府及地方政府网站政策文件综合整理。

但总体而言，住房租赁市场长期以来被相关政策所忽视，住房租赁市场的发展滞后于商品房市场，住房租赁市场相关法规及体制机制不够健全。市场秩序相对混乱，租赁体验较差。本应作为住房供应制度重要组成部分的住房租赁制度，相关政策改革缓慢而滞后，住房租赁市场成为我国住房供应体系的薄弱环节，未能发挥其满足多层次居住需求、形成住房市场梯级供给与梯级消费、稳定市场预期和住房价格以及促进房地产市场结构平衡和优化等基本功能。"重买轻租"导致住房市场的供求压力主要集中于商品住房市场。与发达国家成熟的住房租赁市场相比，当前中国住房租赁整体市场仍处于起步阶段。

一直以来，租赁市场预警预报系统是房地产预警预报体系的"短板"，也是租赁市场发展软环境的短板之一。在人口流入的大中城市，加强租赁市场预警预报体系建设，不仅是完善城市社会治理体系、解决民生问题的重要抓手，也是建立完善住房市场长效机制的重要组成部分。建立完善租赁市场预警预报体系，有助于改善居民生活、提高城市社会治理水平。

二 当前我国住房租赁市场发展面临的突出问题与新特点

（一）当前我国住房租赁市场发展面临一些突出的瓶颈与问题

人口净流入的大中城市住房租赁市场发展潜力巨大，政策层面对住房租赁市场发展的支持力度也不断加大，租赁市场开始进入新的发展阶段。但由于长期的无序发展，我国住房租赁市场目前仍存在一些突出的问题。例如，相关法律和政策支持体系不完善、大城市住房租赁市场供求矛盾突出、结构性错配问题明显等。在此基础上，衍生出租金占收入的比重偏高、租金脉冲性上涨、租房者处于市场弱势地位、专业化规模化租赁机构不足、租赁品质不高等问题。由于租赁关系不稳定、租赁市场秩序相对混乱，"重购轻租""重售轻租"的特征普遍存在。商品住房价格波动性大，与住房市场长效机制建立相背。租赁住房解决城镇居民特别是新市民住房问题的作用没有充分发挥。

具体来说，当前住房租赁市场发展面临的突出瓶颈与问题至少体现在以下五个方面。

第一，大城市租房潜在供需矛盾突出，租房结构性供求矛盾尤其显著。

大城市租房者权益难以得到有效保护的背后，除了制度性因素，主要是租房潜在需求量大而供应相对不足。这使得租房者在市场上处于更加弱势地位，权益难以得到有效保护。

供需结构存在严重的错配，结构性矛盾比总量矛盾更为突出。在供给体系不健全的同时，供求结构错位，小户型、低总价的出租住房不足，住房租赁市场总量问题与结构问题并存。首先是空间地域错配，核心商圈作为工作的集中地，可租住房源少、价格高，而偏远郊区房源多但通勤成本高，不利于职住平衡；其次是户型错配，租赁住房供应主体主要是个人住宅业主，产品多为两居、三居住宅，面积多为60平方米以上，租金总价较高，而需求上因为主要是刚毕业的大学生或低收入群体，难以承受过高的租金，为了控制租金成本被迫采取群租合租形式，一些大城市则在严厉打击和整治群租合租行为，使租户陷入两难境地。除了空间地域错配和户型错配，还存在品质错配、供求主体错配等结构性问题。

第二，市场机构化率低，缺乏规范化管理与系统化的配套支持。

住房租赁市场的机构化率低。住房租赁市场金融制度不完善，住房租赁业的长期资金需求与大量社会资金之间缺乏有效通道，已成为制约住房租赁市场稳定健康发展的重大瓶颈。由于缺乏长期资金制度安排，除了"二房东式"的轻资产式长租公寓，自持物业的重资产式长租公寓少有资本进入。

管理体系严重滞后于市场需要。相关法律法规不健全，租房者权益难以得到有效保护。"二房东式"长租公寓因过度使用金融杠杆而频繁"爆雷"，租户一旦踩雷可能"财房两空"。从管理主体上看，目前介入房屋租赁管理的政府部门除房地产管理部门外，还有公安、工商、税务、劳保及街道等，没有统一协调，造成管理主体的重叠。

第三，租赁关系不稳定，租户直接权益与享受同等公共服务权利难以得到保障。

住房租赁市场秩序相对混乱，租户权益容易受侵犯。随意涨价或克扣押金、房东或中介单方面毁约等现象较为普遍。租赁周期短等加大了租房的不稳定性，变相增加了租房成本。出租房屋缺乏安全与健康评估标准。

租购房严重不同权。在城市公共服务设施总量有限或分布不均衡的情况下，租房者难以享受与购房同等的公共资源与服务，这也成为制约住房租赁市场长期可持续发展的重要因素。租房难以享受同等的公共服务，驱使人们放弃租房选择购房，住房租赁市场得不到有效发展。

第四，租房信息渠道不畅，找房搜寻成本高。

住房租赁市场低成本、有效的公共信息平台缺失，租房者除了黑中介和高额中介费之外缺乏更多的找房渠道选择。正规中介虽然风险较小，但动辄数千上万的中介费让租房者难以承担。即使在互联网信息时代，租房找房信息成本也未能有效降低。一些城市政府虽然建立了各自的租房公共信息平台，但易用性和使用体验较差，难以得到市场认可。部分信息平台存在垄断住房租赁市场信息的倾向。

第五，重买轻租成为普遍现象，风险集聚于商品房市场。

在租房难以享受同等公共服务、租房体验较差、在住房价格上涨较快时租房难以获得资产增值收益等因素的综合作用下，人们普遍偏爱购房而轻视租房。重买轻租的一个显著特征就是大城市住房价格租金比远高于一般水平。由于重买轻租的原因，住房租赁市场和商品房市场的调节功能缺失。导致商品房市场自住和投资的影响复杂纠葛，住房价格难以平稳，风险过度集中。

这些当前住房租赁市场发展面临的突出瓶颈与问题，也是构建住房租赁市场预警预报系统所需要重点考虑的。

（二）租房需求的新变化对住房租赁市场发展提出了更高要求

在城市化进入后半场、追求美好生活成为发展新动力的大背景下，住房租赁群体的需求总量、空间分布和偏好特征都将迎来新的变化。

首先，未来大中城市租房比例会逐步升高，市场也普遍预期住房租赁市场会成为一个新的投资增长点。2000 年，我国城市居民租赁商品住房的比重仅为 6.89%，至 2015 年，这一比重已上升为 17.84%（见表 10—2）。近年我国大城市租房比例虽然提高，但与发达国家同类城市相比还有一定差距，租赁仍然只是解决住房问题的一种过渡性方式。而在某些发达国家的特大城市，租赁甚至是居民解决住房问题的主要方式。但未来，大城市住房消费的结构将逐步发生重要变化。据链家研究院报告认为，到 2025 年，中国租赁市场的规模（租金总额）将达到 3 万亿元。城镇化要从"土地城镇化"向"人的城镇化"成功转型，也将依赖于 2 亿多的流动人口通过租赁市场等途径实现"住有所居"。

表 10—2　　我国城市居民的住房来源（2000—2015）　　单位:%

年份	租赁廉租房	租赁商品房	自建房	购买商品房	购买二手房	购买经济适用房	购买原有公房	其他
2000	16.33	6.89	26.78	9.21	—	6.54	29.44	4.80
2010	2.66	23.11	16.43	26.02	4.98	5.05	17.30	4.46
2015	2.55	17.84	17.04	28.21	8.84	3.89	15.94	5.68

资料来源：赵奉军:《住房租赁市场与租赁平台建设：新特征、新问题与展望》，载《中国房地产发展报告 No.16》，社会科学文献出版社 2019 年版。

其次，城市化进入后半场使我国人口结构呈现出了新的变化趋势，这将深刻影响住房租赁需求的总量与空间分布。第七次全国人口普查（"七普"）结果显示：一方面，人口流动趋势更加明显，流动人口规模进一步扩大，租房需求呈扩张态势。据"七普"数据，全国流动人口为 37582 万人，其中，跨省流动人口为 12484 万人。全国人户分离人口为 49276 万人，其中，市辖区内人户分离人口为 11694 万人。另一方面，人口向经济发达区域、城市群进一步集聚，决定了租房需求的空间格局及结构性矛盾特征。据"七普"数据，东部地区人口占 39.93%，中部地区占 25.83%，西部地区占 27.12%，东北地区占 6.98%，租房供求矛盾在东部地区更为突出。

最后，住房租赁需求面临品质升级，长期租房需求不断增加。随着我国进入以城市群为主体的城市化阶段，租赁需求日益向人口持续流入的大城市集中。一般来说，居民住房条件的改善应遵循梯级消费的渐进路径，租赁是解决住房问题的第一站。目前住房租赁需求以阶段性、临时性、过渡性为主。住房租赁群体主体是进城务工人员（1亿人）、新毕业大学生（0.6亿人）等新市民群体。住房租赁群体租金承受能力总体有限，大学生群体租金承受能力又相对高于进城农民工群体。城镇有房家庭也会因工作变动、子女就学等产生阶段性住房租赁需求。但随着收入增长和追求美好生活动力的增强，近年来，住房租赁群体对成套、高品质租赁住房需求正不断增加。与此同时，随着大城市住房价格的高企和新一代青年人住房消费观念的改变，长期租房群体也在不断增大。

此外，近年来住房租赁市场中还涌现了以长租公寓为代表的一批新业态，在提升租房体验和便利度的同时，又产生了一些新问题。典型的如装修污染超标、隐形收费、强制使用租金贷等。甚至有一部分长租公寓经营企业因过于急速扩张导致资金链断裂、频繁爆雷。这不仅使租客和房东的利益均受到损害，还可能影响到金融稳定。

住房租赁市场需求最新变化和发展趋势，对"以人为本"的住房租赁市场发展提出了新的更高要求，也对住房租赁市场预警预报系统的构建提出了新的要求。

三 预警预报系统构建一般步骤与运行机制

根据住房租赁市场区域性强、差异较大的特点，住房租赁市场预警预报体系一般以城市为基本单位进行，通过对住房租赁市场信息准确、全面、及时地收集、分析和发布，为政府、企业、消费者提供有价值的信息数据，用于市场分析决策参考，并引导住房租赁市场理性消费。在各城市系统的基础上，进一步分析区域及全国市场运行情况。实现动态监测和管理，及时反映问题、发现问题，便于实时采取针对性措施进行调控。

（一）指标体系设置，包括指标筛选与指标分类

指标筛选也即基于指标的选择原则和指标体系的构成规则，将房地产经济活动全过程的指标划分为外因影响指标和内因动力指标。外因指标是指影响和制约住房租赁市场的宏观经济和相关产业经济规模和发展水平方面的因素，如国民生产总值及其增长率、国民收入水平及其增长率、人口及就业变动、物价水平及其增长率、家电装修等相关价格等。内因指标是指住房租赁市场本身的各类指标，如租金、房源、空置率、出租周期、土地供应、在建数量、企业机构数量及规模等。

指标分类。从上述指标中筛选出先行指标、同步指标、滞后指标，通过这些指标与住房租赁市场（基准）周期波动的先后程度关系的综合分析（将各项指标变动的波峰和波谷出现的日期与基准循环的基准日期比较），对租赁业周期波动的趋势做出分析和判断，特别是对于房地产业波动的波峰、波谷和拐点（转折点）做出预测。先行指标是先于市场波动而变动的指标，用于预测房地产周期波动的峰顶和谷底，如住房价格、土地出让面积、装修及家电价格指数

等。同步指标是与市场周期波动大体一致的指标,反映当前住房租赁市场形势,如人口变动、就业、租金等。滞后指标是落后于市场周期波动的指标,用于认定房地产经济周期波动的峰和谷是否确已出现,如租赁空置率等。

(二) 数据采集

根据需要可以用月度、季度数据,也可以用年度数据。对于有缺值时间序列可以用插值或其他常规方法补充。主要是通过报送、数据接口、问卷或统计报表等形式向相关部门及一定比例的企业、中介等获取数据信息。

(三) 建模计算

确定租赁市场先行、同步和滞后的城市、指标和地区,通过分析这些不同维度、地区相关指标波动,以把握住房租赁市场的景气动向。通过对各项敏感性指标定期及时的分析,把握市场的短期动向,进行政策跟踪和反馈,及时发现问题,以便修正和调整有关措施。

(四) 信号系统

参照国内外有关资料,可在住房租赁市场预警子系统中将多个指标合并为一个综合性指标,用一组类似于交通信号灯的标志,直观地反映房地产租赁市场的运行状况过热和衰退的程度。如,各个指标的预警区间确定,规定指标处于过热(重点关注)、稍热(值得关注)、稳定(或适度)、稍冷、过冷状态分别用红灯、黄灯、绿灯、蓝灯、白灯来表示,并分别赋值 5 分、4 分、3 分、2 分、1 分。由此,可以计算每年各指标的总分。设指标个数为 N,则最高分为

$5N$,最低分为 N。由于初始年份个别指标无数值,故选用指标分数与最高分数 $5N$ 的比值作为预警准则,规定此比值的 4 个临界点为:80%、70%、50%、30%。

四 建立健全重点城市住房租赁市场预警预报体系

住房租赁市场预警预报体系尚处于起步阶段。但得益于信息化技术的发展、机构租赁者比例的提升及住房大数据机构的发展,相对完整的住房租赁市场预警预报体系也可以较快地建立起来(见图10—1)。结合我国城市住房租赁市场的特征,重点城市住房租赁市场预警预报体系应包含以下要件或流程。

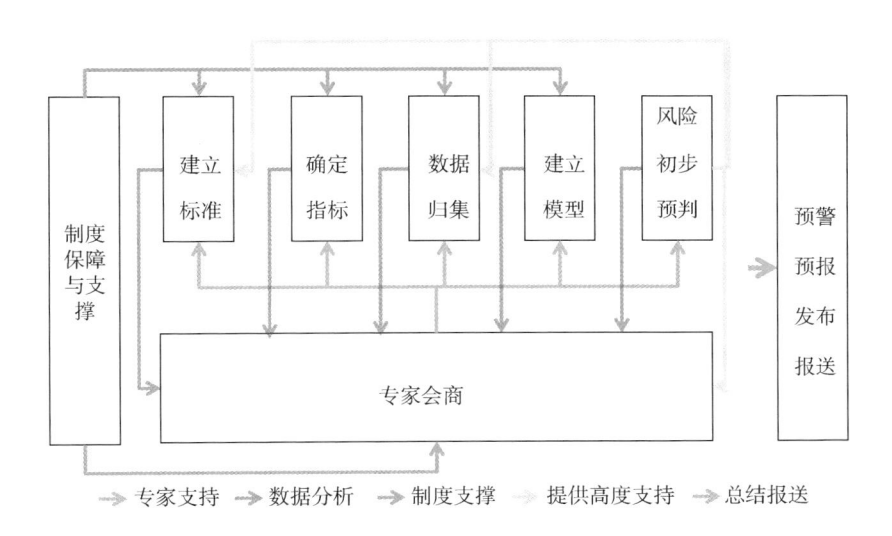

图 10—1 租赁市场预警预报体系

(一)构建住房租赁市场健康度指标

建立住房租赁市场预警预报系统,首先要有一个住房租赁市场的健康度标准,作为政策目标和指标异常的基本参照系。通过社会学、经济学的理论分析和对国内外相关研究的总结，住房租赁市场大体存在以下公认的健康度标准（见表10—3）。

租买中性：住房租赁市场与商品房市场是具有相互替代性的两个市场，二者互为对方的供求调节池。根据一般经济学原理，当居民在租房和购房决策选择无差异时，两个市场同时达到了最有效率的状态，这就是租买中性的一般内涵。陈杰（2009）在关于瑞典房地产政策的论述中，将 Tenure Neutral 翻译为"住宅选择中性"，指"努力让居民对买房还是租房没有明显偏好和税收待遇上的差别"。我国租赁市场租赁者的社会权利长期得不到有效保障，这种不同等的社会权利实际上增加了自有住房相对于租赁住房的收益，并会资本化到住房价格中，扭曲了消费者的租买选择。尽管在如何实施租购同权方面还有一些争议，但提出租购同权无疑是正确的方向，这也是向租买中性方面迈进。租买中性以租售比等指标度量。

租金稳定：住房租金大体平稳，没有异常上涨或异常下跌，租金涨速与收入增长速度基本匹配，租金与收入比例维持在一定范围。用租金指数同环比涨幅、租金收入比、租金涨速与收入增速比等指标度量。

供求平衡：住房租赁市场总体供给略大于需求的状态，住房空置率维持在合理的范围，多数出租者能够在合理的时期内较顺利将房租出，多数租房者也能够在合理的时间内租到相对合适的房子。以平均找房周期、平均出租周期、挂牌数、看房数、住房空置率等指标度量。

预期平稳：市场对租金的未来预期平稳，没有具有规模的争抢房源、囤积房源等现象。以代表性机构房源/出租比、关注量、中介信心指数、租房者信心指数等指标表示。

结构合理：不仅供求总量相对平衡，供求量在不同层次结构上也基本匹配。具体包括区域结构与产品结构两大类结构性因素。区域结构合理，即各子市场或板块的供求大体匹配。产品结构合理，即户型、面积、住房类型等产品结构因素与不同层次类型的租房需求大体匹配。用不同产品类型、不同区域市场的挂牌量比例、平均找房周期、平均出租周期、租金指数涨跌幅等指标与对应均值之比表示。

市场有序：供求及中介三方市场势力相对平衡，出租活动公平、合规，无突出的垄断、滥用市场势力、侵害租房者权益现象。以投诉量、消费者满意度调查等指标表示。

信息充分：住房租赁市场供需双方都能相对顺畅、准确、完整地向市场表达各自的供求信息，没有突出的租房信息阻塞、扭曲、垄断现象。以真房源比例、交易平均信息成本及有效信息获取渠道（平台）数度量。

表10—3　　住房租赁市场主要健康度标准与参考指标

健康度标准	度量指标
租买中性	租售比
租金稳定	租金指数同环比涨幅、租金收入比、租金涨速与收入增速比等
供求平衡	平均找房周期、平均出租周期、挂牌数、看房数、住房空置率等
预期平稳	代表性机构房源/出租比、关注量、中介信心指数、租房者信心指数等
结构合理	不同产品类型、不同区域市场的挂牌量比例、平均找房周期、平均出租周期、租金指数涨跌幅等指标与对应均值之比
市场有序	投诉量、消费者满意度调查等
信息充分	真房源比例、交易平均信息成本及有效信息获取渠道（平台）数

资料来源：笔者根据相关资料分析整理。

（二）构建住房租赁市场预警预报监测指标体系

在市场经济条件下，租金是住房租赁市场各类信息的集中性、综合性显示。结合当前北京市住房租赁市场发展现状，住房租赁市场预警预报系统应以租金为主线，涵盖住房租赁市场供求关系、经营活动、政策导向、市场舆情等全方位的风险发现机制，以通过科学监测提升政策及监管的前瞻性和主动性。具体来说，符合当前北京住房租赁市场发展现状的住房租赁市场预警预报监测指标体系应主要包括以下指标（见表10—4）。

表10—4　　　　住房租赁市场预警预报监测指标体系

类别	度量指标
经济基本面指标	经济增速（GDP增长率）、人均可支配收入水平及其增长率、人均工资及其增长率、就业人口数、常住人口数、一般物价水平（CPI）变动等
总量供求指标	可租房源套数、挂牌量、新增就业人口、外来人口比例、住房空置率、看房量、租赁性住房用地供应等
租金指标	总体的，不同空间区域、不同户型面积区间的租金中位数、平均值及租金指数
微观供求指标	平均找房周期、平均出租周期、看房数、关注量等
结构指标	公房、私房、长租公寓等各类型房源数量及结构比例，合租、整租比例，房龄结构，户型结构，租金结构，供应量（房源）及其增长率在不同区域的空间分布，需求量及其增长率在不同区域的空间分布，租金空间分布，拆迁改造面积及空间分布
住房价格相关指标	住房价格增长率、租售比等
区域传导类指标	周边城市租金增长率、同类型城市租金增长率等
舆情类指标	关注度、热点主题、热点关键词、市场信心、满意度等
保障类指标	租房夹心层比例、保障性租赁住房保有量、保障性租赁住房新增供应量

资料来源：笔者自制。

经济基本面指标：住房租赁市场与经济增长息息相关，租金变动受到收入、就业人口及物价变动的直接影响。住房租赁市场相关的经济基本面指标包括经济增速（GDP增长率）、人均可支配收入水平及其增长率、人均工资及其增长率、就业人口数、常住人口数、一般物价水平（CPI）变动等。

总量供求指标：反映住房租赁市场总量供求的基本指标包括可租房源套数、挂牌量、新增就业人口、外来人口比例、住房空置率、看房量、租赁性住房用地供应等。

租金指标：包括总体的租金中位数、平均值及租金指数，也包括不同空间区域、不同户型面积区间的租金中位数、平均值及租金指数。

微观供求指标：包括平均找房周期、平均出租周期、看房数、关注量等。

结构指标：包含区域结构与产品结构指标。具体监测指标包括公房、私房、长租公寓等各类型房源数量及结构比例，合租、整租比例，房龄结构，户型结构，租金结构，供应量（房源）及其增长率在不同区域的空间分布，需求量及其增长率在不同区域的空间分布，租金空间分布，拆迁改造面积及空间分布。

住房价格相关指标：住房租赁市场与商品房市场是两个相互联通的市场，二者之间具有很强的关联性。租售比的变动会拉动租金的变动，并引发以租代售或以售代租。相关监测指标包括住房价格增长率、租售比等。

区域传导类指标：通过人口、产业及资金流动等渠道，租金变化会在空间扩散和传导。不同城市住房租赁市场在受相同外部因素冲击时，由于约束条件不同，各城市的租金变化也会存在领先与滞后关系。相关监测指标包括周边城市租金增长率、同类型城市租金增长率等。

舆情类指标：主要指标包括关注度、热点主题、热点关键词、市场信心、满意度等。

保障类指标：主要包括租房夹心层比例、保障性租赁住房保有量、保障性租赁住房新增供应量。

（三）建立数据指标监测网络

住房租赁市场预警预报体系指标数据的主要来源有（见表10—5）：

（1）相关政府部门数据共享。如经济基本面数据、土地供应数据、租赁性住房保障数据、人口及就业数据等，可以分别通过政府统计部门、自然资源管理部门、保障房管理部门等渠道获得。

（2）中介公司提供。在北京等部分城市市场，中介公司占有大部分的租房交易市场份额。可以由占市场份额较大的几大中介公司定期提供挂牌量（房源）、看房量、成交周期、租金等数据。

（3）网络出租平台提供。安居客、贝壳找房、房天下等出租信息平台掌握了部分具有大数据特征的住房租赁市场数据，如关注量、挂牌数、房源结构、租金报价等。

（4）机构出租者提供。长租公寓等机构出租者对市场的影响也在逐步加大。机构出租者可提供的数据有房源存量、出租量、租金等。

（5）互联网数据采集。舆情指标数据等，可以通过互联网采集获得。

（6）备案数据整理分析。对于网上备案的租赁数据如租金、房源结构等，也可以作为分析依据。

（7）调查问卷。必要时，可以通过调查、问卷等形式，获取预期、信心等主观指标数据。

表10—5　　　　住房租赁预警预报体系指标数据主要来源

主要来源	对应指标
相关政府部门数据共享	经济基本面数据、土地供应数据、租赁性住房保障数据、人口及就业数据等
中介公司提供	挂牌量（房源）、看房量、成交周期、租金
网络出租平台提供	关注量、挂牌数、房源结构、租金报价等
机构出租者提供	房源存量、出租量、租金等
互联网数据采集	舆情指标等
备案数据整理分析	租金、房源结构等
调查问卷	预期、信心等主观指标

资料来源：笔者自制。

（四）建立预警预报模型

预警预报系统偏重于短期波动预测，兼顾中长期趋势变动。在监测指标数据的基础上，建立四个基本预警预报模型。

(1) 供给预测预报模型：通过土地出让、商品房市场变化、城市更新改造、空置率、市场预期、保障房供给等变量，预测供给量的变化。

(2) 需求预测预报模型：通过人口流入、就业变动、收入变动、物价变化、住房价格变化、城市更新改造、市场预期等变量，预测需求量的变化。

(3) 租金预测预报模型：综合供给模型、需求模型、历史租金变化、同类城市和周边城市租金变化，预测租金的变动。

(4) 结构分析模型：通过对主要指标的结构变化趋势分析，预测未来市场结构变化。

（五）分析方法确定

传统的预测方法主要有时间序列分析（如 ARIMA 等）、结构方程回归分析、灰色系统分析等。

结合中国住房租赁市场特性，在结合时间序列分析、结构方程分析的基础上，积极探索新兴技术如大数据挖掘、人工智能分析的应用。重点城市的租金预测，在数据充足的基础上，可以结合采用人工神经网络、随机森林等机器学习方法，对风险进行初步预判。

在数据分析模型的基础上，建立住房租赁市场预警预报专家会商机制。市场变化是非常复杂和非线性的，不能仅靠监测指标与预警预报模型结果简单下结论。更为科学可信的预警预报，需要在专家会商的基础上得出和发布。需要建立预警预报专家委员会，定期将监测指标及预警预报模型的初步预报结果发至相关专家，经专家委员会充分讨论后，得出预警预报结论并按渠道程序报送。

（六）运行机制与制度保障

建立住房租赁市场预警预报制度，并给予相应的人员与经费保障。根据预警预报系统设计，建立相关的数据报送、采集制度，定期分析与预报制度。以住房租赁市场管理部门牵头，建立跨部门的住房租赁市场预警预报机构，并将应的程序以制度化的形式确定下来。

建立完善预警预报体系与决策体系、执行体系的互通机制。高效率地将预警预报结果提交决策体系及执行体系参考。

第十一章

2018年以来各项指数计算结果汇总

所有指数均采取重复交易模型，剔除不可比因素后计算。由于每期都将对指数进行重算，各期所计算的指数会有细微差别，以最新数据为准。定基指数以2018年1月为基准月，如果当月数据缺失，则基准月往后顺延。本章所有数据仅供研究参考之用，市场评价以政府统计部门为准。

一 住房价格综合指数

综合指数包括一项全国综合指数（24个核心城市综合）、四个城市分级指数、五个区域核心城市指数，均以定基指数的形式展现，以2018年1月综合住房价格为100。

表11—1 综合指数汇总

时期	核心指数	一线城市指数	二线城市指数	三线城市指数	四线城市指数	海峡西岸核心指数	京津冀核心指数	长三角核心指数	粤港澳大湾区指数	东北核心指数
2018年1月	100.00	100.00	100.00	100.00	100.00	100.00	100.00	100.00	100.00	100.00
2018年2月	100.89	100.25	101.09	101.42	101.78	100.56	100.85	101.05	100.43	101.28
2018年3月	103.10	101.62	103.55	103.55	103.83	100.76	101.33	102.77	101.60	104.57
2018年4月	104.20	101.77	104.95	105.84	105.88	100.99	100.91	103.98	102.23	106.44

续表

时期	核心指数	一线城市指数	二线城市指数	三线城市指数	四线城市指数	海峡西岸核心指数	京津冀核心指数	长三角核心指数	粤港澳大湾区指数	东北核心指数
2018年5月	106.53	102.13	107.89	108.11	107.83	100.99	102.17	105.56	103.13	108.97
2018年6月	108.33	102.25	110.21	109.67	109.59	101.16	103.24	107.34	103.71	111.16
2018年7月	109.11	102.49	111.16	111.18	111.07	101.22	103.37	108.64	104.72	113.00
2018年8月	108.93	102.53	110.91	111.89	112.12	101.17	102.29	109.13	105.16	114.43
2018年9月	107.88	101.90	109.74	112.14	112.31	101.00	101.20	109.01	104.87	115.97
2018年10月	105.80	99.63	107.71	112.03	112.47	101.82	99.31	108.15	103.36	117.07
2018年11月	103.66	97.97	105.43	111.11	111.64	99.53	98.07	106.88	102.01	117.62
2018年12月	102.60	97.38	104.21	110.60	111.19	99.23	98.00	105.94	101.23	117.81
2019年1月	102.43	97.48	103.96	110.69	111.12	99.55	98.81	106.08	101.00	118.19
2019年2月	103.14	98.35	104.62	111.53	111.42	99.48	100.51	106.77	101.33	119.47
2019年3月	104.54	99.62	106.06	112.22	112.26	100.37	102.04	108.27	102.26	120.90
2019年4月	105.28	100.16	106.87	112.44	112.91	100.58	102.42	109.46	102.41	121.80
2019年5月	105.75	100.36	107.42	112.27	113.43	100.71	101.93	110.49	102.54	122.43
2019年6月	105.94	99.95	107.79	112.80	114.13	101.12	101.26	111.61	102.40	122.88
2019年7月	106.16	99.93	108.09	114.16	116.32	101.92	101.53	112.88	102.77	123.20
2019年8月	106.10	99.74	108.06	113.57	115.84	101.34	100.33	113.23	102.62	123.71
2019年9月	105.97	99.71	107.90	113.27	115.96	100.96	99.19	113.57	102.70	124.18
2019年10月	105.81	99.23	107.84	113.38	116.29	101.17	98.33	113.55	102.69	124.38
2019年11月	105.39	99.08	107.34	113.06	116.08	100.84	97.47	113.39	102.59	124.76
2019年12月	105.48	99.61	107.29	113.07	115.88	101.08	97.00	113.70	103.06	125.27
2020年1月	105.64	100.11	107.35	113.27	115.91	100.92	97.07	114.14	103.18	125.31
2020年2月	104.63	98.63	106.49	113.01	116.00	101.25	93.31	113.82	103.04	125.35
2020年3月	106.17	100.73	107.85	114.11	116.38	101.81	97.12	115.37	103.86	126.72
2020年4月	106.84	102.39	108.21	114.12	116.18	102.11	97.68	116.18	104.75	126.72
2020年5月	107.49	103.61	108.69	114.44	116.26	102.59	98.00	116.57	105.94	127.13
2020年6月	108.21	104.62	109.32	114.88	117.22	102.85	97.89	117.41	107.10	128.07
2020年7月	109.00	106.49	109.78	115.52	117.83	103.04	97.66	118.73	108.73	128.78
2020年8月	109.51	106.50	110.44	116.07	118.69	103.15	97.39	119.78	109.71	128.87
2020年9月	110.11	107.63	110.88	116.38	119.14	103.66	96.90	120.45	111.33	129.45

续表

时期	核心指数	一线城市指数	二线城市指数	三线城市指数	四线城市指数	海峡西岸核心指数	京津冀核心指数	长三角核心指数	粤港澳大湾区指数	东北核心指数
2020年10月	110.49	108.51	111.10	116.62	119.87	104.08	96.09	121.17	112.36	129.33
2020年11月	110.94	109.51	111.38	116.86	120.69	104.40	95.68	121.99	113.41	129.21
2020年12月	111.65	111.25	111.78	117.28	120.98	104.52	95.65	123.15	114.64	128.68
2021年1月	112.84	113.83	112.53	117.77	122.08	105.26	96.00	124.99	116.15	128.80
2021年2月	113.99	115.41	113.55	118.63	123.00	106.11	96.20	127.21	116.99	129.16
2021年3月	115.61	117.72	114.96	119.93	123.83	107.83	97.01	130.09	118.57	129.91
2021年4月	116.60	119.17	115.80	120.80	124.86	109.01	97.44	131.95	119.28	129.43
2021年5月	117.57	120.10	116.78	121.41	125.33	110.06	97.65	133.45	119.81	129.72
2021年6月	118.39	121.07	117.57	121.89	126.24	110.92	97.58	134.97	119.93	129.69
2021年7月	118.55	121.22	117.72	121.35	126.59	111.38	97.62	135.03	120.00	128.87

二 城市住房价格指数

城市住房价格指数按一二三四线城市及定基、同比、环比三个维度进行汇总与展示。部分小城市受样本数量限制，环比数据可能存在跳跃，可以根据需要进行平滑处理。

由于深圳、成都、西安、上海分别于2021年2月、2021年3月、2021年7月采用了二手住房价格发布参考价制度，该月及之后的住房价格指数仅反映参考价变动。

（一）一线城市指数

表11—2　一线城市定基指数（2018年1月住房价格=100）

	上海	深圳	广州	北京
2018年1月	100.00	100.00	100.00	100.00
2018年2月	100.19	99.63	100.28	101.07

续表

	上海	深圳	广州	北京
2018 年 3 月	100.19	101.11	103.63	102.22
2018 年 4 月	99.61	101.00	104.79	102.67
2018 年 5 月	99.15	101.32	105.35	104.14
2018 年 6 月	98.54	102.54	104.69	105.00
2018 年 7 月	97.38	102.64	106.79	105.52
2018 年 8 月	96.16	102.89	108.35	105.56
2018 年 9 月	95.01	102.28	108.19	105.16
2018 年 10 月	92.58	101.28	104.64	103.11
2018 年 11 月	90.89	99.82	102.80	101.46
2018 年 12 月	90.28	99.93	101.54	100.81
2019 年 1 月	90.32	99.55	101.69	101.57
2019 年 2 月	91.35	100.61	101.99	102.61
2019 年 3 月	92.55	102.05	103.23	103.80
2019 年 4 月	93.70	102.77	103.05	103.99
2019 年 5 月	94.17	103.38	102.88	103.68
2019 年 6 月	94.24	102.49	102.34	103.22
2019 年 7 月	94.07	103.18	102.38	102.55
2019 年 8 月	93.83	103.75	101.78	101.99
2019 年 9 月	94.14	104.59	101.43	100.72
2019 年 10 月	93.37	106.05	100.21	99.20
2019 年 11 月	93.34	107.58	98.81	98.27
2019 年 12 月	93.06	110.28	98.83	98.04
2020 年 1 月	93.72	111.41	98.71	98.20
2020 年 2 月	92.81	111.35	95.72	95.86
2020 年 3 月	94.47	113.68	97.64	98.61
2020 年 4 月	96.07	116.54	98.52	99.79
2020 年 5 月	96.90	119.32	98.91	100.69
2020 年 6 月	97.30	122.44	99.29	100.83
2020 年 7 月	99.85	125.79	100.33	100.78
2020 年 8 月	98.99	126.03	101.09	101.05
2020 年 9 月	99.97	128.48	102.05	101.00

续表

	上海	深圳	广州	北京
2020 年 10 月	101.17	129.76	102.86	100.95
2020 年 11 月	102.33	131.82	103.37	100.97
2020 年 12 月	103.84	135.46	104.44	101.55
2021 年 1 月	108.11	137.91	106.49	102.22
2021 年 2 月	111.64	117.67	107.61	103.10
2021 年 3 月	116.21	117.61	110.03	104.47
2021 年 4 月	118.98	117.44	111.21	105.90
2021 年 5 月	120.56	117.41	112.21	106.85
2021 年 6 月	122.81	117.56	112.27	107.97
2021 年 7 月	120.14	117.30	112.36	108.62

表 11—3　　　　　　　一线城市环比指数　　　　　　单位:%

	北京	广州	深圳	上海
2018 年 1 月	-0.33	2.49	1.32	-1.19
2018 年 2 月	1.07	0.27	-0.37	0.19
2018 年 3 月	1.14	3.35	1.48	0
2018 年 4 月	0.44	1.12	-0.11	-0.58
2018 年 5 月	1.43	0.54	0.32	-0.47
2018 年 6 月	0.83	-0.63	1.20	-0.61
2018 年 7 月	0.50	2.01	0.10	-1.18
2018 年 8 月	0.03	1.46	0.24	-1.25
2018 年 9 月	-0.38	-0.15	-0.59	-1.20
2018 年 10 月	-1.95	-3.28	-0.98	-2.56
2018 年 11 月	-1.60	-1.76	-1.44	-1.82
2018 年 12 月	-0.64	-1.22	0.12	-0.67
2019 年 1 月	0.75	0.14	-0.38	0.04
2019 年 2 月	1.02	0.30	1.06	1.14
2019 年 3 月	1.16	1.22	1.43	1.32
2019 年 4 月	0.18	-0.17	0.71	1.23
2019 年 5 月	-0.30	-0.17	0.59	0.51

续表

	北京	广州	深圳	上海
2019年6月	-0.44	-0.52	-0.86	0.07
2019年7月	-0.65	0.04	0.68	-0.18
2019年8月	-0.54	-0.58	0.55	-0.26
2019年9月	-1.25	-0.35	0.82	0.33
2019年10月	-1.51	-1.21	1.39	-0.82
2019年11月	-0.94	-1.39	1.44	-0.03
2019年12月	-0.24	0.02	2.52	-0.29
2020年1月	0.17	-0.12	1.02	0.70
2020年2月	-2.38	-3.03	-0.05	-0.97
2020年3月	2.87	2.01	2.09	1.79
2020年4月	1.19	0.90	2.52	1.69
2020年5月	0.91	0.40	2.39	0.86
2020年6月	0.13	0.38	2.62	0.41
2020年7月	-0.04	1.04	2.73	2.63
2020年8月	0.27	0.76	0.19	-0.87
2020年9月	-0.06	0.96	1.95	0.99
2020年10月	-0.04	0.80	1.00	1.20
2020年11月	0.02	0.49	1.59	1.14
2020年12月	0.58	1.03	2.76	1.48
2021年1月	0.66	1.97	1.81	4.11
2021年2月	0.86	1.05	-14.68	3.26
2021年3月	1.33	2.25	-0.05	4.10
2021年4月	1.37	1.08	-0.14	2.38
2021年5月	0.90	0.89	-0.03	1.32
2021年6月	1.04	0.06	0.13	1.87
2021年7月	0.61	0.08	-0.22	-2.18

表 11—4　　　　　　　　　一线城市同比指数　　　　　　　单位:%

	上海	广州	北京	深圳
2018 年 1 月	-3.62	42.66	-5.53	6.99
2018 年 2 月	-3.75	38.29	-9.23	6.42
2018 年 3 月	-5.16	34.22	-13.88	6.38
2018 年 4 月	-6.62	29.77	-14.46	4.40
2018 年 5 月	-6.95	24.66	-8.95	4.80
2018 年 6 月	-6.68	20.82	-3.60	5.82
2018 年 7 月	-7.05	18.87	-1.14	5.68
2018 年 8 月	-7.87	18.88	0.22	5.30
2018 年 9 月	-9.07	14.64	0.97	4.39
2018 年 10 月	-10.10	9.07	0.45	2.76
2018 年 11 月	-11.73	6.79	-0.09	0.99
2018 年 12 月	-10.79	4.07	0.47	1.25
2019 年 1 月	-9.68	1.68	1.57	-0.45
2019 年 2 月	-8.82	1.71	1.52	0.98
2019 年 3 月	-7.62	-0.39	1.54	0.93
2019 年 4 月	-5.94	-1.66	1.28	1.75
2019 年 5 月	-5.02	-2.35	-0.45	2.03
2019 年 6 月	-4.36	-2.24	-1.70	-0.05
2019 年 7 月	-3.40	-4.13	-2.82	0.53
2019 年 8 月	-2.42	-6.06	-3.38	0.84
2019 年 9 月	-0.92	-6.25	-4.23	2.26
2019 年 10 月	0.85	-4.24	-3.80	4.71
2019 年 11 月	2.70	-3.88	-3.15	7.77
2019 年 12 月	3.08	-2.67	-2.75	10.35
2020 年 1 月	3.77	-2.93	-3.32	11.92
2020 年 2 月	1.60	-6.15	-6.58	10.68
2020 年 3 月	2.08	-5.41	-5.00	11.40
2020 年 4 月	2.54	-4.39	-4.04	13.40
2020 年 5 月	2.90	-3.85	-2.88	15.43
2020 年 6 月	3.24	-2.98	-2.32	19.47
2020 年 7 月	6.14	-2.01	-1.72	21.91

续表

	上海	广州	北京	深圳
2020 年 8 月	5.50	-0.69	-0.92	21.48
2020 年 9 月	6.20	0.62	0.28	22.84
2020 年 10 月	8.36	2.66	1.77	22.36
2020 年 11 月	9.63	4.61	2.75	22.53
2020 年 12 月	11.59	5.68	3.59	22.83
2021 年 1 月	15.35	7.89	4.10	23.78
2021 年 2 月	20.28	12.42	7.55	5.67
2021 年 3 月	23.01	12.68	5.94	3.46
2021 年 4 月	23.84	12.88	6.12	0.77
2021 年 5 月	24.42	13.44	6.12	-1.61
2021 年 6 月	26.22	13.08	7.08	-3.99
2021 年 7 月	20.32	12.00	7.77	-6.75

（二）二线城市指数

表11-5　　二线城市定基指数1（2018年1月房价=100）

	宁波	东莞	西安	南通	昆明	无锡	苏州	大连	合肥	沈阳	长春	重庆	杭州	哈尔滨
2018年1月	100.00	100.00	100.00	100.00	100.00	100.00	100.00	100.00	100.00	100.00	100.00	100.00	100.00	—
2018年2月	101.31	101.64	103.07	101.45	101.28	101.95	100.83	102.21	99.66	100.60	101.18	101.42	100.77	—
2018年3月	106.66	104.21	111.74	102.85	104.17	103.42	102.32	106.85	100.02	103.38	103.63	103.84	103.31	100.00
2018年4月	109.68	103.97	117.81	104.72	106.26	104.82	102.14	108.56	100.21	105.18	105.35	107.72	105.57	102.12
2018年5月	114.17	105.21	131.65	108.24	108.74	106.79	103.14	111.29	100.91	106.78	108.37	117.36	107.68	105.02
2018年6月	118.84	106.53	141.80	111.62	110.80	109.19	104.94	113.24	101.58	107.83	111.59	125.90	110.12	107.78
2018年7月	121.56	106.61	147.00	114.33	114.33	111.53	107.09	114.60	102.52	109.41	115.11	127.74	111.78	108.97
2018年8月	122.74	108.11	146.36	115.52	117.24	112.24	108.38	114.80	103.24	110.77	117.80	126.98	112.71	110.55
2018年9月	123.18	108.15	142.89	116.12	119.59	112.76	110.40	115.37	103.57	112.71	120.41	126.07	111.04	111.65
2018年10月	124.08	106.04	136.72	115.95	121.12	112.90	110.70	115.21	103.48	114.26	121.07	121.52	108.72	113.65
2018年11月	123.26	103.72	131.64	114.58	121.74	112.21	110.58	115.24	103.90	114.30	122.31	117.49	105.86	114.64
2018年12月	122.53	102.76	129.17	113.44	121.76	110.10	110.96	115.13	103.42	114.91	122.42	115.33	102.88	114.69
2019年1月	122.90	102.98	128.28	114.06	122.63	109.93	112.37	115.40	103.52	115.65	123.04	114.55	102.32	114.60
2019年2月	123.52	103.57	128.82	114.89	123.33	110.84	112.90	116.51	103.91	116.70	124.25	114.81	102.80	116.27
2019年3月	124.52	106.04	130.52	115.97	123.96	112.81	117.28	118.50	104.41	118.30	125.29	116.45	105.60	117.24
2019年4月	126.08	106.56	131.04	115.98	124.56	113.91	121.77	119.41	104.58	119.22	125.92	117.68	106.23	118.28
2019年5月	127.47	107.51	131.74	117.24	125.54	114.98	127.42	120.26	105.01	119.84	126.44	118.61	107.92	118.78

164　基于大数据的城市住房价格重复交易指数研究

续表

	宁波	东莞	西安	南通	昆明	无锡	苏州	大连	合肥	沈阳	长春	重庆	杭州	哈尔滨
2019年6月	129.11	108.16	132.21	118.39	126.27	116.32	131.92	120.81	105.25	120.10	127.24	119.37	109.18	119.07
2019年7月	132.30	109.14	132.85	120.71	128.09	117.54	133.58	121.28	105.62	121.08	126.56	119.14	109.88	119.28
2019年8月	134.23	110.16	133.00	123.84	129.60	119.21	133.62	121.49	105.78	122.54	127.02	118.38	109.62	119.04
2019年9月	135.78	111.71	132.95	125.55	131.26	121.03	134.02	121.71	105.67	123.79	126.68	118.06	108.93	119.48
2019年10月	136.51	114.02	132.66	127.42	132.06	121.33	133.90	122.12	105.41	124.92	125.83	117.78	108.57	119.23
2019年11月	137.56	115.14	131.93	129.22	133.24	121.85	131.57	122.61	105.42	125.69	125.44	116.41	108.13	119.67
2019年12月	138.73	116.60	131.33	130.99	134.26	122.72	133.74	123.25	105.11	126.21	126.86	115.80	107.53	119.36
2020年1月	139.98	117.51	131.21	132.99	134.86	123.24	133.87	123.57	104.91	126.44	127.39	116.00	107.30	118.59
2020年2月	140.70	119.15	131.53	133.54	135.19	124.18	132.34	123.82	105.13	126.33	127.14	112.27	107.16	118.82
2020年3月	142.86	122.58	132.29	133.85	136.17	125.58	135.41	125.05	105.92	128.68	127.62	115.65	108.40	119.85
2020年4月	144.11	123.78	132.54	134.96	136.28	126.52	135.75	125.46	106.29	129.05	127.84	115.99	108.54	118.93
2020年5月	145.04	126.94	133.27	135.44	136.59	127.73	135.03	126.51	106.73	129.86	127.83	116.38	109.01	118.66
2020年6月	147.83	131.03	133.77	138.49	137.30	128.69	135.03	127.26	107.11	130.58	128.05	116.90	109.70	120.50
2020年7月	151.62	137.19	134.52	140.52	138.24	129.95	133.24	127.46	107.65	131.03	128.11	116.71	110.23	122.37
2020年8月	156.67	142.89	135.50	143.83	138.92	131.29	133.23	127.93	108.26	130.79	128.43	117.03	110.47	122.31
2020年9月	160.84	148.20	136.42	144.80	139.58	132.17	133.43	128.51	108.73	130.88	129.15	117.41	110.50	123.28
2020年10月	162.81	151.82	137.86	144.14	140.67	132.95	133.35	129.13	109.70	131.19	129.13	117.36	110.89	122.00
2020年11月	164.10	155.89	139.14	145.45	140.66	133.56	133.55	129.52	111.31	130.98	128.87	117.34	111.74	121.65
2020年12月	165.60	160.54	140.66	147.67	143.45	134.53	133.38	129.91	113.39	130.67	128.09	116.93	112.47	120.31

第十一章 2018年以来各项指数计算结果汇总   165

续表

	宁波	东莞	西安	南通	昆明	无锡	苏州	大连	合肥	沈阳	长春	重庆	杭州	哈尔滨
2021年1月	167.98	164.28	142.58	147.73	143.76	135.71	134.34	130.53	116.01	130.83	127.78	116.65	113.38	120.24
2021年2月	170.27	167.48	144.69	149.46	143.69	136.92	136.51	131.67	118.37	131.18	127.15	118.05	114.86	120.67
2021年3月	173.10	172.94	148.64	148.88	142.61	137.88	137.53	133.77	120.88	130.97	128.94	118.87	117.13	120.49
2021年4月	175.80	174.64	151.31	148.15	143.37	138.60	138.41	134.67	126.27	131.01	128.53	120.02	117.99	118.23
2021年5月	177.33	175.16	153.75	149.03	143.82	139.19	139.47	136.00	128.89	131.05	128.16	124.07	119.20	118.36
2021年6月	179.13	175.18	157.32	149.18	143.84	140.99	139.41	136.53	130.98	130.49	128.23	125.55	122.17	118.35
2021年7月	181.08	176.03	149.66	148.22	143.66	142.73	139.72	136.91	131.82	129.71	127.96	125.66	124.02	116.09

表11—6 二线城市定基指数2（2018年1月房价=100）

	南昌	南京	厦门	佛山	长沙	成都	福州	武汉	青岛	天津	郑州	济南	石家庄
2018年1月	100.00	100.00	100.00	100.00	100.00	100.00	100.00	100.00	100.00	100.00	100.00	100.00	100.00
2018年2月	101.21	100.46	99.83	100.88	100.98	102.17	—	100.67	102.11	100.28	99.80	100.67	100.37
2018年3月	103.18	101.37	98.35	100.25	103.03	104.03	100.30	102.00	109.36	101.26	100.16	101.86	99.79
2018年4月	103.81	102.39	97.55	101.04	103.94	104.53	100.14	101.96	112.63	99.61	99.91	102.34	98.60
2018年5月	105.00	103.02	96.55	102.25	105.33	103.89	99.87	102.85	116.80	103.18	99.02	102.81	97.97
2018年6月	105.93	103.72	95.84	102.72	107.30	100.10	99.39	102.76	119.87	106.42	98.88	102.85	97.51
2018年7月	107.62	104.88	94.54	103.28	107.49	98.25	99.04	102.59	121.90	106.41	98.54	102.86	97.19
2018年8月	108.13	104.92	92.90	102.77	107.88	95.21	98.39	102.98	120.05	104.51	98.40	102.83	96.29

续表

	南昌	南京	厦门	佛山	长沙	成都	福州	武汉	青岛	天津	郑州	济南	石家庄
2018年9月	108.75	104.86	90.97	102.46	107.42	91.94	96.96	100.61	116.08	103.81	97.86	101.71	95.36
2018年10月	108.85	104.70	89.00	101.86	106.36	88.05	95.38	100.25	110.94	101.72	96.44	99.49	94.49
2018年11月	109.04	104.28	87.97	100.15	104.72	85.54	94.51	97.41	106.55	99.58	94.65	97.14	92.93
2018年12月	109.50	104.07	87.81	99.34	103.23	85.01	93.82	96.66	104.28	99.36	93.44	95.44	92.59
2019年1月	110.25	104.72	89.01	99.05	101.84	85.20	93.77	95.75	102.97	99.69	92.95	94.53	92.43
2019年2月	110.74	104.96	90.61	98.84	101.75	86.77	94.33	96.92	103.10	100.56	93.62	94.34	92.61
2019年3月	110.50	105.90	93.92	99.47	102.27	88.47	94.92	96.39	103.81	102.52	94.72	95.05	93.56
2019年4月	110.98	106.44	95.16	99.98	102.21	89.63	95.19	96.79	103.86	103.31	94.90	94.87	94.34
2019年5月	110.84	107.06	96.96	100.38	101.61	89.88	95.48	95.94	103.01	102.03	95.04	94.45	94.65
2019年6月	111.25	106.56	98.20	100.56	100.48	89.99	95.40	95.82	101.99	101.26	94.91	93.60	94.40
2019年7月	111.83	107.58	97.87	100.74	99.67	90.08	95.20	96.01	100.66	100.85	94.13	92.73	94.37
2019年8月	111.97	107.44	97.55	100.86	98.93	90.31	94.86	96.37	99.85	100.49	93.05	91.34	93.88
2019年9月	111.96	108.09	97.37	100.98	98.28	90.22	94.58	96.04	98.28	98.83	92.26	90.73	93.44
2019年10月	112.00	108.23	96.94	100.37	98.18	90.19	94.46	96.33	96.91	97.60	92.16	90.04	92.96
2019年11月	112.29	108.11	96.83	99.82	97.79	89.51	94.02	95.73	95.66	96.92	91.74	88.00	92.19
2019年12月	112.32	108.49	97.14	99.47	97.65	89.72	93.89	95.49	94.83	96.37	91.16	86.63	91.28
2020年1月	112.27	108.43	97.56	98.98	97.78	89.99	93.76	95.05	94.69	95.84	90.98	86.54	90.97
2020年2月	113.27	105.29	97.61	98.85	97.36	89.66	94.11	94.43	94.06	92.57	90.69	86.26	91.23
2020年3月	113.60	109.29	98.48	97.56	96.68	90.26	93.99	93.82	94.84	95.75	90.08	86.29	90.47

续表

	南昌	南京	厦门	佛山	长沙	成都	福州	武汉	青岛	天津	郑州	济南	石家庄
2020年4月	113.03	110.26	98.99	97.82	96.53	91.00	94.03	93.21	94.69	96.89	90.31	86.46	90.58
2020年5月	113.22	111.02	99.42	98.34	96.96	91.54	94.18	93.90	94.52	96.60	90.33	86.25	90.85
2020年6月	113.58	111.37	99.96	99.03	97.48	92.04	94.15	94.59	94.33	96.54	90.16	85.81	90.82
2020年7月	114.39	111.75	99.89	99.29	97.43	92.68	94.11	94.83	94.43	95.63	89.71	85.25	90.42
2020年8月	115.04	112.78	100.54	99.86	97.18	93.43	93.94	94.92	94.07	95.23	89.37	84.90	89.80
2020年9月	114.80	112.39	101.67	100.52	97.30	93.55	93.92	94.81	93.83	94.20	89.26	84.63	89.27
2020年10月	115.11	112.17	102.15	100.87	97.56	93.50	94.05	94.66	93.39	93.22	88.78	84.20	88.38
2020年11月	117.73	111.87	102.89	101.11	97.47	93.97	93.93	94.58	92.93	92.31	88.44	83.89	87.30
2020年12月	116.29	112.54	103.55	101.46	97.38	94.62	93.43	94.34	92.91	92.39	88.26	83.49	87.04
2021年1月	115.85	113.53	104.73	102.12	97.07	96.25	94.20	94.57	93.05	92.81	88.14	83.88	87.01
2021年2月	116.21	114.41	106.41	102.90	97.32	96.68	94.71	95.18	93.30	92.81	88.20	84.36	86.64
2021年3月	116.16	115.78	109.45	104.74	98.16	97.76	95.83	95.80	94.39	93.92	88.94	85.49	86.63
2021年4月	115.83	116.42	110.19	105.72	98.15	98.99	96.68	96.84	94.73	93.81	89.28	85.91	86.29
2021年5月	115.57	116.68	111.35	106.45	98.49	98.95	97.21	96.68	95.11	93.81	89.65	86.43	85.83
2021年6月	116.32	116.47	112.18	107.04	98.81	98.89	97.84	96.62	95.18	93.58	89.66	86.53	85.23
2021年7月	115.99	115.60	112.55	107.07	98.92	98.58	97.46	95.53	95.21	93.35	89.54	86.47	84.51

表11—7　二线城市环比指数1

单位：%

	杭州	无锡	宁波	合肥	东莞	厦门	大连	苏州	长沙	重庆	青岛	佛山	济南	昆明
2018年1月	0.87	0.75	—	-0.16	2.20	-0.92	2.08	-0.27	0.32	1.12	3.18	0.78	1.02	—
2018年2月	0.77	1.95	1.31	-0.34	1.65	-0.17	2.22	0.83	0.98	1.42	2.10	0.89	0.67	1.28
2018年3月	2.52	1.45	5.28	0.36	2.52	-1.48	4.53	1.47	2.03	2.39	7.11	-0.63	1.19	2.86
2018年4月	2.19	1.35	2.83	0.19	-0.23	-0.80	1.60	-0.17	0.88	3.73	2.98	0.79	0.47	2.01
2018年5月	2.00	1.87	4.09	0.70	1.19	-1.03	2.51	0.98	1.34	8.95	3.70	1.20	0.46	2.33
2018年6月	2.26	2.25	4.09	0.66	1.26	-0.74	1.75	1.74	1.87	7.27	2.63	0.46	0.04	1.90
2018年7月	1.51	2.15	2.29	0.93	0.07	-1.35	1.20	2.05	0.18	1.46	1.69	0.54	0.01	3.19
2018年8月	0.83	0.63	0.97	0.71	1.41	-1.74	0.19	1.21	0.36	-0.60	-1.52	-0.49	-0.02	2.54
2018年9月	-1.48	0.47	0.36	0.32	0.03	-2.07	0.49	1.86	-0.43	-0.71	-3.31	-0.31	-1.09	2.01
2018年10月	-2.09	0.13	0.73	-0.08	-1.95	-2.17	-0.14	0.28	-0.99	-3.61	-4.43	-0.58	-2.17	1.28
2018年11月	-2.63	-0.61	-0.66	0.40	-2.18	-1.16	0.03	-0.11	-1.54	-3.32	-3.96	-1.68	-2.37	0.51
2018年12月	-2.81	-1.88	-0.60	-0.46	-0.93	-0.18	-0.10	0.34	-1.43	-1.84	-2.13	-0.80	-1.74	0.02
2019年1月	-0.55	-0.16	0.31	0.09	0.21	1.36	0.23	1.27	-1.35	-0.67	-1.25	-0.29	-0.96	0.72
2019年2月	0.47	0.83	0.50	0.38	0.58	1.80	0.96	0.47	-0.08	0.22	0.13	-0.22	-0.19	0.57
2019年3月	2.72	1.77	0.81	0.49	2.38	3.65	1.71	3.88	0.50	1.43	0.69	0.64	0.75	0.51
2019年4月	0.60	0.98	1.25	0.16	0.49	1.32	0.77	3.82	-0.06	1.06	0.05	0.52	-0.19	0.49
2019年5月	1.59	0.93	1.10	0.41	0.90	1.90	0.71	4.64	-0.59	0.79	-0.81	0.40	-0.44	0.79
2019年6月	1.17	1.16	1.29	0.23	0.60	1.27	0.47	3.53	-1.12	0.64	-0.99	0.17	-0.90	0.58
2019年7月	0.64	1.05	2.47	0.35	0.91	-0.33	0.38	1.26	-0.81	-0.20	-1.30	0.19	-0.93	1.44

第十一章 2018年以来各项指数计算结果汇总　169

续表

	杭州	无锡	宁波	合肥	东莞	厦门	大连	苏州	长沙	重庆	青岛	佛山	济南	昆明
2019年8月	-0.23	1.42	1.46	0.15	0.93	-0.33	0.18	0.03	-0.74	-0.63	-0.81	0.11	-1.50	1.18
2019年9月	-0.63	1.53	1.16	-0.09	1.41	-0.18	0.17	0.29	-0.66	-0.27	-1.57	0.12	-0.66	1.28
2019年10月	-0.33	0.24	0.54	-0.25	2.07	-0.45	0.35	-0.08	-0.10	-0.24	-1.39	-0.61	-0.77	0.62
2019年11月	-0.41	0.43	0.76	0	0.98	-0.11	0.40	-1.74	-0.39	-1.16	-1.29	-0.54	-2.26	0.89
2019年12月	-0.55	0.71	0.85	-0.29	1.27	0.32	0.52	1.65	-0.15	-0.52	-0.87	-0.35	-1.57	0.77
2020年1月	-0.22	0.43	0.90	-0.19	0.78	0.43	0.26	0.10	0.13	0.17	-0.15	-0.50	-0.10	0.45
2020年2月	-0.12	0.77	0.51	0.21	1.40	0.05	0.20	-1.14	-0.43	-3.22	-0.66	-0.13	-0.32	0.24
2020年3月	1.15	1.12	1.53	0.75	2.88	0.89	1.00	2.31	-0.71	3.01	0.83	-1.31	0.04	0.73
2020年4月	0.13	0.76	0.88	0.35	0.98	0.52	0.33	0.25	-0.15	0.30	-0.17	0.27	0.20	0.08
2020年5月	0.43	0.95	0.64	0.42	2.55	0.43	0.84	-0.52	0.44	0.34	-0.18	0.53	-0.25	0.23
2020年6月	0.64	0.75	1.93	0.35	3.23	0.54	0.58	0	0.55	0.45	-0.20	0.70	-0.51	0.52
2020年7月	0.48	0.99	2.56	0.50	4.70	-0.07	0.16	-1.32	-0.05	-0.16	0.11	0.27	-0.65	0.68
2020年8月	0.22	1.03	3.33	0.58	4.15	0.65	0.37	-0.01	-0.26	0.28	-0.39	0.57	-0.41	0.49
2020年9月	0.03	0.67	2.66	0.43	3.72	1.13	0.45	0.15	0.13	0.32	-0.25	0.66	-0.33	0.47
2020年10月	0.35	0.59	1.22	0.89	2.44	0.47	0.49	-0.06	0.26	-0.04	-0.47	0.34	-0.50	0.78
2020年11月	0.68	0.46	0.79	1.47	2.68	0.72	0.30	0.14	-0.09	-0.02	-0.49	0.24	-0.37	-0.01
2020年12月	0.65	0.73	0.91	1.87	2.98	0.64	0.30	-0.12	-0.09	-0.34	-0.03	0.35	-0.48	1.99
2021年1月	0.81	0.87	1.44	2.30	2.33	1.15	0.48	0.72	-0.31	-0.24	0.14	0.66	0.47	0.21
2021年2月	1.30	0.89	1.36	2.04	1.95	1.60	0.87	1.61	0.25	1.20	0.27	0.76	0.58	-0.05

续表

	杭州	无锡	宁波	合肥	东莞	厦门	大连	苏州	长沙	重庆	青岛	佛山	济南	昆明
2021年3月	1.98	0.70	1.66	2.11	3.25	2.85	1.60	0.75	0.86	0.70	1.17	1.79	1.34	-0.75
2021年4月	0.73	0.53	1.56	4.45	0.98	0.68	0.67	0.64	-0.01	0.97	0.36	0.93	0.49	0.53
2021年5月	1.03	0.43	0.87	2.08	0.30	1.05	1.00	0.76	0.35	3.37	0.41	0.69	0.60	0.32
2021年6月	2.50	1.29	1.01	1.62	0.01	0.74	0.38	-0.04	0.33	1.19	0.07	0.56	0.12	0.02
2021年7月	1.51	1.24	1.09	0.64	0.48	0.33	0.28	0.22	0.11	0.09	0.03	0.02	-0.07	-0.13

表11—8 二线城市环比指数2

单位:%

	郑州	长春	天津	南昌	成都	福州	沈阳	南通	南京	石家庄	武汉	哈尔滨	西安
2018年1月	-1.04	—	0.47	—	2.65	—	0.64	—	0.72	-0.79	0.86	—	2.35
2018年2月	-0.20	1.18	0.28	1.21	2.17	—	0.60	1.45	0.46	0.36	0.67	—	3.07
2018年3月	0.36	2.43	0.97	1.95	1.82	0.30	2.76	1.38	0.91	-0.57	1.32	—	8.41
2018年4月	-0.24	1.65	-1.62	0.61	0.47	-0.15	1.73	1.82	1.00	-1.20	-0.04	2.12	5.43
2018年5月	-0.90	2.87	3.58	1.14	-0.61	-0.27	1.53	3.36	0.61	-0.63	0.87	2.84	11.75
2018年6月	-0.14	2.98	3.14	0.89	-3.64	-0.48	0.98	3.12	0.68	-0.48	-0.08	2.63	7.71
2018年7月	-0.35	3.15	0	1.59	-1.85	-0.35	1.46	2.43	1.12	-0.33	-0.17	1.10	3.67
2018年8月	-0.14	2.34	-1.79	0.48	-3.10	-0.66	1.25	1.04	0.03	-0.92	0.39	1.45	-0.43
2018年9月	-0.55	2.22	-0.66	0.57	-3.43	-1.45	1.75	0.51	-0.05	-0.96	-2.31	0.99	-2.37
2018年10月	-1.45	0.55	-2.02	0.09	-4.23	-1.62	1.38	-0.14	-0.16	-0.92	-0.35	1.79	-4.32

续表

	郑州	长春	天津	南昌	成都	福州	沈阳	南通	南京	石家庄	武汉	哈尔滨	西安
2018年11月	-1.86	1.03	-2.10	0.17	-2.85	-0.92	0.03	-1.18	-0.40	-1.66	-2.83	0.87	-3.72
2018年12月	-1.28	0.09	-0.22	0.42	-0.63	-0.73	0.54	-0.99	-0.20	-0.36	-0.77	0.05	-1.88
2019年1月	-0.53	0.50	0.33	0.68	0.23	-0.05	0.64	0.54	0.62	-0.17	-0.94	-0.08	-0.69
2019年2月	0.72	0.99	0.87	0.45	1.84	0.60	0.91	0.73	0.23	0.20	1.23	1.46	0.42
2019年3月	1.18	0.83	1.95	-0.22	1.96	0.62	1.38	0.94	0.90	1.03	-0.55	0.83	1.32
2019年4月	0.18	0.50	0.78	0.44	1.31	0.29	0.77	0.01	0.51	0.83	0.42	0.89	0.40
2019年5月	0.14	0.41	-1.24	-0.13	0.28	0.30	0.52	1.08	0.58	0.33	-0.88	0.42	0.54
2019年6月	-0.13	0.64	-0.75	0.37	0.12	-0.08	0.22	0.98	-0.47	-0.27	-0.13	0.24	0.35
2019年7月	-0.82	-0.53	-0.41	0.52	0.10	-0.20	0.82	1.97	0.96	-0.03	0.20	0.18	0.48
2019年8月	-1.15	0.36	-0.35	0.13	0.25	-0.36	1.20	2.59	-0.14	-0.52	0.37	-0.20	0.11
2019年9月	-0.85	-0.26	-1.65	0	-0.10	-0.29	1.03	1.38	0.60	-0.47	-0.35	0.36	-0.03
2019年10月	-0.11	-0.67	-1.24	0.04	-0.02	-0.13	0.91	1.49	0.13	-0.52	0.31	-0.20	-0.22
2019年11月	-0.46	-0.31	-0.70	0.25	-0.77	-0.47	0.62	1.42	-0.11	-0.83	-0.62	0.36	-0.55
2019年12月	-0.63	1.13	-0.57	0.03	0.24	-0.14	0.41	1.37	0.35	-0.99	-0.24	-0.26	-0.45
2020年1月	-0.19	0.42	-0.55	-0.04	0.30	-0.14	0.19	1.52	-0.06	-0.33	-0.47	-0.64	-0.09
2020年2月	-0.33	-0.20	-3.42	0.89	-0.37	0.37	-0.09	0.42	-2.90	0.29	-0.65	0.19	0.24
2020年3月	-0.67	0.38	3.44	0.29	0.67	-0.12	1.86	0.23	3.80	-0.83	-0.65	0.86	0.58
2020年4月	0.26	0.17	1.19	-0.50	0.82	0.04	0.29	0.82	0.89	0.12	-0.65	-0.77	0.19
2020年5月	0.02	-0.01	-0.29	0.17	0.59	0.16	0.63	0.36	0.69	0.30	0.74	-0.22	0.55

续表

	郑州	长春	天津	南昌	成都	福州	沈阳	南通	南京	石家庄	武汉	哈尔滨	西安
2020年6月	-0.18	0.17	-0.07	0.32	0.55	-0.03	0.55	2.25	0.32	-0.04	0.74	1.56	0.37
2020年7月	-0.50	0.05	-0.94	0.71	0.69	-0.04	0.34	1.47	0.34	-0.44	0.26	1.55	0.56
2020年8月	-0.38	0.25	-0.41	0.57	0.81	-0.18	-0.18	2.36	0.93	-0.68	0.10	-0.05	0.72
2020年9月	-0.12	0.56	-1.08	-0.21	0.14	-0.02	0.07	0.67	-0.35	-0.59	-0.12	0.79	0.68
2020年10月	-0.54	-0.01	-1.04	0.27	-0.06	0.13	0.24	-0.46	-0.19	-1.00	-0.16	-1.03	1.06
2020年11月	-0.37	-0.20	-0.96	2.27	0.49	-0.12	-0.16	0.91	-0.27	-1.22	-0.08	-0.29	0.92
2020年12月	-0.20	-0.61	0.08	-1.22	0.70	-0.53	-0.23	1.53	0.60	-0.30	-0.25	-1.10	1.09
2021年1月	-0.14	-0.25	0.45	-0.38	1.72	0.82	0.12	0.04	0.88	-0.03	0.24	-0.06	1.37
2021年2月	0.07	-0.49	0	0.31	0.45	0.54	0.27	1.17	0.77	-0.43	0.64	0.36	1.48
2021年3月	0.84	1.41	1.20	-0.04	1.12	1.18	-0.16	-0.39	1.20	0	0.66	-0.15	2.73
2021年4月	0.38	-0.32	-0.11	-0.28	1.26	0.89	0.03	-0.49	0.55	-0.40	1.08	-1.87	1.81
2021年5月	0.42	-0.29	0	-0.23	-0.03	0.55	0.03	0.60	0.22	-0.54	-0.15	0.11	1.61
2021年6月	0.02	0.06	-0.25	0.66	-0.06	0.65	-0.43	0.10	-0.18	-0.70	-0.07	-0.01	2.34
2021年7月	-0.14	-0.21	-0.24	-0.29	-0.32	-0.39	-0.60	-0.64	-0.75	-0.85	-1.12	-1.91	-4.87

表11—9 二线城市同比指数1

单位：%

东莞	合肥	宁波	厦门	杭州	无锡	西安	佛山	南通	重庆	大连	成都	南通	苏州	昆明
2018年1月	26.69	-1.91	—	12.14	52.06	32.08	52.62	42.30	31.14	16.88	71.93	—	5.45	—

续表

	东莞	合肥	宁波	厦门	杭州	无锡	西安	佛山	重庆	大连	成都	南通	苏州	昆明
2018年2月	25.99	-1.56	—	7.26	47.51	31.83	56.11	33.37	29.11	17.65	70.40	—	3.46	—
2018年3月	26.72	-1.44	—	0.60	45.93	28.48	65.61	24.04	27.87	21.39	63.44	—	2.99	—
2018年4月	25.33	-0.85	—	-2.98	46.85	25.86	70.44	16.53	24.20	22.59	56.59	—	2.37	—
2018年5月	23.19	0.53	—	-7.37	45.23	21.65	84.79	8.03	28.33	23.67	49.64	—	3.26	—
2018年6月	21.78	1.73	—	-9.31	40.84	19.77	93.39	4.40	34.79	24.19	40.22	—	6.44	—
2018年7月	19.56	2.97	—	-9.21	35.08	18.71	100.49	1.86	35.75	24.28	34.08	—	6.76	—
2018年8月	17.95	3.71	—	-11.26	27.44	17.66	75.61	1.89	33.39	23.35	24.32	—	8.61	—
2018年9月	15.90	3.79	—	-13.52	19.14	16.13	53.02	2.15	29.43	22.58	12.52	—	9.92	—
2018年10月	11.95	3.23	—	-14.90	12.48	14.49	46.03	1.90	24.12	21.29	-0.60	—	10.90	—
2018年11月	7.64	3.43	—	-14.29	7.88	14.66	37.44	0.86	19.42	19.83	-8.98	—	11.18	—
2018年12月	5.03	3.24	—	-12.99	3.78	10.93	32.20	0.12	16.62	17.53	-12.74	—	10.66	—
2019年1月	2.98	3.52	22.90	-10.99	2.32	9.93	28.28	-0.95	14.56	15.40	-14.80	14.06	12.37	22.63
2019年2月	1.90	4.26	21.92	-9.23	2.02	8.72	24.98	-2.03	13.20	13.98	-15.08	13.25	11.96	21.77
2019年3月	1.76	4.39	16.75	-4.51	2.22	9.08	16.81	-0.78	12.14	10.90	-14.96	12.76	14.63	18.99
2019年4月	2.49	4.36	14.95	-2.46	0.63	8.67	11.23	-1.05	9.25	10.00	-14.25	10.76	19.22	17.22
2019年5月	2.19	4.06	11.65	0.42	0.22	7.67	0.07	-1.83	1.06	8.06	-13.48	8.31	23.54	15.45
2019年6月	1.53	3.61	8.65	2.46	-0.85	6.53	-6.76	-2.11	-5.18	6.69	-10.10	6.06	25.71	13.96
2019年7月	2.38	3.03	8.83	3.53	-1.70	5.38	-9.63	-2.45	-6.73	5.83	-8.32	5.58	24.74	12.04
2019年8月	1.89	2.46	9.36	5.01	-2.74	6.21	-9.13	-1.86	-6.77	5.83	-5.15	7.20	23.29	10.54

续表

	东莞	合肥	宁波	厦门	杭州	无锡	西安	佛山	重庆	大连	成都	南通	苏州	昆明
2019年9月	3.30	2.03	10.23	7.04	-1.90	7.34	-6.95	-1.44	-6.36	5.49	-1.87	8.12	21.40	9.75
2019年10月	7.53	1.86	10.02	8.92	-0.14	7.46	-2.97	-1.47	-3.08	6.01	2.43	9.89	20.96	9.03
2019年11月	11.00	1.46	11.60	10.07	2.14	8.59	0.22	-0.32	-0.92	6.40	4.63	12.78	18.98	9.45
2019年12月	13.47	1.63	13.23	10.62	4.51	11.46	1.68	0.13	0.41	7.06	5.54	15.47	20.53	10.27
2020年1月	14.11	1.34	13.90	9.61	4.87	12.11	2.29	-0.08	1.26	7.09	5.63	16.60	19.13	9.97
2020年2月	15.04	1.18	13.91	7.72	4.25	12.03	2.10	0.02	-2.21	6.27	3.33	16.23	17.22	9.62
2020年3月	15.60	1.44	14.73	4.86	2.65	11.32	1.36	-1.92	-0.69	5.53	2.03	15.42	15.45	9.85
2020年4月	16.16	1.64	14.30	4.04	2.17	11.07	1.15	-2.16	-1.44	5.07	1.53	16.36	11.47	9.41
2020年5月	18.06	1.64	13.78	2.54	1.01	11.09	1.16	-2.03	-1.88	5.20	1.85	15.52	5.97	8.81
2020年6月	21.14	1.77	14.50	1.80	0.48	10.64	1.17	-1.51	-2.07	5.33	2.27	16.98	2.36	8.74
2020年7月	25.70	1.92	14.60	2.06	0.32	10.56	1.26	-1.44	-2.04	5.10	2.89	16.41	-0.25	7.92
2020年8月	29.71	2.35	16.72	3.07	0.77	10.14	1.88	-0.99	-1.14	5.29	3.46	16.14	-0.29	7.19
2020年9月	32.66	2.89	18.46	4.41	1.45	9.20	2.61	-0.46	-0.55	5.59	3.70	15.33	-0.44	6.34
2020年10月	33.15	4.07	19.27	5.38	2.35	9.58	3.92	0.50	-0.35	5.73	3.67	13.12	-0.41	6.51
2020年11月	35.39	5.59	19.30	6.26	3.92	9.61	5.46	1.28	0.79	5.63	4.98	12.56	1.50	5.57
2020年12月	37.68	7.88	19.37	6.60	4.82	9.63	7.10	2.00	0.98	5.40	5.46	12.73	-0.27	6.85
2021年1月	39.80	10.58	20.00	7.35	5.81	10.12	8.66	3.18	0.56	5.63	6.95	11.09	0.35	6.60
2021年2月	40.57	12.60	21.02	9.02	5.97	10.26	10.01	4.09	5.15	6.34	7.83	11.92	3.15	6.29
2021年3月	41.08	14.13	21.17	11.14	7.91	9.80	11.74	7.37	2.79	6.97	8.30	11.23	1.57	4.73

续表

	东莞	合肥	宁波	厦门	杭州	无锡	西安	佛山	重庆	大连	成都	南通	苏州	昆明
2021年4月	41.08	18.80	21.99	11.31	8.24	9.55	13.32	8.07	3.47	7.33	8.78	9.77	1.97	5.20
2021年5月	37.99	20.76	22.26	11.99	8.66	8.98	14.42	8.24	6.61	7.50	8.10	10.03	3.29	5.29
2021年6月	33.70	22.29	21.17	12.22	10.84	9.56	15.32	8.09	7.39	7.29	7.44	7.72	3.24	4.76
2021年7月	28.31	22.46	19.44	12.67	12.27	9.84	8.56	7.83	7.67	7.42	6.36	5.48	4.86	3.92

表11—10 二线城市同比指数2（比上年同月上涨%）

	福州	南京	长沙	济南	南昌	青岛	武汉	长春	郑州	沈阳	天津	哈尔滨	石家庄
2018年1月	—	15.57	34.31	47.61	—	52.31	28.41	—	8.72	18.40	-9.40	—	15.24
2018年2月	—	13.02	30.79	38.87	—	45.01	24.41	—	6.09	18.26	-11.53	—	9.54
2018年3月	—	12.48	29.31	34.95	—	47.79	22.11	—	4.52	19.13	-15.22	—	4.59
2018年4月	—	10.82	25.87	31.14	—	44.74	18.17	—	3.24	19.03	-15.97	—	0.78
2018年5月	—	10.72	21.59	24.40	—	39.15	17.28	—	0.38	17.62	-11.16	—	-2.22
2018年6月	—	8.33	19.94	18.97	—	38.02	13.78	—	-1.19	15.90	-6.48	—	-2.69
2018年7月	—	9.51	16.24	15.36	—	37.09	10.90	—	-2.90	15.05	-3.87	—	-6.87
2018年8月	—	8.59	14.31	11.84	—	33.09	8.07	—	-3.57	15.15	-3.50	—	-11.25
2018年9月	—	8.41	11.88	7.98	—	26.71	4.63	—	-3.90	16.04	-3.03	—	-10.16
2018年10月	—	7.65	9.35	3.30	—	19.83	2.74	—	-4.65	16.75	-3.61	—	-9.51
2018年11月	—	5.59	6.07	-1.24	—	13.11	-0.95	—	-6.17	16.23	-2.83	—	-8.33

续表

	福州	南京	长沙	济南	南昌	青岛	武汉	长春	郑州	沈阳	天津	哈尔滨	石家庄
2018年12月	—	4.82	3.56	-3.58	—	7.59	-2.51	—	-7.53	15.65	-0.17	—	-8.14
2019年1月	—	4.72	1.84	-5.47	10.25	2.97	-4.25	23.04	-7.05	15.65	-0.32	—	-7.57
2019年2月	-5.67	4.48	0.77	-6.28	9.42	0.97	-3.72	22.81	-6.19	16.00	0.28	—	-7.72
2019年3月	-5.37	4.46	-0.74	-6.69	7.09	-5.08	-5.50	20.89	-5.43	14.44	1.25	17.24	-6.25
2019年4月	-4.95	3.96	-1.66	-7.29	6.91	-7.79	-5.07	19.52	-5.02	13.35	3.71	15.83	-4.32
2019年5月	-4.40	3.93	-3.53	-8.12	5.57	-11.80	-6.71	16.67	-4.02	12.22	-1.12	13.11	-3.39
2019年6月	-4.02	2.74	-6.36	-8.99	5.02	-14.92	-6.76	14.02	-4.02	11.38	-4.84	10.47	-3.19
2019年7月	-3.88	2.58	-7.28	-9.84	3.91	-17.42	-6.41	9.95	-4.47	10.67	-5.23	9.46	-2.89
2019年8月	-3.59	2.40	-8.29	-11.17	3.55	-16.83	-6.42	7.83	-5.44	10.62	-3.84	7.68	-2.50
2019年9月	-2.44	3.07	-8.51	-10.79	2.95	-15.33	-4.54	5.21	-5.72	9.83	-4.80	7.01	-2.02
2019年10月	-0.96	3.37	-7.69	-9.50	2.89	-12.65	-3.91	3.94	-4.44	9.33	-4.04	4.92	-1.62
2019年11月	-0.52	3.68	-6.62	-9.40	2.98	-10.22	-1.73	2.56	-3.08	9.97	-2.67	4.39	-0.79
2019年12月	0.08	4.25	-5.41	-9.24	2.58	-9.06	-1.20	3.62	-2.44	9.83	-3.01	4.07	-1.42
2020年1月	-0.01	3.54	-3.98	-8.45	1.84	-8.04	-0.73	3.54	-2.11	9.33	-3.86	3.49	-1.58
2020年2月	-0.24	0.31	-4.32	-8.57	2.28	-8.77	-2.57	2.32	-3.13	8.25	-7.95	2.19	-1.49
2020年3月	-0.98	3.19	-5.47	-9.21	2.80	-8.63	-2.67	1.86	-4.90	8.77	-6.60	2.23	-3.30
2020年4月	-1.22	3.58	-5.56	-8.87	1.84	-8.83	-3.71	1.53	-4.83	8.25	-6.22	0.54	-3.99
2020年5月	-1.36	3.69	-4.58	-8.69	2.14	-8.25	-2.13	1.10	-4.95	8.36	-5.32	-0.10	-4.01
2020年6月	-1.30	4.52	-2.98	-8.33	2.09	-7.51	-1.29	0.64	-5.00	8.72	-4.67	1.20	-3.79

第十一章 2018年以来各项指数计算结果汇总　177

续表

	福州	南京	长沙	济南	南昌	青岛	武汉	长春	郑州	沈阳	天津	哈尔滨	石家庄
2020年7月	-1.14	3.87	-2.24	-8.06	2.29	-6.19	-1.23	1.22	-4.69	8.21	-5.18	2.59	-4.19
2020年8月	-0.96	4.97	-1.77	-7.05	2.75	-5.79	-1.50	1.11	-3.96	6.74	-5.24	2.75	-4.35
2020年9月	-0.70	3.98	-0.99	-6.73	2.53	-4.52	-1.28	1.95	-3.26	5.72	-4.69	3.18	-4.46
2020年10月	-0.44	3.64	-0.63	-6.48	2.78	-3.63	-1.74	2.62	-3.67	5.02	-4.50	2.32	-4.92
2020年11月	-0.09	3.48	-0.33	-4.67	4.85	-2.85	-1.20	2.73	-3.59	4.21	-4.75	1.66	-5.30
2020年12月	-0.49	3.73	-0.27	-3.62	3.54	-2.02	-1.21	0.97	-3.17	3.54	-4.13	0.80	-4.64
2021年1月	0.48	4.71	-0.72	-3.07	3.19	-1.74	-0.50	0.30	-3.13	3.47	-3.16	1.39	-4.35
2021年2月	0.64	8.66	-0.04	-2.20	2.60	-0.81	0.79	0.01	-2.75	3.84	0.26	1.56	-5.04
2021年3月	1.95	5.94	1.54	-0.92	2.25	-0.48	2.11	1.03	-1.27	1.78	-1.91	0.53	-4.24
2021年4月	2.82	5.59	1.68	-0.64	2.48	0.04	3.89	0.54	-1.15	1.52	-3.17	-0.58	-4.73
2021年5月	3.22	5.10	1.58	0.21	2.08	0.63	2.97	0.26	-0.75	0.92	-2.89	-0.25	-5.53
2021年6月	3.92	4.58	1.36	0.84	2.42	0.90	2.15	0.14	-0.55	-0.07	-3.07	-1.79	-6.15
2021年7月	3.56	3.44	1.52	1.43	1.40	0.82	0.74	-0.12	-0.19	-1.01	-2.38	-5.14	-6.54

（三）三线城市指数

表11—11　三线城市定基指数1（2018年1月房价＝100）

	西宁	盐城	海口	泉州	徐州	常州	银川	唐山	洛阳	绍兴	扬州	泰州	芜湖	三亚	兰州	温州	赣州
2018年1月	100	100	100	100	100	100	100	—	—	100	100	100	100	100	100	100	100

续表

	西宁	盐城	海口	泉州	徐州	常州	银川	唐山	洛阳	绍兴	扬州	泰州	芜湖	三亚	兰州	温州	赣州
2018年2月	100.00	—	—	99.99	100.30	100.08	101.90	100.00	100.00	99.97	109.09	102.52	104.39	98.48	101.08	101.83	—
2018年3月	113.28	101.16	116.96	101.27	103.39	101.70	103.53	101.62	102.93	103.21	112.42	105.04	106.66	100.30	102.71	101.68	104.20
2018年4月	113.87	101.94	125.48	101.62	105.05	102.88	104.00	103.20	104.72	104.43	115.83	106.46	112.11	120.36	103.94	102.00	107.05
2018年5月	115.77	102.37	149.87	102.37	110.72	104.69	104.47	105.14	106.66	107.74	118.84	108.67	113.38	118.38	104.86	102.40	108.48
2018年6月	117.96	103.79	161.11	102.89	113.67	105.83	104.12	107.36	109.16	110.23	121.23	111.59	116.47	121.10	106.34	103.30	109.90
2018年7月	120.61	104.32	143.70	103.24	117.16	109.60	104.67	110.02	111.98	109.96	123.36	113.44	118.35	129.22	109.00	104.05	111.96
2018年8月	122.10	105.46	147.95	103.39	118.61	114.36	105.02	110.67	114.15	110.67	124.34	113.86	119.56	127.62	110.36	105.58	112.42
2018年9月	126.38	105.58	146.70	103.45	118.61	116.73	105.72	111.74	116.19	113.01	124.81	114.09	120.04	128.57	112.62	107.95	112.52
2018年10月	126.69	106.12	143.75	103.34	119.48	117.59	106.06	112.44	117.48	113.47	125.00	114.32	121.20	128.39	114.17	114.23	112.83
2018年11月	127.07	105.99	140.23	103.32	119.22	117.44	106.11	113.81	118.33	111.53	124.56	113.90	120.91	128.71	114.46	107.88	111.55
2018年12月	127.36	107.23	137.23	103.06	118.74	117.23	106.55	114.54	118.71	110.44	124.18	113.43	119.40	126.45	115.75	108.21	111.23
2019年1月	126.64	106.96	135.94	102.68	119.32	117.11	107.01	115.25	118.94	110.46	124.30	114.11	117.03	126.08	116.24	109.15	111.10
2019年2月	126.02	107.09	136.03	102.54	119.96	117.57	108.88	116.18	119.69	111.47	124.75	114.49	118.52	125.15	117.32	107.23	111.79
2019年3月	131.88	107.93	138.50	102.58	120.63	118.26	109.33	118.27	121.75	111.15	124.82	115.75	115.28	127.23	118.51	107.57	112.34
2019年4月	133.06	108.16	138.63	102.74	120.66	119.52	110.54	120.14	123.48	111.93	124.54	115.51	118.73	126.32	118.97	107.34	111.80
2019年5月	135.62	108.88	138.54	102.76	121.52	120.29	112.30	121.97	124.99	113.48	125.21	116.02	117.37	123.27	119.72	107.29	110.30
2019年6月	138.04	109.46	136.85	103.15	122.50	121.93	111.70	123.89	126.78	117.29	125.22	116.55	122.07	123.43	120.38	108.10	110.48
2019年7月	143.40	110.78	138.42	104.23	123.82	123.52	113.39	126.35	128.73	121.27	125.81	117.48	121.70	122.46	122.61	109.74	114.78
2019年8月	144.62	110.63	136.55	104.94	124.11	125.08	114.01	128.17	130.17	121.36	126.79	117.20	120.57	122.99	123.52	108.65	112.50

第十一章 2018年以来各项指数计算结果汇总 179

续表

	西宁	盐城	海口	泉州	徐州	常州	银川	唐山	洛阳	绍兴	扬州	泰州	芜湖	三亚	兰州	温州	赣州
2019年9月	140.69	111.61	135.51	104.55	124.79	126.00	114.81	131.14	131.53	121.81	126.95	116.79	120.80	124.18	123.52	108.65	110.74
2019年10月	141.97	112.90	135.42	104.72	125.66	126.92	115.03	133.05	132.69	121.83	127.62	116.55	120.70	123.77	123.41	108.69	112.36
2019年11月	142.83	113.33	134.54	105.18	126.12	127.56	116.80	134.64	133.66	121.96	127.24	116.24	121.07	122.17	122.62	108.87	109.85
2019年12月	142.25	113.33	133.82	105.84	126.41	128.25	118.53	135.93	134.54	121.93	127.41	116.48	122.24	120.26	123.38	109.02	111.71
2020年1月	136.05	114.15	134.21	106.03	126.53	128.67	118.20	136.28	135.45	122.84	127.23	116.60	121.91	120.32	124.93	109.19	110.87
2020年2月	143.75	114.36	135.82	106.61	126.73	129.36	118.15	135.94	136.13	123.93	127.34	117.39	121.22	123.82	123.10	109.20	112.66
2020年3月	143.92	115.63	137.03	107.12	128.07	130.25	118.01	138.23	136.53	124.55	128.03	117.95	120.80	126.16	124.30	110.76	112.60
2020年4月	139.74	116.49	132.99	107.42	127.93	131.08	119.18	138.27	137.21	124.63	128.26	118.24	122.49	125.70	124.05	111.47	113.04
2020年5月	133.87	114.04	131.78	107.92	127.98	131.65	118.48	136.71	137.39	124.24	128.58	117.90	122.69	126.18	124.71	112.77	112.88
2020年6月	135.50	118.57	133.12	108.96	130.54	132.53	122.56	141.30	139.34	125.07	129.24	118.45	122.67	126.45	125.14	113.39	112.87
2020年7月	141.26	120.61	134.20	108.95	132.87	133.96	124.39	145.53	140.03	127.21	129.79	118.89	122.01	126.05	126.64	114.40	112.84
2020年8月	148.75	122.67	134.50	109.89	135.35	135.52	126.11	147.15	140.85	128.93	130.22	119.89	122.38	126.99	127.05	114.94	112.96
2020年9月	158.43	125.87	134.34	112.06	136.26	136.79	127.94	147.22	141.16	130.08	130.83	119.83	121.97	125.73	126.59	115.57	113.71
2020年10月	161.90	128.99	134.49	113.75	138.10	138.46	128.52	149.41	141.21	130.67	130.70	121.05	122.04	124.02	127.35	116.48	113.97
2020年11月	164.80	131.30	136.49	115.91	138.94	139.37	130.08	150.79	140.96	130.41	131.19	121.13	122.04	123.62	124.79	116.84	115.09
2020年12月	165.89	134.32	136.68	117.95	140.40	140.41	132.63	150.28	140.52	131.17	131.39	121.72	121.95	124.24	125.33	117.49	115.64
2021年1月	167.41	137.27	138.80	120.65	142.38	141.50	132.71	150.15	140.99	132.07	132.44	123.08	122.37	125.94	127.63	117.68	115.86
2021年2月	170.71	143.94	139.18	123.86	143.02	142.86	136.72	150.29	142.38	133.72	133.68	124.26	123.45	126.70	128.71	118.21	115.83
2021年3月	168.13	155.49	144.75	131.30	145.57	144.78	140.11	150.87	142.51	136.15	134.56	127.89	126.30	127.11	129.47	119.41	116.87

续表

	西宁	盐城	海口	泉州	徐州	常州	银川	唐山	洛阳	绍兴	扬州	泰州	芜湖	三亚	兰州	温州	赣州
2021年4月	167.34	163.71	147.01	135.30	149.40	146.83	143.00	150.39	142.46	138.12	136.17	131.85	129.12	128.88	127.44	120.12	120.13
2021年5月	166.40	165.98	147.57	144.02	149.45	147.90	144.47	150.04	142.62	139.93	136.82	135.06	131.93	128.41	129.73	121.31	119.41
2021年6月	167.67	165.21	149.82	148.15	150.58	148.98	145.27	148.23	142.55	141.50	137.51	135.77	136.93	130.25	130.20	122.20	119.96
2021年7月	166.13	162.40	153.26	151.60	150.05	149.14	147.50	146.02	141.93	141.72	137.79	136.27	135.51	129.39	128.73	122.59	121.58

表11-12 三线城市定基指数2（2018年1月房价=100）

	嘉兴	贵阳	宜昌	乌鲁木齐	南宁	惠州	太原	烟台	柳州	襄阳	珠海	中山	常德	沧州	漳州	保定	廊坊
2018年1月	100.00	100.00	100.00	100.00	100.00	100.00	100.00	100.00	100.00	100.00	100.00	100.00	100.00	—	100.00	—	100.00
2018年2月	101.18	103.76	108.81	102.52	100.20	99.60	101.76	101.44	101.79	100.53	100.26	101.64	100.25	100.00	99.99	100.00	102.02
2018年3月	101.14	107.42	115.03	105.13	104.08	100.01	106.85	104.94	103.10	101.92	100.34	101.51	101.19	99.80	99.38	99.57	100.97
2018年4月	101.36	114.32	118.08	108.37	105.09	100.87	108.89	107.20	104.78	100.60	99.87	106.03	103.58	98.75	99.04	99.61	101.33
2018年5月	103.31	118.85	122.99	108.48	105.57	101.78	112.23	110.11	106.71	101.78	99.30	108.93	106.58	99.16	98.40	98.69	99.51
2018年6月	106.76	122.68	124.90	110.02	102.73	101.54	115.80	113.08	107.68	103.21	99.68	109.85	107.85	100.47	98.43	99.44	97.25
2018年7月	110.01	126.72	126.96	109.10	108.69	104.54	118.30	115.93	107.99	105.23	100.01	109.70	108.04	100.59	97.74	99.09	96.49
2018年8月	108.75	128.87	128.65	109.94	108.34	104.34	119.55	118.68	109.42	104.84	99.85	111.42	107.33	100.91	97.25	99.70	92.95
2018年9月	107.52	129.99	127.58	110.12	108.57	103.93	120.48	118.97	109.73	109.12	99.43	111.78	107.06	100.73	96.67	98.48	88.29
2018年10月	104.17	129.91	125.54	109.53	107.78	103.26	120.52	118.31	110.74	109.82	98.57	109.43	106.20	99.05	96.27	97.75	84.96
2018年11月	101.62	128.59	124.18	109.74	108.48	102.72	119.83	117.76	110.73	109.05	98.23	108.81	105.20	99.39	95.73	97.08	85.23

第十一章 2018年以来各项指数计算结果汇总　181

续表

	嘉兴	贵阳	宜昌	乌鲁木齐	南宁	惠州	太原	烟台	柳州	襄阳	珠海	中山	常德	沧州	漳州	保定	廊坊
2018年12月	101.42	127.95	122.73	108.95	108.41	102.01	119.13	114.98	110.83	107.83	97.93	106.68	103.73	98.72	94.80	95.69	87.33
2019年1月	102.83	127.80	121.52	108.81	107.15	102.03	118.51	113.41	113.42	108.46	97.85	104.77	104.34	98.49	94.25	95.40	90.92
2019年2月	104.30	127.79	121.69	111.73	111.61	102.83	118.80	113.52	112.19	109.55	97.88	103.44	104.27	102.76	93.64	95.21	97.25
2019年3月	107.46	126.57	121.50	110.47	112.03	102.56	119.07	114.95	111.88	109.95	98.32	103.29	106.99	100.15	94.06	95.83	100.59
2019年4月	109.53	125.83	122.24	110.04	112.94	101.30	118.96	114.47	112.07	109.62	98.58	103.92	107.12	101.89	94.49	96.07	99.16
2019年5月	106.50	124.83	120.84	110.59	113.75	100.42	118.47	114.17	112.22	110.98	99.12	103.74	107.22	103.41	94.09	95.17	97.97
2019年6月	106.34	124.64	120.55	110.59	115.61	101.13	118.51	114.10	111.48	110.86	99.02	103.71	108.16	102.32	93.95	95.58	95.57
2019年7月	110.09	127.53	121.12	118.22	116.24	101.49	119.54	114.01	114.09	111.99	99.66	103.57	109.51	115.91	93.37	97.12	94.12
2019年8月	111.29	124.43	119.61	113.19	115.82	100.51	118.18	113.73	111.17	110.42	99.37	102.45	107.78	103.09	94.16	93.99	92.40
2019年9月	110.83	123.60	119.76	111.96	115.15	100.07	117.47	113.89	111.00	110.01	98.73	100.74	107.03	104.75	93.88	92.15	89.92
2019年10月	110.55	122.13	120.36	110.09	116.04	100.32	116.33	113.03	111.65	111.05	98.81	99.70	106.55	104.70	94.77	92.02	89.53
2019年11月	108.77	121.34	119.74	109.58	116.54	100.18	115.22	112.73	110.39	110.68	98.95	98.54	105.57	101.10	95.27	91.26	88.37
2019年12月	109.75	120.74	118.33	109.55	116.61	100.22	114.59	112.00	110.10	110.02	99.34	97.75	105.46	101.74	94.73	90.35	87.03
2020年1月	111.78	120.64	117.15	111.14	116.96	99.78	114.37	111.34	109.71	111.64	99.54	97.50	105.26	102.99	93.46	89.88	88.26
2020年2月	113.65	120.85	117.76	108.16	117.41	101.70	114.86	110.89	110.31	112.36	99.53	97.73	105.91	104.86	93.20	89.57	72.61
2020年3月	112.52	121.02	118.75	110.03	117.05	101.79	115.08	110.24	110.60	112.04	99.55	96.68	105.35	104.13	93.65	89.19	87.52
2020年4月	113.26	120.16	117.77	111.50	117.21	101.66	114.70	111.07	110.19	112.37	99.22	96.51	104.08	101.92	93.24	89.38	87.06
2020年5月	113.27	121.45	119.09	113.16	116.93	102.72	115.48	111.45	110.64	112.49	99.52	96.15	105.70	102.86	93.46	91.52	87.32
2020年6月	112.89	120.13	117.50	112.55	117.48	103.27	114.74	111.63	109.78	111.79	99.70	96.33	105.53	98.59	93.25	89.18	86.84

续表

	嘉兴	贵阳	宜昌	乌鲁木齐	南宁	惠州	太原	烟台	柳州	襄阳	珠海	中山	常德	沧州	漳州	保定	廊坊
2020年7月	114.94	118.58	117.15	113.27	118.39	104.45	114.18	111.80	110.46	111.27	100.15	95.98	104.89	101.13	92.78	87.48	85.90
2020年8月	117.73	118.07	117.39	113.79	117.87	105.40	114.22	111.75	110.13	109.71	100.77	96.32	104.78	100.91	91.60	86.86	84.45
2020年9月	114.30	118.36	117.15	115.58	117.57	107.54	115.04	111.67	110.75	111.06	101.46	96.57	104.17	100.31	91.49	85.90	84.17
2020年10月	114.15	118.15	116.23	115.14	117.52	109.32	114.52	111.92	108.26	110.87	101.98	97.08	104.16	97.20	91.11	85.51	81.68
2020年11月	115.69	117.31	116.63	114.97	117.90	109.29	115.62	111.71	107.84	110.18	101.93	97.26	103.24	97.73	90.31	85.05	81.05
2020年12月	118.59	117.39	116.86	113.40	118.07	109.89	115.06	111.76	107.50	109.23	102.04	97.68	104.14	95.78	88.85	84.18	80.71
2021年1月	119.14	117.66	116.02	111.72	118.15	111.07	112.91	111.60	107.85	109.11	102.40	98.72	102.51	99.00	89.92	84.65	79.68
2021年2月	122.68	119.26	116.31	112.35	117.16	111.89	113.36	112.55	108.99	109.73	102.94	98.88	102.55	97.78	91.23	84.46	79.91
2021年3月	127.92	119.31	116.93	114.15	116.26	112.10	112.70	113.00	109.40	110.73	103.71	99.26	102.98	97.37	92.34	84.82	80.16
2021年4月	125.83	119.40	119.82	115.23	115.75	112.35	112.78	112.94	111.68	110.43	104.69	99.65	104.43	99.03	92.75	84.69	80.34
2021年5月	129.51	117.98	118.39	114.38	114.82	113.01	113.55	112.36	111.37	109.58	104.94	100.00	103.10	98.52	93.35	84.99	80.37
2021年6月	128.74	117.42	117.84	114.78	114.45	114.17	113.61	111.94	110.84	109.19	105.57	100.21	99.77	97.96	93.81	84.91	79.28
2021年7月	121.23	117.80	117.48	114.47	113.73	113.20	113.09	110.95	110.06	108.21	104.75	99.95	97.71	97.68	94.37	84.28	80.31

表11—13 三线城市环比指数1

单位:%

	泉州	海口	银川	赣州	廊坊	漳州	泰州	贵阳	温州	扬州	绍兴	常州	中山	乌鲁木齐	沧州	宜昌	徐州
2018年1月	-0.01	—	—	—	2.37	—	—	—	—	—	—	—	1.54	—	—	—	—
2018年2月	—	1.90	—	2.02	—	-0.01	2.52	3.76	1.83	9.09	-0.03	0.08	1.64	2.52	—	8.81	0.30

第十一章 2018年以来各项指数计算结果汇总

续表

	泉州	海口	银川	赣州	廊坊	漳州	泰州	贵阳	温州	扬州	绍兴	常州	中山	乌鲁木齐	沧州	宜昌	徐州
2018年3月	1.28	16.96	1.60	4.20	-1.02	-0.61	2.46	3.53	-0.14	3.05	3.23	1.61	-0.13	2.54	-0.20	5.72	3.07
2018年4月	0.35	7.29	0.46	2.73	0.36	-0.34	1.35	6.42	0.31	3.03	1.18	1.16	4.46	3.08	-1.06	2.65	1.61
2018年5月	0.74	19.44	0.45	1.34	-1.80	-0.65	2.08	3.96	0.39	2.60	3.17	1.76	2.73	0.10	0.41	4.15	5.40
2018年6月	0.50	7.50	-0.33	1.31	-2.27	0.02	2.68	3.22	0.88	2.02	2.32	1.10	0.84	1.42	1.32	1.56	2.66
2018年7月	0.34	-10.80	0.53	1.88	-0.78	-0.70	1.66	3.30	0.73	1.75	-0.24	3.56	-0.14	-0.84	0.12	1.65	3.07
2018年8月	0.15	2.96	0.33	0.41	-3.67	-0.50	0.38	1.70	1.47	0.79	0.64	4.34	1.57	0.76	0.32	1.33	1.24
2018年9月	0.05	-0.85	0.66	0.09	-5.01	-0.60	0.20	0.86	2.25	0.38	2.11	2.07	0.32	0.17	-0.18	-0.83	0
2018年10月	-0.10	-2.01	0.32	0.28	-3.78	-0.42	0.20	-0.06	5.82	0.16	0.41	0.73	-2.09	-0.54	-1.67	-1.60	0.73
2018年11月	-0.03	-2.45	0.05	-1.14	0.31	-0.56	-0.37	-1.01	-5.55	-0.35	-1.71	-0.13	-0.56	0.19	0.34	-1.08	-0.21
2018年12月	-0.24	-2.14	0.41	-0.29	2.47	-0.97	-0.41	-0.50	-0.30	-0.31	-0.98	-0.18	-1.97	-0.72	-0.67	-1.17	-0.41
2019年1月	-0.38	-0.94	0.43	-0.11	4.11	-0.58	0.60	-0.12	0.87	0.10	0.02	-0.10	-1.79	-0.13	-0.24	-0.99	0.49
2019年2月	-0.14	0.07	1.75	0.62	6.96	-0.65	0.34	-0.01	-1.76	0.36	0.92	0.39	-1.26	2.68	4.34	0.15	0.54
2019年3月	0.04	1.81	0.41	0.49	3.43	0.45	1.10	-0.95	0.32	0.05	-0.28	0.58	-0.15	-1.12	-2.54	-0.16	0.55
2019年4月	0.16	0.09	1.10	-0.48	-1.41	0.46	-0.21	-0.59	-0.21	-0.22	0.70	1.07	0.61	-0.39	1.74	0.61	0.03
2019年5月	0.03	-0.06	1.59	-1.35	-1.20	-0.42	0.44	-0.79	-0.05	0.54	1.39	0.64	-0.17	0.50	1.49	-1.14	0.72
2019年6月	0.38	-1.22	-0.53	0.16	-2.44	-0.16	0.46	-0.16	0.75	0.01	3.36	1.37	-0.03	0	-1.05	-0.24	0.81
2019年7月	1.05	1.15	1.51	3.89	-1.52	-0.61	0.80	2.32	1.52	0.47	3.39	1.30	-0.14	6.89	13.28	0.47	1.08
2019年8月	0.68	-1.35	0.55	-1.99	-1.83	0.84	-0.24	-2.43	-0.99	0.78	0.08	1.26	-1.08	-4.26	-11.06	-1.25	0.23
2019年9月	-0.38	-0.76	0.71	-1.57	-2.69	-0.30	-0.34	-0.66	0	0.13	0.37	0.74	-1.68	-1.08	1.61	0.13	0.54

续表

	泉州	海口	银川	赣州	廊坊	漳州	泰州	贵阳	温州	扬州	绍兴	常州	中山	乌鲁木齐	沧州	宜昌	徐州
2019年10月	0.17	-0.07	0.19	1.47	-0.43	0.95	-0.21	-1.19	0.04	0.53	0.02	0.72	-1.03	-1.67	-0.05	0.49	0.70
2019年11月	0.44	-0.65	1.54	-2.24	-1.30	0.53	-0.27	-0.65	0.17	-0.30	0.10	0.51	-1.16	-0.46	-3.44	-0.51	0.36
2019年12月	0.62	-0.53	1.48	1.70	-1.51	-0.57	0.21	-0.49	0.13	0.13	-0.02	0.54	-0.81	-0.03	0.63	1.18	0.23
2020年1月	0.18	0.29	-0.28	-0.76	1.41	-1.33	0.11	-0.09	0.16	-0.14	0.75	0.33	-0.26	1.45	1.23	-1	0.10
2020年2月	0.55	1.20	-0.04	1.62	-17.73	-0.29	0.68	0.18	0.01	0.08	0.88	0.54	0.24	-2.68	1.81	0.52	0.16
2020年3月	0.48	0.89	-0.12	-0.05	20.54	0.49	0.48	0.14	1.43	0.54	0.50	0.69	-1.08	1.73	-0.69	0.84	1.06
2020年4月	0.28	-2.95	1.00	0.39	-0.53	-0.44	0.24	-0.71	0.64	0.18	0.07	0.64	-0.18	1.34	-2.12	-0.82	-0.11
2020年5月	0.47	-0.91	-0.59	-0.14	0.30	0.24	-0.29	1.08	1.17	0.25	-0.32	0.44	-0.37	1.48	0.92	1.12	0.03
2020年6月	0.96	1.02	3.45	-0.01	-0.56	-0.23	0.47	-1.09	0.55	0.51	0.67	0.67	0.18	-0.54	-4.15	-1.34	2.00
2020年7月	-0.01	0.81	1.49	-0.03	-1.08	-0.50	0.37	-1.29	0.89	0.42	1.72	1.08	-0.36	0.64	2.57	-0.29	1.78
2020年8月	0.86	0.23	1.38	0.10	-1.69	-1.27	0.85	-0.43	0.47	0.33	1.35	1.17	0.35	0.45	-0.22	0.20	1.87
2020年9月	1.98	-0.12	1.44	0.67	-0.34	-0.12	-0.05	0.24	0.55	0.47	0.89	0.94	0.26	1.57	-0.59	-0.20	0.67
2020年10月	1.51	0.11	0.46	0.22	-2.95	-0.41	1.02	-0.18	0.79	-0.09	0.46	1.23	0.52	-0.38	-3.10	-0.79	1.35
2020年11月	1.90	1.48	1.21	0.99	-0.78	-0.88	0.07	-0.71	0.31	0.37	-0.20	0.65	0.20	-0.14	0.55	0.34	0.61
2020年12月	1.76	0.15	1.97	0.47	-0.41	-1.62	0.48	0.07	0.56	0.15	0.59	0.74	0.42	-1.37	-1.99	0.20	1.05
2021年1月	2.29	1.55	0.06	0.20	-1.28	1.21	1.12	0.23	0.16	0.80	0.68	0.78	1.06	-1.48	3.35	-0.72	1.41
2021年2月	2.66	0.27	3.02	-0.03	0.29	1.45	0.96	1.36	0.45	0.94	1.25	0.96	0.17	0.56	-1.23	0.25	0.46
2021年3月	6.01	4.01	2.48	0.90	0.32	1.22	2.93	0.04	1.02	0.66	1.82	1.34	0.39	1.60	-0.42	0.53	1.78
2021年4月	3.04	1.56	2.06	2.79	0.22	0.45	3.10	0.07	0.59	1.20	1.44	1.42	0.39	0.95	1.70	2.47	2.63

续表

	泉州	海口	银川	赣州	廊坊	漳州	泰州	贵阳	温州	扬州	绍兴	常州	中山	乌鲁木齐	沧州	宜昌	徐州
2021年5月	6.45	0.38	1.03	-0.60	0.03	0.64	2.43	-1.19	0.99	0.48	1.31	0.73	0.35	-0.73	-0.51	-1.19	0.03
2021年6月	2.87	1.52	0.56	0.46	-1.35	0.49	0.53	-0.47	0.73	0.50	1.12	0.73	0.20	0.35	-0.57	-0.47	0.76
2021年7月	2.33	2.30	1.53	1.35	1.31	0.60	0.37	0.33	0.32	0.21	0.16	0.11	-0.25	-0.28	-0.29	-0.30	-0.35

表 11—14　三线城市环比指数 2　　　　　　　　　　　单位：%

	洛阳	太原	南宁	三亚	柳州	保定	珠海	惠州	烟台	襄阳	西宁	芜湖	兰州	唐山	盐城	常德	嘉兴
2018年1月	—	2.37	2.16	—	—	—	—	—	2.40	—	—	—	1.08	—	—	0.25	1.18
2018年2月	—	1.75	0.20	-1.52	1.79	—	0.26	-0.40	1.44	0.53	0	4.39	1.61	1.62	1.16	0.94	-0.04
2018年3月	2.93	5.01	3.87	1.85	1.29	-0.43	0.08	0.41	3.45	1.39	13.28	2.17	1.20	1.55	0.77	2.35	0.22
2018年4月	1.74	1.91	0.97	20.00	1.63	0.04	-0.46	0.86	2.16	-1.30	0.52	5.11	0.89	1.88	0.42	2.90	1.92
2018年5月	1.85	3.06	0.45	-1.64	1.85	-0.92	-0.58	0.90	2.71	1.17	1.67	1.13	1.40	2.12	1.38	1.19	3.34
2018年6月	2.35	3.17	-2.68	2.30	0.91	0.75	0.38	-0.24	2.71	1.41	1.90	2.73	2.51	2.47	0.51	0.17	3.04
2018年7月	2.58	2.16	5.80	6.71	0.29	-0.35	0.33	2.95	2.52	1.96	2.24	1.62	1.25	0.59	1.09	-0.65	-1.15
2018年8月	1.94	1.06	-0.33	-1.24	1.32	0.61	-0.16	-0.19	2.37	-0.38	1.24	1.02	2.05	0.97	0.11	-0.25	-1.14
2018年9月	1.79	0.77	0.22	0.75	0.29	-1.22	-0.42	-0.39	0.25	4.09	3.51	0.40	1.38	0.63	0.51	-0.81	-3.11
2018年10月	1.12	0.03	-0.73	-0.14	0.92	-0.74	-0.86	-0.65	-0.56	0.64	0.24	0.96	0.25	1.22	-0.12	-0.94	-2.45
2018年11月	0.72	-0.57	0.64	0.25	-0.01	-0.69	-0.35	-0.52	-0.47	-0.70	0.30	-0.24	1.38	0.65	0.51	-0.81	-3.11
2018年12月	0.33	-0.59	-0.06	-1.75	0.10	-1.43	-0.31	-0.69	-2.36	-1.12	0.22	-1.25	1.13	0.65	1.17	-1.39	-0.20

续表

	洛阳	太原	南宁	三亚	柳州	保定	珠海	惠州	烟台	襄阳	西宁	芜湖	兰州	唐山	盐城	常德	嘉兴
2019年1月	0.20	-0.52	-1.16	-0.29	2.33	-0.30	-0.08	0.02	-1.37	0.58	-0.57	-1.98	0.42	0.62	-0.26	0.58	1.39
2019年2月	0.62	0.24	4.16	-0.74	-1.08	-0.20	0.03	0.78	0.10	1.00	-0.49	1.27	0.93	0.81	0.13	-0.07	1.42
2019年3月	1.73	0.23	0.38	1.66	-0.28	0.65	0.45	-0.26	1.25	0.37	4.66	-2.73	1.01	1.80	0.78	2.62	3.04
2019年4月	1.42	-0.09	0.82	-0.71	0.17	0.26	0.27	-1.23	-0.41	-0.31	0.89	2.99	0.39	1.58	0.21	0.12	1.92
2019年5月	1.22	-0.41	0.72	-2.42	0.13	-0.93	0.55	-0.87	-0.26	1.24	1.93	-1.15	0.62	1.52	0.67	0.09	-2.76
2019年6月	1.44	0.03	1.64	0.13	-0.65	0.43	-0.11	0.71	-0.06	-0.11	1.78	4.01	0.56	1.58	0.53	0.88	-0.15
2019年7月	1.54	0.87	0.54	-0.78	2.34	1.61	0.65	0.35	-0.07	1.01	3.88	-0.30	1.85	1.98	1.20	1.25	3.52
2019年8月	1.12	-1.14	-0.36	0.43	-2.56	-3.22	-0.30	-0.96	-0.25	-1.40	0.85	-0.93	0.74	1.45	-0.13	-1.58	1.10
2019年9月	1.05	-0.61	-0.58	0.97	-0.15	-1.96	-0.64	-0.44	0.14	-0.37	-2.72	0.19	0	2.32	0.88	-0.69	-0.42
2019年10月	0.88	-0.96	0.77	-0.33	0.58	-0.14	0.08	0.25	-0.76	0.95	0.91	-0.08	-0.09	1.46	1.16	-0.45	-0.25
2019年11月	0.73	-0.96	0.43	-1.29	-1.13	-0.83	0.15	-0.14	-0.27	-0.33	0.61	0.31	-0.64	1.19	0.39	-0.91	-1.61
2019年12月	0.66	-0.55	0.07	-1.56	-0.26	-1.00	0.39	0.04	-0.64	-0.59	-0.40	0.96	0.62	0.95	0	-0.11	0.90
2020年1月	0.68	-0.19	0.29	0.05	-0.35	-0.52	0.20	-0.44	-0.60	1.47	-4.36	-0.27	1.26	0.26	0.72	-0.19	1.85
2020年2月	0.50	0.43	0.39	2.90	0.55	-0.34	0	1.92	-0.41	0.65	5.66	-0.57	-1.47	-0.25	0.19	0.61	1.67
2020年3月	0.29	0.18	-0.31	1.89	0.26	-0.42	0.02	0.09	-0.58	-0.29	0.12	-0.34	0.97	1.68	1.11	-0.53	-0.99
2020年4月	0.50	-0.33	0.15	-0.36	-0.37	0.21	-0.33	-0.13	0.75	0.30	-2.90	1.39	-0.20	0.03	0.74	-1.21	0.65
2020年5月	0.13	0.69	-0.24	0.38	0.41	2.40	0.30	1.04	0.34	0.11	-4.20	0.17	0.53	-1.12	-2.11	1.56	0.01
2020年6月	1.42	-0.65	0.47	0.22	-0.77	-2.55	0.18	0.53	0.16	-0.62	1.22	-0.02	0.34	3.36	3.97	-0.16	-0.33
2020年7月	0.49	-0.47	0.77	-0.32	0.61	-1.90	0.45	1.14	0.16	-0.47	4.25	0.53	1.20	2.99	1.72	-0.61	1.82

续表

	洛阳	太原	南宁	三亚	柳州	保定	珠海	惠州	烟台	襄阳	西宁	芜湖	兰州	唐山	盐城	常德	嘉兴
2020年8月	0.59	0.03	-0.43	0.74	-0.30	-0.71	0.63	0.91	-0.05	-1.41	5.31	0.30	0.33	1.11	1.71	-0.11	2.43
2020年9月	0.22	0.71	-0.26	-0.99	0.57	-1.11	0.68	2.04	-0.07	1.24	6.51	-0.34	-0.36	0.05	2.60	-0.58	-2.91
2020年10月	0.03	-0.45	-0.04	-1.36	-2.25	-0.46	0.51	1.66	0.22	-0.18	2.19	0.06	0.60	1.49	2.48	-0.01	-0.13
2020年11月	-0.17	0.96	0.32	-0.32	-0.39	-0.54	-0.05	-0.03	-0.19	-0.62	1.79	0.01	-2.01	0.92	1.79	-0.88	1.35
2020年12月	-0.31	-0.48	0.15	0.51	-0.31	-1.01	0.11	0.55	0.05	-0.86	0.66	-0.08	0.43	-0.34	2.30	0.87	2.50
2021年1月	0.33	-1.86	0.07	1.36	0.32	0.56	0.35	1.07	-0.14	-0.11	0.92	0.35	1.83	-0.08	2.20	-1.56	0.47
2021年2月	0.99	0.40	-0.84	0.60	1.06	-0.23	0.53	0.74	0.43	0.57	1.97	0.88	0.85	0.09	4.85	0.04	2.97
2021年3月	0.09	-0.59	-0.76	0.32	0.38	0.42	0.75	0.19	0.83	0.92	-1.51	2.31	0.59	0.38	8.03	0.42	4.27
2021年4月	-0.04	0.08	-0.44	1.39	2.09	-0.16	0.95	0.23	-0.06	-0.27	-0.47	2.24	-1.56	-0.32	5.29	1.41	-1.64
2021年5月	0.11	0.68	-0.80	-0.36	-0.28	0.36	0.24	0.58	-0.51	-0.77	-0.56	2.18	1.79	-0.23	1.39	-1.27	2.92
2021年6月	-0.05	0.05	-0.32	1.43	-0.47	-0.09	0.60	1.03	-0.38	-0.35	0.76	3.79	0.36	-1.20	-0.47	-3.24	-0.59
2021年7月	-0.43	-0.47	-0.64	-0.66	-0.70	-0.75	-0.77	-0.85	-0.88	-0.90	-0.92	-1.04	-1.13	-1.49	-1.70	-2.07	-5.84

表11—15　三线城市同比指数1

单位：%

	泉州	盐城	银川	西宁	泰州	海口	徐州	绍兴	常州	芜湖	惠州	赣州	温州	扬州	嘉兴	珠海	中山
2018年1月	—	—	—	—	—	—	—	—	—	—	—	—	—	—	—	—	—
2018年2月	—	—	—	—	—	—	—	—	—	—	—	—	—	—	—	—	—
2018年3月	—	—	—	—	—	—	—	—	—	—	—	—	—	—	—	—	—

续表

	泉州	盐城	银川	西宁	泰州	海口	徐州	绍兴	常州	芜湖	惠州	赣州	温州	扬州	嘉兴	珠海	中山
2018年4月	—	—	—	—	—	—	—	—	—	—	—	—	—	—	—	—	13.19
2018年5月	—	—	—	—	—	—	—	—	—	—	—	—	—	—	—	—	15.13
2018年6月	—	—	—	—	—	—	—	—	—	—	—	—	—	—	—	—	15.57
2018年7月	—	—	—	—	—	—	—	—	—	—	—	—	—	—	—	—	16.33
2018年8月	—	—	—	—	—	—	—	—	—	—	—	—	—	—	—	—	19.08
2018年9月	—	—	—	—	—	—	—	—	—	—	—	—	—	—	—	—	17.35
2018年10月	—	—	—	—	—	—	—	—	—	—	—	—	—	—	—	—	13.64
2018年11月	—	—	—	—	—	—	—	—	—	—	—	—	—	—	—	—	11.52
2018年12月	—	—	—	—	—	—	—	—	—	—	—	—	—	—	—	—	8.31
2019年1月	2.68	—	7.01	26.64	14.11	—	19.32	10.46	17.11	17.03	2.03	—	9.15	24.30	2.83	-2.15	4.76
2019年2月	2.55	7.09	6.85	26.02	11.68	36.03	19.60	11.50	17.47	13.54	3.24	11.79	5.30	14.36	3.08	-2.38	1.77
2019年3月	1.29	6.69	5.61	16.42	10.20	18.42	16.68	7.70	16.28	8.09	2.55	7.81	5.79	11.03	6.25	-2.01	1.75
2019年4月	1.10	6.10	6.28	16.85	8.50	10.48	14.85	7.19	16.18	5.91	0.43	4.44	5.23	7.52	8.06	-1.30	-2.00
2019年5月	0.38	6.36	7.50	17.15	6.76	-7.56	9.75	5.33	14.90	3.52	-1.34	1.68	4.78	5.37	3.09	-0.17	-4.76
2019年6月	0.26	5.47	7.28	17.02	4.45	-15.06	7.77	6.41	15.21	4.81	-0.40	0.53	4.65	3.29	-0.39	-0.66	-5.58
2019年7月	0.96	6.19	8.33	18.89	3.56	-3.68	5.68	10.28	12.70	2.83	-2.92	2.52	5.47	1.98	0.07	-0.34	-5.58
2019年8月	1.50	4.91	8.55	18.44	2.93	-7.70	4.64	9.66	9.37	0.85	-3.67	0.06	2.91	1.97	2.34	-0.48	-8.04
2019年9月	1.06	5.71	8.60	11.32	2.37	-7.62	5.20	7.79	7.94	0.63	-3.72	-1.59	0.65	1.72	3.08	-0.70	-9.88
2019年10月	1.33	6.39	8.46	12.06	1.95	5.80	5.18	7.37	7.94	-0.41	-2.85	-0.42	-4.85	2.10	6.12	0.24	-8.90

第十一章 2018年以来各项指数计算结果汇总　　189

续表

	泉州	盐城	银川	西宁	泰州	海口	徐州	绍兴	常州	芜湖	惠州	赣州	温州	扬州	嘉兴	珠海	中山
2019年11月	1.80	6.92	10.07	12.40	2.06	-4.06	5.78	9.35	8.62	0.14	-2.48	-1.52	0.92	2.15	7.03	0.73	-9.44
2019年12月	2.69	5.69	11.24	11.69	2.69	-2.48	6.46	10.40	9.40	2.38	-1.76	0.44	0.75	2.60	8.21	1.44	-8.37
2020年1月	3.27	6.72	10.45	7.43	2.19	-1.27	6.05	11.21	9.87	4.17	-2.21	-0.21	0.04	2.36	8.70	1.72	-6.94
2020年2月	3.97	6.79	8.51	14.07	2.54	-0.15	5.64	11.18	10.03	2.28	-1.10	0.78	1.84	2.07	8.97	1.69	-5.52
2020年3月	4.43	7.14	7.94	9.12	1.90	-1.06	6.18	12.05	10.15	4.79	-0.75	0.23	2.97	2.57	4.71	1.25	-6.39
2020年4月	4.56	7.71	7.82	5.02	2.37	-4.06	6.03	11.35	9.67	3.16	0.35	1.11	3.85	2.98	3.41	0.65	-7.13
2020年5月	5.02	4.74	5.50	-1.29	1.62	-4.88	5.31	9.48	9.45	4.53	2.29	2.34	5.11	2.69	6.35	0.40	-7.31
2020年6月	5.64	8.32	9.72	-1.83	1.63	-2.73	6.56	6.63	8.69	0.49	2.11	2.17	4.90	3.21	6.15	0.69	-7.12
2020年7月	4.52	8.88	9.70	-1.49	1.20	-3.05	7.30	4.90	8.45	0.26	2.91	-1.69	4.25	3.16	4.41	0.48	-7.33
2020年8月	4.71	10.88	10.62	2.86	2.30	-1.50	9.05	6.23	8.35	1.49	4.86	0.41	5.78	2.70	5.79	1.42	-5.99
2020年9月	7.19	12.78	11.43	12.61	2.60	-0.86	9.20	6.79	8.56	0.96	7.47	2.69	6.37	3.05	3.13	2.77	-4.14
2020年10月	8.62	14.25	11.73	14.04	3.86	-0.68	9.90	7.25	9.10	1.11	8.98	1.43	7.17	2.41	3.26	3.21	-2.63
2020年11月	10.20	15.85	11.37	15.39	4.21	1.45	10.17	6.93	9.26	0.80	9.10	4.78	7.32	3.11	6.36	3.01	-1.29
2020年12月	11.44	18.52	11.90	16.62	4.50	2.14	11.07	7.58	9.48	-0.24	9.65	3.51	7.77	3.12	8.05	2.72	-0.07
2021年1月	13.78	20.26	12.28	23.06	5.55	3.42	12.52	7.51	9.97	0.38	11.32	4.50	7.77	4.09	6.58	2.88	1.25
2021年2月	16.18	25.86	15.72	18.76	5.85	2.47	12.86	7.90	10.43	1.84	10.02	2.81	8.25	4.98	7.95	3.42	1.17
2021年3月	22.58	34.47	18.73	16.83	8.43	5.63	13.66	9.31	11.15	4.55	10.13	3.79	7.81	5.10	13.68	4.18	2.67
2021年4月	25.95	40.53	19.98	19.75	11.51	10.54	16.78	10.82	12.01	5.42	10.52	6.27	7.76	6.17	11.10	5.51	3.26
2021年5月	33.45	45.55	21.93	24.30	14.55	11.98	16.78	12.63	12.34	7.54	10.02	5.79	7.57	6.41	14.34	5.45	4.00

续表

	泉州	盐城	银川	西宁	泰州	海口	徐州	绍兴	常州	芜湖	惠州	赣州	温州	扬州	嘉兴	珠海	中山
2021年6月	35.96	39.33	18.53	23.74	14.62	12.55	15.35	13.14	12.41	11.63	10.56	6.28	7.76	6.40	14.04	5.89	4.02
2021年7月	39.15	34.65	18.58	17.61	14.62	14.20	12.93	11.40	11.33	11.07	8.38	7.74	7.16	6.17	5.47	4.60	4.14

表11—16 三线城市同比指数2

单位:%

	三亚	漳州	兰州	洛阳	乌鲁木齐	唐山	宜昌	柳州	贵阳	烟台	太原	襄阳	沧州	保定	南宁	廊坊	常德
2018年1月	—	—	—	—	—	—	—	—	—	32.86	23.18	—	—	—	33.59	−28.48	—
2018年2月	—	—	—	—	—	—	—	—	—	33.28	23.67	—	—	—	37.16	−29.85	—
2018年3月	—	—	—	—	—	—	—	—	—	36.70	28.74	—	—	—	39.39	−33.72	—
2018年4月	—	—	—	—	—	—	—	—	—	37.55	30.14	—	—	—	39.50	−34.11	—
2018年5月	—	—	—	—	—	—	—	—	—	38.57	31.72	—	—	—	33.52	−29.13	—
2018年6月	—	—	—	—	—	—	—	—	—	38.87	33.35	—	—	—	24.09	−24.27	—
2018年7月	—	—	—	—	—	—	—	—	—	39.24	33.97	—	—	—	25.57	−18.57	—
2018年8月	—	—	—	—	—	—	—	—	—	38.73	33.17	—	—	—	19.71	−18.25	—
2018年9月	—	—	—	—	—	—	—	—	—	34.26	32.98	—	—	—	18.01	−21.42	—
2018年10月	—	—	—	—	—	—	—	—	—	30.21	30.51	—	—	—	11.22	−18.23	—
2018年11月	—	—	—	—	—	—	—	—	—	25.16	26.45	—	—	—	11.31	−12.64	—
2018年12月	—	—	—	—	—	—	—	—	—	17.74	21.95	—	—	—	10.75	−10.60	—
2019年1月	26.08	−5.75	16.24	—	8.81	—	21.52	13.42	27.80	13.41	18.51	8.46	—	—	7.15	9.08	4.34

续表

	三亚	漳州	兰州	洛阳	乌鲁木齐	唐山	宜昌	柳州	贵阳	烟台	太原	襄阳	沧州	保定	南宁	廊坊	常德
2019年2月	27.09	-6.35	16.07	19.69	8.98	16.18	11.84	10.22	23.16	11.92	16.75	8.97	2.76	-4.79	11.38	-4.67	4.00
2019年3月	26.85	-5.35	15.38	18.29	5.08	16.38	5.63	8.51	17.83	9.54	11.43	7.88	0.34	-3.76	7.63	-0.38	5.73
2019年4月	4.96	-4.60	14.46	17.91	1.54	16.42	3.52	6.96	10.07	6.78	9.24	8.97	3.18	-3.56	7.47	-2.14	3.42
2019年5月	4.13	-4.38	14.16	17.18	1.94	16.01	-1.75	5.16	5.04	3.69	5.56	9.05	4.29	-3.57	7.75	-1.55	0.60
2019年6月	1.92	-4.55	13.21	16.14	0.52	15.39	-3.48	3.53	1.60	0.89	2.34	7.42	1.84	-3.88	12.53	-1.73	0.29
2019年7月	-5.23	-4.46	12.48	14.96	8.35	14.84	-4.60	5.65	0.63	-1.65	1.05	6.42	15.24	-1.99	6.94	-2.46	1.36
2019年8月	-3.63	-3.18	11.92	14.04	2.96	15.82	-7.02	1.60	-3.45	-4.17	-1.15	5.33	2.16	-5.72	6.91	-0.59	0.42
2019年9月	-3.42	-2.89	9.68	13.21	1.67	17.37	-6.13	1.16	-4.91	-4.27	-2.50	0.82	4.00	-6.43	6.06	1.84	-0.03
2019年10月	-3.60	-1.56	8.09	12.94	0.51	18.33	-4.13	0.82	-5.99	-4.47	-3.47	1.12	5.71	-5.86	7.66	5.37	0.33
2019年11月	-5.08	-0.48	7.13	12.96	-0.14	18.31	-3.57	-0.31	-5.64	-4.27	-3.85	1.50	1.73	-6.00	7.43	3.69	0.36
2019年12月	-4.90	-0.08	6.59	13.34	0.55	18.67	-3.58	-0.66	-5.63	-2.59	-3.81	2.03	3.05	-5.58	7.57	-0.34	1.66
2020年1月	-4.57	-0.83	7.48	13.88	2.14	18.25	-3.59	-3.27	-5.60	-1.82	-3.49	2.93	4.57	-5.79	9.15	-2.93	0.89
2020年2月	-1.07	-0.47	4.92	13.74	-3.19	17.01	-3.23	-1.67	-5.42	-2.32	-3.31	2.57	2.04	-5.92	5.20	-25.34	1.57
2020年3月	-0.84	-0.44	4.89	12.14	-0.40	16.88	-2.27	-1.14	-4.39	-4.09	-3.35	1.90	3.98	-6.92	4.48	-12.99	-1.54
2020年4月	-0.49	-1.33	4.27	11.12	1.33	15.09	-3.66	-1.68	-4.51	-2.97	-3.58	2.51	0.03	-6.97	3.78	-12.21	-2.84
2020年5月	2.36	-0.67	4.17	9.92	2.32	12.09	-1.45	-1.40	-2.71	-2.39	-2.52	1.36	-0.53	-3.84	2.80	-10.87	-1.41
2020年6月	2.45	-0.74	3.95	9.90	1.77	14.05	-2.54	-1.53	-3.62	-2.16	-3.18	0.84	-3.65	-6.70	1.61	-9.14	-2.43
2020年7月	2.93	-0.64	3.29	8.77	-4.18	15.18	-3.28	-3.19	-7.02	-1.94	-4.48	-0.64	-12.75	-9.92	1.85	-8.73	-4.21
2020年8月	3.25	-2.72	2.86	8.21	0.53	14.80	-1.86	-0.94	-5.11	-1.75	-3.34	-0.65	-2.12	-7.59	1.77	-8.60	-2.79

续表

	三亚	漳州	兰州	洛阳	乌鲁木齐	唐山	宜昌	柳州	贵阳	烟台	太原	襄阳	沧州	保定	南宁	廊坊	常德
2020年9月	1.25	-2.54	2.49	7.32	3.23	12.26	-2.18	-0.23	-4.24	-1.95	-2.07	0.96	-4.24	-6.78	2.10	-6.40	-2.68
2020年10月	0.20	-3.86	3.20	6.42	4.58	12.30	-3.43	-3.03	-3.26	-0.98	-1.56	-0.17	-7.17	-7.08	1.28	-8.76	-2.24
2020年11月	1.18	-5.20	1.77	5.47	4.92	11.99	-2.60	-2.31	-3.32	-0.91	0.35	-0.46	-3.34	-6.81	1.17	-8.28	-2.21
2020年12月	3.31	-6.21	1.58	4.44	3.52	10.56	-1.24	-2.36	-2.78	-0.22	0.41	-0.72	-5.85	-6.82	1.25	-7.26	-1.25
2021年1月	4.67	-3.79	2.16	4.09	0.53	10.18	-0.96	-1.70	-2.47	0.24	-1.28	-2.27	-3.88	-5.81	1.02	-9.72	-2.61
2021年2月	2.33	-2.11	4.56	4.59	3.88	10.56	-1.23	-1.20	-1.32	1.08	-1.31	-2.35	-6.75	-5.71	-0.21	10.06	-3.17
2021年3月	0.75	-1.40	4.16	4.38	3.74	9.14	-1.53	-1.08	-1.42	2.51	-2.07	-1.17	-6.49	-4.90	-0.67	-8.41	-2.25
2021年4月	2.52	-0.52	2.74	3.82	3.34	8.77	1.74	1.36	-0.63	1.68	-1.67	1.73	-2.84	-5.25	-1.25	-7.72	0.34
2021年5月	1.77	-0.13	4.02	3.80	1.08	9.75	-0.58	0.66	-2.86	0.82	-1.67	-2.59	-4.22	-7.13	-1.81	-7.97	-2.45
2021年6月	3.00	0.60	4.04	2.30	1.98	4.90	0.29	0.96	-2.26	0.28	-0.98	-2.32	-0.64	-4.79	-2.57	-8.70	-5.46
2021年7月	2.65	1.72	1.65	1.36	1.05	0.34	0.28	-0.36	-0.65	-0.76	-0.97	-2.75	-3.41	-3.67	-3.93	-6.51	-6.85

(四) 四线城市指数

表11—17　四线城市定基指数1 (2018年1月房价=100)

	咸阳	临沂	宁德	宿迁	南阳	马鞍山	淮安	金华	衢州	泰安	聊城	济宁	日照	连云港
2018年1月	100	—	100	100	—	100	100	100	100	—	—	—	—	100
2018年2月	102.70	100	100.08	102.98	100	100.23	109.20	100.24	—	100	100	100	100	104.09
2018年3月	112.52	102.24	101.92	106.97	103.49	99.32	112.66	103.61	103.22	107.63	101.14	102.07	100.44	105.56

续表

	咸阳	临沂	宁德	宿迁	南阳	马鞍山	淮安	金华	衢州	泰安	聊城	济宁	日照	连云港
2018年4月	124.95	105.11	103.71	110.51	107.38	99.03	115.91	107.94	105.40	111.07	103.99	104.85	103.84	103.81
2018年5月	131.60	107.73	106.11	110.77	111.29	100.44	118.62	112.03	107.17	115.10	116.95	106.81	110.50	104.44
2018年6月	138.84	111.26	107.99	111.52	116.46	102.12	118.69	115.30	112.96	119.28	119.15	109.69	114.18	105.45
2018年7月	141.91	114.21	109.54	115.89	120.40	103.41	121.10	116.51	120.87	121.81	123.33	112.65	118.64	105.21
2018年8月	143.51	117.67	110.41	116.34	126.04	104.29	122.12	116.84	122.99	123.97	125.12	114.26	121.17	105.14
2018年9月	145.00	118.62	110.75	116.99	127.39	104.60	120.03	116.93	122.15	126.31	124.62	115.22	123.52	105.33
2018年10月	140.50	121.61	109.79	118.12	130.17	107.18	119.52	115.02	120.16	126.13	122.47	115.96	125.92	106.06
2018年11月	138.87	121.83	109.02	117.35	130.99	107.42	118.43	113.38	119.20	125.99	121.16	115.81	126.23	105.08
2018年12月	137.30	123.53	109.65	118.11	132.22	106.02	117.10	111.71	116.84	126.16	120.17	115.98	127.33	105.48
2019年1月	137.07	124.66	109.52	118.42	133.69	106.81	116.52	111.97	117.10	125.44	120.07	115.57	128.54	105.42
2019年2月	137.92	126.57	109.95	118.84	134.17	106.42	116.73	111.78	117.10	126.26	119.92	115.61	128.02	102.49
2019年3月	138.00	128.47	110.87	118.55	137.35	107.07	115.63	114.42	118.67	128.60	122.06	117.22	128.38	104.74
2019年4月	141.49	130.63	112.19	119.90	139.69	107.11	117.08	114.54	120.72	130.57	123.90	118.78	129.19	106.13
2019年5月	142.76	134.53	112.46	119.45	142.90	107.71	116.40	114.32	122.24	131.82	123.39	118.28	129.82	109.44
2019年6月	142.90	140.21	112.55	124.74	145.15	108.42	118.25	115.51	124.71	133.32	124.09	119.96	129.62	106.48
2019年7月	149.99	152.95	113.30	125.45	152.23	107.23	118.86	116.21	131.03	134.91	125.10	122.14	130.76	109.01
2019年8月	146.63	154.56	113.24	129.61	151.85	107.63	117.36	115.39	131.35	135.40	125.04	122.51	130.62	106.30
2019年9月	146.64	157.31	118.10	131.14	156.10	108.43	117.59	114.86	133.24	136.14	123.75	122.62	129.21	103.62
2019年10月	145.47	158.67	121.26	132.57	157.09	109.10	118.86	115.31	133.64	136.79	124.48	125.25	130.53	105.73

续表

	咸阳	临沂	宁德	宿迁	南阳	马鞍山	淮安	金华	衢州	泰安	聊城	济宁	日照	连云港
2019年11月	144.82	158.19	121.86	136.54	158.20	109.78	118.67	115.51	134.61	136.37	124.50	124.39	130.83	105.02
2019年12月	144.68	157.72	123.31	139.53	159.44	110.10	118.83	115.60	134.64	137.04	124.22	124.01	130.77	104.99
2020年1月	145.79	156.73	123.51	139.64	160.65	110.18	119.48	115.43	132.63	137.24	123.50	124.82	130.36	104.49
2020年2月	145.34	157.48	125.99	139.74	159.94	110.76	118.39	116.81	135.17	137.92	123.50	121.42	131.10	104.47
2020年3月	145.61	157.70	126.64	139.36	160.55	112.10	119.75	116.80	133.33	139.15	123.74	124.48	131.65	105.84
2020年4月	145.46	155.34	126.77	138.79	159.93	112.86	121.03	116.40	134.12	138.21	124.10	124.65	130.99	107.15
2020年5月	146.94	149.91	127.46	136.40	160.44	113.59	122.10	117.36	131.46	137.52	124.20	121.53	128.33	107.56
2020年6月	145.78	156.14	129.92	144.76	160.18	114.56	124.89	117.83	137.08	140.27	124.81	124.16	129.04	108.11
2020年7月	144.53	158.65	131.64	147.77	162.24	115.75	126.40	119.57	138.53	140.52	125.73	127.38	130.53	108.10
2020年8月	145.68	158.46	133.50	153.85	164.00	116.39	130.71	121.15	137.19	141.63	126.29	130.49	131.42	108.35
2020年9月	149.70	159.14	137.03	151.93	163.57	118.86	133.58	123.46	138.25	140.16	127.42	134.48	131.83	109.81
2020年10月	151.23	159.59	141.76	153.13	164.28	120.11	139.09	124.82	139.12	140.28	127.65	132.15	133.15	110.75
2020年11月	150.39	160.56	144.37	156.15	162.81	122.10	146.60	125.12	138.65	139.26	128.10	134.53	133.87	112.01
2020年12月	152.24	161.42	148.47	153.43	164.16	124.41	149.43	126.64	139.73	139.90	129.12	131.19	134.80	113.61
2021年1月	152.43	161.20	150.90	153.88	163.51	128.97	149.90	129.31	140.24	141.18	130.59	136.43	134.69	118.36
2021年2月	155.29	160.89	153.51	159.03	164.77	133.29	153.46	131.20	142.73	140.99	131.77	136.30	139.13	121.28
2021年3月	159.17	161.75	155.63	160.14	164.61	143.10	155.14	137.21	144.78	141.68	133.50	135.94	139.00	124.45
2021年4月	168.46	163.00	161.40	163.24	164.89	150.70	155.62	138.44	145.10	142.69	133.94	137.42	138.43	128.60
2021年5月	168.83	163.19	166.68	165.64	164.81	153.39	157.32	141.58	144.15	141.47	135.74	139.06	136.57	129.60

续表

	咸阳	临沂	宁德	宿迁	南阳	马鞍山	淮安	金华	衢州	泰安	聊城	济宁	日照	连云港
2021年6月	184.92	173.33	168.10	166.28	164.37	159.67	158.06	144.64	146.81	142.02	137.77	136.56	138.55	130.66
2021年7月	182.91	176.91	168.91	167.93	165.42	160.66	152.86	146.64	145.59	140.80	139.55	139.42	133.05	132.39

表11-18　四线城市定基指数2（2018年1月房价=100）

	九江	秦皇岛	绵阳	湖州	驻马店	吉林	滁州	安庆	威海	潍坊	桂林	安阳	镇江	吉安
2018年1月	100.00	—	100.00	—	—	—	100.00	100.00	—	—	100.00	—	100.00	100.00
2018年2月	100.89	100.00	104.74	100.00	100.00	100.00	99.99	99.73	100.00	100.00	—	100.00	101.47	99.99
2018年3月	104.13	102.39	109.96	100.04	100.83	100.25	100.28	101.92	101.96	102.81	102.49	100.71	102.59	104.59
2018年4月	107.89	103.50	115.63	100.34	103.94	102.04	100.25	104.73	106.02	104.69	104.15	103.40	102.72	105.52
2018年5月	108.85	106.16	119.49	103.60	107.08	103.45	100.92	108.84	113.06	106.73	105.71	106.03	104.44	108.36
2018年6月	110.29	108.94	121.63	105.72	109.49	105.23	101.64	110.26	119.51	108.07	105.60	107.41	105.13	110.53
2018年7月	111.01	111.49	123.44	108.66	113.73	107.35	102.04	114.69	123.26	109.69	106.34	109.00	106.64	111.64
2018年8月	110.79	111.16	124.27	109.89	117.00	109.01	103.43	120.95	124.15	110.65	107.40	110.98	107.57	112.50
2018年9月	110.14	112.35	123.98	109.82	117.20	110.84	103.80	123.58	124.80	110.84	108.18	112.44	107.85	111.88
2018年10月	110.44	112.61	122.97	108.85	117.08	112.93	104.53	123.31	124.15	110.93	108.98	112.58	108.04	112.07
2018年11月	109.35	112.56	120.60	102.99	118.16	114.16	104.01	122.07	123.58	110.83	109.36	113.10	107.35	110.93
2018年12月	109.10	112.95	116.85	103.10	117.99	115.59	103.83	121.14	122.62	110.96	109.84	112.41	106.97	111.74
2019年1月	108.86	112.74	117.00	103.62	116.60	116.22	104.09	119.60	122.39	110.78	110.04	112.45	106.98	109.64

续表

	九江	秦皇岛	绵阳	湖州	驻马店	吉林	滁州	安庆	威海	潍坊	桂林	安阳	镇江	吉安
2019年2月	108.44	115.48	116.39	106.63	117.55	116.87	105.06	120.04	122.62	111.13	110.90	113.25	107.39	110.23
2019年3月	107.50	116.61	115.96	106.89	118.65	118.74	105.65	118.25	123.48	111.44	111.17	113.90	107.78	109.20
2019年4月	107.80	118.09	116.50	106.99	119.09	118.61	105.85	116.05	124.96	111.66	111.29	114.55	108.01	108.89
2019年5月	109.60	118.93	117.59	106.32	119.64	118.82	105.96	122.65	124.28	112.12	113.38	114.41	108.30	110.79
2019年6月	110.97	119.93	118.01	105.79	123.29	119.41	107.36	128.15	124.32	112.34	113.48	114.25	108.28	112.09
2019年7月	112.28	120.54	119.29	107.11	131.45	116.12	109.58	134.00	124.00	112.75	114.11	116.45	107.99	115.04
2019年8月	112.28	122.32	118.76	108.88	130.36	116.03	110.27	134.06	123.85	112.88	113.58	117.52	108.20	114.29
2019年9月	112.30	122.43	119.18	108.73	126.44	118.47	111.15	127.69	124.06	113.34	114.25	117.37	108.53	111.26
2019年10月	113.33	123.34	119.65	108.95	124.44	120.10	112.17	121.88	123.76	113.25	114.83	115.50	108.41	109.71
2019年11月	114.39	123.76	118.37	109.00	124.25	121.49	112.68	120.75	123.63	113.10	114.70	115.43	107.33	109.96
2019年12月	114.38	124.48	118.21	108.41	124.26	123.21	112.30	118.28	123.46	112.58	114.62	114.03	107.66	109.34
2020年1月	116.79	124.47	117.74	107.52	124.65	125.08	111.81	117.54	123.46	113.49	115.05	113.21	108.09	107.34
2020年2月	116.26	125.38	118.00	108.82	122.79	125.30	111.07	117.25	122.13	113.56	114.31	114.30	107.76	108.67
2020年3月	118.86	124.32	118.93	109.55	120.47	122.84	113.08	112.68	121.43	113.73	114.02	112.81	108.02	108.53
2020年4月	117.87	122.07	119.82	109.37	118.04	121.03	113.84	116.15	121.27	113.91	113.37	112.80	108.06	108.25
2020年5月	118.93	121.86	119.55	110.22	119.05	117.22	113.49	120.29	121.26	114.05	113.90	114.31	109.10	111.60
2020年6月	118.50	124.94	119.84	110.79	120.44	118.05	114.63	120.15	121.20	114.30	114.11	114.99	108.89	111.89
2020年7月	119.71	129.15	120.04	111.74	122.36	122.70	114.44	115.42	120.25	114.63	114.46	115.56	108.87	110.52
2020年8月	121.51	130.34	119.94	112.61	123.28	123.36	115.31	114.93	121.49	114.63	114.80	115.55	108.46	109.81

续表

	九江	秦皇岛	绵阳	湖州	驻马店	吉林	滁州	安庆	威海	潍坊	桂林	安阳	镇江	吉安
2020年9月	122.89	130.51	120.83	113.58	121.28	125.19	114.97	114.05	120.26	115.31	114.53	115.64	108.65	109.58
2020年10月	124.34	128.46	120.92	114.76	121.94	125.75	115.18	115.62	120.19	115.87	114.10	115.93	109.10	109.62
2020年11月	123.64	129.40	121.67	115.62	120.20	126.31	116.60	115.84	119.92	116.38	114.39	116.78	109.57	107.87
2020年12月	123.23	131.66	122.20	116.98	118.85	124.90	116.88	115.15	118.79	116.67	114.55	116.85	109.04	106.54
2021年1月	124.24	133.27	121.43	118.90	119.54	124.98	116.77	112.13	119.66	117.24	113.09	114.88	110.91	108.30
2021年2月	124.37	131.82	122.31	121.13	120.74	125.74	116.98	117.09	120.53	116.34	116.14	115.32	110.91	110.34
2021年3月	124.34	130.39	122.87	123.75	123.44	125.56	117.22	118.23	121.01	117.15	114.82	116.54	110.93	110.20
2021年4月	124.22	130.63	123.33	124.89	125.14	126.95	117.83	119.02	120.25	117.23	114.81	116.68	113.61	111.87
2021年5月	122.51	129.51	124.36	125.66	126.49	129.13	117.76	119.29	120.36	117.14	116.11	116.56	114.02	112.75
2021年6月	125.43	129.60	124.25	125.58	128.05	123.60	118.72	119.75	118.93	116.84	115.41	115.70	114.34	114.25
2021年7月	131.38	127.38	126.45	125.58	124.67	122.73	119.69	118.30	118.07	116.16	114.99	114.89	114.01	113.39

表11—19　四线城市定基指数3（2018年1月房价=100）

	信阳	邯郸	上饶	湛江	江门	汕头	蚌埠	防城港	商丘	乐山	株洲	开封	眉山	泸州
2018年1月	—	—	100.00	100.00	100.00	100.00	100.00	100.00	—	100.00	100.00	—	100.00	100.00
2018年2月	—	—	—	102.60	100.89	100.69	100.28	100.31	100.00	100.74	101.02	100.00	100.00	100.40
2018年3月	100.00	100.00	104.11	105.41	102.30	100.70	101.77	105.66	104.04	102.55	105.36	98.86	110.67	103.58
2018年4月	100.56	102.65	106.34	107.15	102.97	101.23	103.44	107.32	105.13	105.55	108.07	99.85	111.77	105.08

续表

	信阳	邯郸	上饶	湛江	江门	汕头	蚌埠	防城港	商丘	乐山	株洲	开封	眉山	泸州
2018年5月	101.72	103.59	107.38	107.77	104.14	101.26	103.73	113.44	106.12	109.12	109.86	102.10	115.46	107.38
2018年6月	103.74	104.03	108.23	108.16	107.15	102.34	104.97	118.73	107.77	116.08	111.69	101.08	117.61	110.39
2018年7月	104.37	104.68	110.59	109.26	108.86	101.03	106.24	121.65	107.00	119.48	113.81	103.30	120.07	111.82
2018年8月	105.73	108.55	110.96	110.09	109.09	101.42	107.67	121.28	106.87	120.15	114.03	105.60	120.12	114.47
2018年9月	103.82	110.86	109.96	110.47	109.81	100.81	107.91	118.74	109.67	119.34	114.66	106.65	119.05	116.17
2018年10月	104.32	110.68	110.95	109.71	109.24	100.60	107.22	122.10	105.63	117.66	112.56	106.70	117.47	115.61
2018年11月	105.08	109.58	107.67	109.26	108.53	100.37	106.83	125.95	103.90	117.29	113.02	103.90	114.83	117.03
2018年12月	104.46	111.04	105.39	106.73	107.58	100.22	104.72	124.85	108.50	114.50	111.31	100.45	111.71	115.88
2019年1月	102.94	107.08	105.79	106.02	107.12	100.53	105.33	123.55	105.78	114.33	111.38	101.44	111.10	116.88
2019年2月	104.53	107.72	109.44	106.65	107.21	100.62	106.95	125.38	100.93	111.11	111.99	103.02	111.28	115.36
2019年3月	105.00	110.84	107.37	106.79	109.29	100.71	108.15	124.41	105.80	107.65	111.53	104.55	111.74	114.83
2019年4月	104.25	112.25	107.33	106.64	109.43	102.30	107.71	123.45	107.86	108.45	110.73	102.27	112.23	112.64
2019年5月	108.88	112.78	108.04	106.26	109.12	102.52	107.39	124.18	105.31	109.85	112.03	104.25	112.86	112.44
2019年6月	108.07	111.75	108.59	106.16	109.35	103.25	109.26	124.30	115.49	110.04	110.83	105.57	114.13	112.30
2019年7月	110.23	117.75	111.49	107.13	109.70	104.84	110.47	123.20	160.80	111.29	112.36	109.94	115.56	113.66
2019年8月	110.36	112.00	109.59	106.69	109.89	103.61	110.86	122.32	115.25	110.85	111.36	105.40	114.72	110.81
2019年9月	110.79	110.62	108.84	107.85	109.92	103.14	110.67	121.35	107.94	110.73	110.35	102.88	113.14	108.45
2019年10月	112.99	111.15	107.81	107.99	108.98	102.83	111.48	119.90	103.05	108.97	109.50	104.33	112.81	108.01
2019年11月	108.26	110.92	108.04	107.72	108.28	102.42	111.53	119.09	106.98	109.29	110.37	104.92	112.14	108.25

续表

	信阳	邯郸	上饶	湛江	江门	汕头	蚌埠	防城港	商丘	乐山	株洲	开封	眉山	泸州
2019年12月	106.55	110.57	106.46	107.81	107.67	102.20	112.29	119.58	104.24	109.12	109.74	102.11	111.12	107.67
2020年1月	105.90	112.80	106.04	107.39	107.21	102.72	109.51	119.91	104.53	108.43	109.17	102.73	108.82	105.88
2020年2月	107.61	119.84	107.33	107.61	107.52	102.19	109.54	118.10	111.94	109.35	107.81	97.49	108.59	106.56
2020年3月	109.55	113.17	107.46	107.86	106.64	102.55	108.49	119.22	110.32	110.52	109.58	102.51	108.55	104.55
2020年4月	108.26	112.08	108.02	107.87	107.55	102.08	109.44	118.96	109.40	110.87	108.63	102.42	108.72	104.76
2020年5月	109.08	112.33	108.16	108.13	107.13	102.76	109.30	120.88	108.97	111.73	110.48	103.51	108.66	106.19
2020年6月	112.77	112.92	111.22	108.98	107.99	102.82	109.69	119.88	107.43	111.89	110.40	100.99	108.64	108.32
2020年7月	112.05	114.52	111.82	109.42	107.44	104.36	109.08	116.80	107.88	111.39	110.42	105.47	108.28	107.72
2020年8月	113.59	114.12	111.24	109.61	107.88	106.09	108.54	114.78	108.79	112.07	110.43	99.07	108.15	109.66
2020年9月	112.99	111.32	111.93	109.49	108.23	106.35	107.77	113.25	107.45	112.91	109.32	99.33	108.36	108.27
2020年10月	113.70	113.85	113.27	109.59	108.70	107.55	107.91	112.03	107.95	113.48	109.39	101.10	107.95	110.72
2020年11月	114.57	112.85	114.90	110.99	109.57	107.75	107.88	111.78	108.44	114.07	108.51	102.01	106.99	108.25
2020年12月	111.73	110.90	116.10	110.52	109.10	108.36	107.92	111.64	107.05	113.48	108.58	99.77	106.86	105.85
2021年1月	110.85	110.68	115.74	109.82	109.27	109.68	108.06	110.90	107.91	112.81	109.29	100.92	107.01	105.96
2021年2月	114.44	112.75	118.77	110.30	109.70	110.78	109.69	111.03	109.01	111.56	110.02	99.52	107.07	107.09
2021年3月	114.20	113.05	116.24	110.33	110.62	110.58	110.08	110.63	107.65	109.45	109.70	97.46	107.63	108.33
2021年4月	114.90	117.32	116.16	110.80	110.02	110.40	110.12	110.87	112.33	109.24	110.85	104.16	109.20	109.40
2021年5月	111.86	115.33	122.56	111.19	110.99	110.36	110.26	111.33	107.94	108.68	110.28	103.49	109.19	108.45
2021年6月	111.52	111.25	113.00	111.69	111.37	110.29	109.81	110.91	107.52	108.89	110.09	100.82	109.69	107.15
2021年7月	112.96	112.14	111.95	111.66	111.43	111.24	110.78	110.55	110.52	110.40	109.53	108.97	108.70	107.05

表11—20　四线城市定基指数4（2018年1月房价＝100）

	湘潭	新乡	衡阳	韶关	黄石	淄博	遵义	北海	滨州	鞍山	南充	六安	遂宁	阳江
2018年1月	100.00	—	100.00	100.00	100.00	—	100.00	100.00	—	—	100.00	100.00	100.00	100.00
2018年2月	99.94	—	102.09	100.48	109.62	100.00	100.05	99.78	100.00	100.00	101.03	100.38	100.09	—
2018年3月	101.09	100.00	102.56	100.93	105.70	104.39	101.27	103.27	99.81	99.79	106.26	101.43	103.85	103.32
2018年4月	101.86	103.27	107.90	102.49	108.65	108.35	103.58	105.35	101.47	99.37	111.53	102.62	108.86	103.99
2018年5月	103.87	104.78	110.17	102.92	111.01	112.42	106.26	109.27	102.08	97.73	113.77	102.25	116.51	106.51
2018年6月	104.87	104.98	112.16	103.60	113.64	115.39	107.28	112.05	108.75	96.55	116.34	103.11	124.24	106.80
2018年7月	106.58	105.35	113.83	102.45	113.78	116.80	108.24	114.66	112.33	97.20	117.21	104.25	126.42	108.45
2018年8月	105.39	105.84	114.50	102.72	112.93	118.11	108.69	114.65	114.25	97.94	117.69	104.76	126.48	109.12
2018年9月	104.80	105.67	112.83	103.90	111.91	118.13	109.10	114.16	114.28	97.52	117.62	106.93	123.70	108.12
2018年10月	107.01	105.51	111.64	104.23	112.41	118.09	109.18	119.72	114.29	95.59	116.87	108.22	123.72	108.53
2018年11月	106.95	106.51	111.88	104.15	112.30	117.67	109.81	118.24	114.16	93.82	115.45	106.01	122.95	107.91
2018年12月	107.05	105.31	111.76	105.00	112.93	114.99	110.31	117.48	112.53	94.92	113.86	105.69	113.28	108.01
2019年1月	106.82	105.96	110.93	105.76	110.58	114.81	108.51	116.25	112.08	95.95	114.33	105.87	115.21	106.69
2019年2月	107.07	104.80	108.24	106.29	114.90	115.23	104.86	116.57	111.75	96.71	114.21	106.26	110.94	108.24
2019年3月	106.92	104.87	111.75	106.69	111.49	115.36	107.79	117.29	111.56	96.11	112.70	107.12	102.56	106.79
2019年4月	106.40	105.50	110.77	105.69	111.01	114.76	108.63	118.35	110.74	94.05	112.49	106.98	114.06	104.89
2019年5月	106.35	104.82	110.71	105.44	114.41	114.99	106.79	116.21	110.63	94.76	112.44	106.09	125.20	105.26
2019年6月	105.31	104.64	110.90	105.47	109.51	115.43	111.58	117.16	110.64	97.10	112.71	107.81	132.16	104.46

第十一章 2018年以来各项指数计算结果汇总 201

续表

	湘潭	新乡	衡阳	韶关	黄石	淄博	遵义	北海	滨州	鞍山	南充	六安	遂宁	阳江
2019年7月	104.66	106.17	114.86	108.34	116.77	118.83	113.19	119.72	111.69	100.69	112.89	110.96	142.89	105.76
2019年8月	105.58	105.75	112.29	108.39	111.73	114.54	113.43	116.52	112.07	99.24	111.52	108.44	149.73	104.50
2019年9月	105.67	105.69	111.69	106.53	110.69	113.86	111.59	114.49	111.22	96.35	112.34	110.50	141.46	103.30
2019年10月	106.11	106.90	110.12	106.25	111.19	112.76	110.67	112.17	110.56	96.77	111.43	110.41	126.29	102.61
2019年11月	104.49	106.50	110.11	105.73	113.47	109.60	109.72	110.63	110.45	97.44	111.35	110.34	113.57	101.22
2019年12月	103.35	107.31	108.45	104.68	111.72	110.78	108.66	109.70	111.15	97.74	111.63	109.95	104.52	100.09
2020年1月	102.50	106.01	109.05	104.74	116.95	113.25	108.36	109.69	111.07	98.60	110.01	110.91	108.59	100.78
2020年2月	102.87	104.81	109.22	104.07	113.78	114.12	108.30	110.56	111.56	98.57	109.87	110.12	114.25	105.04
2020年3月	102.61	105.58	108.03	103.98	109.68	111.50	107.55	110.92	112.50	98.69	109.82	107.58	102.59	101.20
2020年4月	102.22	104.85	107.04	104.27	109.48	112.74	106.33	109.76	113.81	99.17	109.87	106.60	105.16	101.23
2020年5月	102.90	105.53	108.46	103.37	113.42	115.44	106.15	112.03	112.40	97.04	110.30	105.96	105.32	101.35
2020年6月	102.96	107.18	107.62	103.17	107.50	109.92	105.39	110.51	110.95	96.62	110.36	105.98	107.35	100.56
2020年7月	103.06	105.01	105.45	101.94	109.19	109.15	104.38	107.03	107.22	96.29	110.50	105.87	107.64	100.09
2020年8月	103.08	107.27	107.93	102.81	106.00	108.42	103.52	107.59	104.77	96.34	110.13	104.65	104.94	101.23
2020年9月	102.85	105.10	106.15	103.52	114.18	106.33	103.01	106.78	104.37	97.28	108.80	104.11	102.35	100.63
2020年10月	103.48	107.10	107.82	103.84	115.82	106.73	103.16	105.83	103.41	96.65	107.82	105.41	103.15	98.97
2020年11月	103.56	108.46	107.52	104.17	107.93	105.98	102.50	105.32	104.19	96.24	106.76	105.55	102.30	98.42
2020年12月	102.95	108.31	105.38	104.68	110.17	104.08	101.85	106.00	104.07	97.76	105.79	104.57	99.26	99.08
2021年1月	103.05	108.06	108.97	105.00	106.58	104.05	102.65	106.79	103.78	98.36	104.95	103.87	100.03	98.59

续表

	湘潭	新乡	衡阳	韶关	黄石	淄博	遵义	北海	滨州	鞍山	南充	六安	遂宁	阳江
2021年2月	103.70	107.66	108.21	105.04	112.81	104.64	104.46	104.91	104.26	98.30	106.05	103.46	103.24	101.44
2021年3月	103.32	107.88	104.79	104.89	106.32	105.30	104.30	104.58	104.81	100.57	103.77	103.59	105.76	100.39
2021年4月	103.36	108.40	105.07	104.68	102.91	106.40	103.54	103.89	102.65	101.93	101.76	103.79	104.84	101.50
2021年5月	103.83	104.94	104.91	104.77	112.54	105.94	103.37	103.46	102.39	102.72	102.98	103.14	104.22	99.89
2021年6月	104.81	104.73	113.09	105.24	106.71	102.02	104.00	102.91	103.34	101.62	101.60	101.45	101.66	101.77
2021年7月	106.13	105.59	104.96	104.63	104.16	103.63	103.15	102.94	102.68	102.23	101.39	101.30	99.89	99.30

表11—21 四线城市定基指数5（2018年1月房价=100）

	鄂州	阜阳	荆州	清远	自贡	衡水	邢台	梅州	茂名	达州	承德	肇庆	大庆	张家口
2018年1月	100.00	100.00	100.00	100.00	100.00	—	—	100.00	100.00	100.00	—	100.00	100.00	100.00
2018年2月	—	100.05	97.75	99.04	99.64	100.00	—	100.05	101.16	100.00	100.00	101.88	100.00	—
2018年3月	105.53	103.89	98.14	103.76	102.29	100.94	100.00	101.51	102.06	102.95	100.08	102.05	99.95	102.92
2018年4月	108.49	104.37	100.67	104.08	106.46	101.20	99.92	102.41	101.22	102.96	100.44	99.46	99.94	99.80
2018年5月	110.57	104.83	99.89	104.16	110.05	102.39	100.56	102.79	102.25	105.26	104.25	103.26	98.17	97.25
2018年6月	110.67	106.45	102.10	105.77	113.70	102.85	101.13	102.74	101.42	106.48	103.74	106.50	97.54	96.37
2018年7月	110.00	107.23	102.42	107.83	115.79	103.88	101.58	102.54	100.64	108.72	104.02	106.33	97.55	98.24
2018年8月	112.36	107.13	101.65	107.47	115.91	102.59	102.81	103.85	101.47	110.42	104.26	105.56	96.83	97.59
2018年9月	112.99	106.89	100.71	106.71	114.57	103.07	103.11	104.12	102.31	111.37	104.13	104.15	96.13	96.26

续表

	鄂州	阜阳	荆州	清远	自贡	衡水	邢台	梅州	茂名	达州	承德	肇庆	大庆	张家口
2018年10月	112.52	107.48	100.26	108.01	113.63	102.19	102.72	103.64	101.96	111.12	103.87	103.64	96.92	97.54
2018年11月	111.15	106.20	100.30	106.88	112.49	101.23	101.95	102.76	100.77	109.36	102.67	103.01	96.51	96.97
2018年12月	110.92	105.06	99.64	106.24	108.67	100.29	101.56	102.90	99.94	106.62	101.33	101.44	95.36	93.63
2019年1月	110.18	104.64	101.35	105.41	107.68	99.47	100.98	102.53	99.88	106.62	101.61	101.10	94.67	92.64
2019年2月	109.53	103.10	100.37	106.84	106.05	99.02	100.56	101.34	94.62	107.69	100.77	101.45	93.56	93.99
2019年3月	106.95	104.60	100.86	106.20	105.15	97.88	100.87	101.15	98.91	108.11	101.96	101.03	96.14	93.57
2019年4月	107.93	105.09	102.31	103.74	105.33	97.90	100.89	101.53	100.02	107.98	103.27	100.60	96.71	93.11
2019年5月	107.61	106.25	102.89	104.53	105.59	96.64	101.08	101.12	98.46	108.03	104.23	99.78	96.22	94.45
2019年6月	107.45	106.17	104.14	107.02	106.00	96.20	101.55	101.34	100.13	108.43	109.04	98.75	95.42	94.93
2019年7月	111.58	107.15	105.17	107.82	107.45	96.13	102.50	101.95	109.22	109.65	124.14	98.87	96.53	106.97
2019年8月	108.86	106.14	104.17	105.15	107.12	95.23	102.61	100.65	99.50	113.31	123.21	96.90	96.75	90.37
2019年9月	106.94	105.00	103.10	104.66	105.76	95.57	100.61	96.50	100.33	100.67	107.74	97.89	95.59	92.90
2019年10月	107.77	103.28	103.11	104.24	103.77	94.82	100.01	96.79	98.99	92.03	102.62	94.70	94.74	94.21
2019年11月	106.56	100.31	101.93	102.93	103.70	93.69	100.00	97.16	90.98	97.99	102.13	93.70	94.09	93.02
2019年12月	107.89	100.30	102.29	100.34	106.44	92.62	100.05	95.69	97.10	100.16	97.98	89.74	94.23	85.69
2020年1月	106.47	101.81	102.72	100.60	107.86	92.56	99.63	96.23	100.90	102.20	100.66	89.67	94.57	82.33
2020年2月	107.91	101.31	100.89	103.13	107.93	92.59	98.83	95.80	94.25	103.79	103.61	93.03	94.99	104.75

续表

	鄂州	阜阳	荆州	清远	自贡	衡水	邢台	梅州	茂名	达州	承德	肇庆	大庆	张家口
2020年3月	108.60	102.10	101.85	102.96	107.01	92.55	96.67	94.25	109.82	103.92	106.98	93.46	93.91	86.29
2020年4月	105.54	101.37	103.38	102.89	108.29	93.05	99.10	96.28	94.09	104.62	106.73	92.97	94.40	86.36
2020年5月	106.22	100.19	103.11	105.16	109.91	96.01	101.42	98.91	101.46	106.57	106.27	95.49	95.53	92.56
2020年6月	103.64	99.98	101.08	103.38	109.57	94.52	101.47	98.61	97.99	106.04	106.85	89.52	95.38	83.20
2020年7月	102.76	99.86	100.87	100.79	107.47	94.45	99.33	96.24	83.69	104.31	105.21	90.81	95.55	82.07
2020年8月	103.66	99.52	99.92	100.26	106.45	94.00	96.60	96.22	94.13	103.43	104.15	90.88	94.67	80.46
2020年9月	102.87	99.14	100.90	100.33	105.90	93.93	96.77	95.52	93.96	101.93	102.43	91.59	92.27	80.11
2020年10月	101.70	98.56	99.81	100.37	104.69	93.91	96.58	95.07	95.13	99.50	101.75	88.93	92.08	79.94
2020年11月	102.75	97.62	100.30	99.74	102.91	93.13	90.68	95.20	96.89	99.01	100.87	92.82	91.33	76.99
2020年12月	101.38	97.37	100.39	96.96	104.16	93.22	98.58	95.45	97.68	98.01	100.46	82.45	90.04	76.43
2021年1月	101.97	96.20	100.81	99.18	103.06	92.45	105.29	95.11	95.39	97.44	100.60	79.60	91.46	75.91
2021年2月	101.23	95.68	102.26	101.21	102.93	92.12	104.54	95.96	96.07	97.37	100.98	81.08	90.92	76.96
2021年3月	102.64	96.46	99.30	98.08	100.15	92.92	99.01	95.33	95.65	97.78	101.34	86.92	89.18	76.72
2021年4月	103.65	97.46	98.87	97.71	98.26	93.03	93.62	94.87	94.55	97.39	100.32	88.84	88.08	78.32
2021年5月	103.19	98.82	98.39	98.87	98.13	91.87	88.81	94.69	93.38	95.83	98.74	88.58	85.65	73.75
2021年6月	99.82	98.87	97.22	98.09	96.71	92.31	92.57	92.64	97.40	91.53	96.10	80.02	85.44	76.19
2021年7月	99.18	98.40	97.37	96.39	95.62	94.85	94.21	92.97	92.44	90.43	90.38	86.38	85.65	71.12

第十一章 2018年以来各项指数计算结果汇总

表11—22 四线城市环比指数1

单位：%

	开封	肇庆	九江	商丘	衡水	济宁	临沂	邢台	绵阳	淄博	金华	乐山	连云港	聊城
2018年1月	—	—	—	—	—	—	—	—	—	—	—	—	—	—
2018年2月	—	1.88	0.89	—	—	—	—	—	4.74	—	0.24	0.74	4.09	—
2018年3月	-1.14	0.17	3.22	4.04	0.94	2.07	2.24	—	4.98	4.39	3.36	1.80	1.41	1.14
2018年4月	1.00	-2.54	3.61	1.05	0.26	2.72	2.81	-0.08	5.15	3.80	4.18	2.93	-1.66	2.83
2018年5月	2.25	3.82	0.88	0.94	1.18	1.87	2.50	0.64	3.34	3.75	3.79	3.38	0.61	12.46
2018年6月	-1.00	3.14	1.33	1.55	0.45	2.70	3.28	0.58	1.80	2.64	2.92	6.38	0.98	1.88
2018年7月	2.19	-0.16	0.65	-0.71	1.00	2.70	2.64	0.44	1.48	1.22	1.05	2.93	-0.23	3.50
2018年8月	2.23	-0.72	-0.20	-0.11	-1.24	1.43	3.03	1.21	0.67	1.12	0.28	0.57	-0.07	1.45
2018年9月	1.00	-1.33	-0.59	2.62	0.47	0.84	0.81	0.30	-0.23	0.02	0.08	-0.67	0.18	-0.40
2018年10月	0.04	-0.49	0.27	-3.68	-0.86	0.64	2.51	-0.38	-0.81	-0.03	-1.63	-1.41	0.69	-1.72
2018年11月	-2.62	-0.61	-0.98	-1.64	-0.94	-0.13	0.19	-0.76	-1.93	-0.35	-1.43	-0.31	-0.92	-1.07
2018年12月	-3.32	-1.52	-0.23	4.43	-0.93	0.14	1.39	-0.38	-3.11	-2.28	-1.47	-2.38	0.38	-0.82
2019年1月	0.98	-0.33	-0.23	-2.51	-0.82	-0.35	0.91	-0.57	0.13	-0.15	0.24	-0.15	-0.06	-0.08
2019年2月	1.55	0.35	-0.38	-4.59	-0.45	0.03	1.54	-0.41	-0.52	0.37	-0.18	-2.81	-2.79	-0.12
2019年3月	1.49	-0.42	-0.87	4.83	-1.16	1.39	1.50	0.31	-0.38	0.11	2.37	-3.11	2.20	1.78
2019年4月	-2.18	-0.42	0.28	1.95	0.02	1.33	1.68	0.01	0.47	-0.52	0.10	0.75	1.33	1.51
2019年5月	1.93	-0.82	1.68	-2.36	-1.29	-0.42	2.98	0.19	0.93	0.20	-0.19	1.29	3.11	-0.42
2019年6月	1.26	-1.03	1.25	9.67	-0.46	1.42	4.22	0.47	0.36	0.38	1.04	0.18	-2.70	0.57
2019年7月	4.14	0.12	1.18	39.23	-0.07	1.81	9.09	0.94	1.08	2.95	0.60	1.14	2.37	0.81

续表

	开封	肇庆	九江	商丘	衡水	济宁	临沂	邢台	绵阳	淄博	金华	乐山	连云港	聊城
2019年8月	-4.13	-1.99	-0.01	-28.33	-0.94	0.31	1.06	0.10	-0.44	-3.62	-0.71	-0.39	-2.49	-0.05
2019年9月	-2.39	1.02	0.02	-6.34	0.35	0.08	1.78	-1.94	0.35	-0.59	-0.46	-0.11	-2.52	-1.03
2019年10月	1.41	-3.25	0.91	-4.53	-0.78	2.14	0.86	-0.60	0.40	-0.96	0.39	-1.59	2.04	0.59
2019年11月	0.56	-1.06	0.94	3.81	-1.20	-0.68	-0.30	0	-1.07	-2.80	0.17	0.29	-0.67	0.01
2019年12月	-2.67	-4.22	-0.01	-2.56	-1.14	-0.31	-0.30	0.04	-0.14	1.08	0.08	-0.15	-0.02	-0.22
2020年1月	0.61	-0.08	2.11	0.28	-0.06	0.66	-0.62	-0.41	-0.40	2.23	-0.15	-0.63	-0.48	-0.58
2020年2月	-5.10	3.75	-0.46	7.09	0.02	-2.73	0.48	-0.80	0.23	0.77	1.19	0.85	-0.02	0
2020年3月	5.15	0.46	2.23	-1.44	-0.04	2.53	0.14	-2.19	0.79	-2.29	-0.01	1.08	1.32	0.19
2020年4月	-0.09	-0.51	-0.83	-0.84	0.55	0.14	-1.50	2.52	0.75	1.11	-0.34	0.31	1.23	0.30
2020年5月	1.07	2.71	0.90	-0.39	3.17	-2.50	-3.50	2.34	-0.22	2.39	0.82	0.77	0.39	0.08
2020年6月	-2.44	-6.26	-0.36	-1.42	-1.55	2.16	4.16	0.05	0.24	-4.78	0.40	0.15	0.51	0.50
2020年7月	4.44	1.45	1.02	0.42	-0.07	2.60	1.61	-2.11	0.16	-0.70	1.48	-0.45	-0.01	0.73
2020年8月	-6.07	0.07	1.51	0.85	-0.47	2.44	-0.12	-2.75	-0.08	-0.67	1.32	0.60	0.23	0.45
2020年9月	0.25	0.78	1.14	-1.23	-0.08	3.06	0.43	0.18	0.73	-1.93	1.91	0.75	1.34	0.90
2020年10月	1.78	-2.90	1.18	0.47	-0.01	-1.73	0.28	-0.19	0.08	0.38	1.11	0.50	0.86	0.18
2020年11月	0.90	4.37	-0.57	0.45	-0.84	1.80	0.61	-6.11	0.62	-0.70	0.24	0.52	1.14	0.35
2020年12月	-2.19	-11.18	-0.33	-1.28	0.10	-2.48	0.53	8.71	0.44	-1.80	1.22	-0.52	1.43	0.80
2021年1月	1.16	-3.46	0.82	0.80	-0.83	4.00	-0.13	6.81	-0.63	-0.03	2.10	-0.59	4.17	1.13
2021年2月	-1.39	1.87	0.10	1.02	-0.35	-0.10	-0.19	-0.71	0.72	0.56	1.46	-1.11	2.47	0.90

续表

	开封	肇庆	九江	商丘	衡水	济宁	临沂	邢台	绵阳	淄博	金华	乐山	连云港	聊城
2021年3月	-2.07	7.20	-0.03	-1.25	0.87	-0.27	0.54	-5.29	0.45	0.63	4.58	-1.90	2.62	1.32
2021年4月	6.88	2.21	-0.09	4.34	0.11	1.09	0.77	-5.45	0.37	1.05	0.90	-0.19	3.33	0.33
2021年5月	-0.64	-0.30	-1.38	-3.91	-1.24	1.19	0.12	-5.14	0.84	-0.43	2.27	-0.51	0.78	1.34
2021年6月	-2.58	-9.66	2.38	-0.40	0.47	-1.80	6.21	4.23	-0.09	-3.70	2.16	0.19	0.82	1.50
2021年7月	8.08	7.95	4.74	2.79	2.76	2.09	2.07	1.78	1.77	1.57	1.38	1.38	1.32	1.29

表11—23 四线城市环比指数2

单位:%

	信阳	湘潭	宿迁	蚌埠	汕头	新乡	滁州	邯郸	南阳	马鞍山	鞍山	宁德	梅州	大庆
2018年1月	—	—	—	—	—	—	—	—	—	—	—	—	—	—
2018年2月	—	-0.06	2.98	0.28	0.69	—	-0.01	—	—	0.23	—	0.08	0.05	0
2018年3月	—	1.15	3.88	1.49	0.01	—	0.29	—	3.49	-0.90	-0.21	1.84	1.46	-0.05
2018年4月	0.56	0.76	3.31	1.64	0.53	3.27	-0.03	2.65	3.76	-0.30	-0.42	1.76	0.89	0
2018年5月	1.15	1.97	0.24	0.28	0.03	1.47	0.67	0.91	3.65	1.42	-1.65	2.31	0.37	-1.77
2018年6月	1.98	0.96	0.67	1.20	1.07	0.19	0.71	0.43	4.64	1.67	-1.21	1.77	-0.05	-0.65
2018年7月	0.61	1.64	3.93	1.21	-1.28	0.36	0.40	0.62	3.38	1.27	0.67	1.43	-0.20	0.02
2018年8月	1.31	-1.12	0.38	1.34	0.39	0.46	1.36	3.70	4.69	0.85	0.76	0.79	1.28	-0.74
2018年9月	-1.81	-0.56	0.56	0.22	-0.60	-0.16	0.36	2.13	1.07	0.30	-0.42	0.31	0.26	-0.41
2018年10月	0.48	2.11	0.96	-0.64	-0.21	-0.15	0.70	-0.16	2.18	2.47	-1.98	-0.87	-0.46	0.51

续表

	信阳	湘潭	宿迁	蚌埠	汕头	新乡	滁州	邯郸	南阳	马鞍山	鞍山	宁德	梅州	大庆
2018年11月	0.73	-0.05	-0.65	-0.37	-0.23	0.95	-0.49	-1.00	0.63	0.22	-1.86	-0.70	-0.84	-0.42
2018年12月	-0.59	0.09	0.65	-1.98	-0.15	-1.13	-0.17	1.34	0.94	-1.30	1.18	0.58	0.14	-1.19
2019年1月	-1.46	-0.21	0.26	0.59	0.31	0.63	0.25	-3.57	1.11	0.74	1.08	-0.13	-0.36	-0.72
2019年2月	1.55	0.23	0.36	1.53	0.09	-1.10	0.94	0.60	0.35	-0.37	0.80	0.40	-1.16	-1.17
2019年3月	0.45	-0.14	-0.25	1.12	0.10	0.07	0.55	2.90	2.37	0.62	-0.62	0.83	-0.19	2.76
2019年4月	-0.71	-0.48	1.14	-0.40	1.57	0.61	0.19	1.27	1.70	0.03	-2.15	1.19	0.37	0.59
2019年5月	4.44	-0.05	-0.37	-0.30	0.21	-0.65	0.11	0.47	2.30	0.56	0.76	0.24	-0.40	-0.51
2019年6月	-0.75	-0.98	4.43	1.74	0.71	-0.17	1.32	-0.91	1.58	0.66	2.47	0.08	0.21	-0.82
2019年7月	2.00	-0.62	0.57	1.11	1.55	1.46	2.07	5.36	4.87	-1.10	3.70	0.67	0.60	1.16
2019年8月	0.12	0.88	3.31	0.35	-1.17	-0.40	0.63	-4.88	-0.25	0.38	-1.45	-0.05	-1.27	0.22
2019年9月	0.39	0.09	1.18	-0.16	-0.46	-0.05	0.80	-1.23	2.80	0.74	-2.90	4.29	-4.12	-1.20
2019年10月	1.99	0.42	1.09	0.72	-0.29	1.15	0.92	0.48	0.63	0.62	0.43	2.67	0.31	-0.88
2019年11月	-4.18	-1.53	3.00	0.05	-0.40	-0.38	0.46	-0.20	0.71	0.62	0.69	0.49	0.38	-0.69
2019年12月	-1.58	-1.10	2.19	0.68	-0.22	0.76	-0.34	-0.32	0.79	0.29	0.31	1.20	-1.52	0.14
2020年1月	-0.62	-0.82	0.08	-2.48	0.51	-1.21	-0.44	2.01	0.76	0.07	0.87	0.16	0.56	0.36
2020年2月	1.62	0.36	0.07	0.03	-0.51	-1.13	-0.66	6.24	-0.44	0.53	-0.03	2.00	-0.44	0.44
2020年3月	1.80	-0.26	-0.27	-0.96	0.35	0.73	1.80	-5.57	0.39	1.21	0.12	0.52	-1.62	-1.13
2020年4月	-1.17	-0.38	-0.41	0.88	-0.46	-0.69	0.68	-0.96	-0.39	0.68	0.49	0.10	2.16	0.52
2020年5月	0.75	0.67	-1.72	-0.13	0.67	0.65	-0.31	0.22	0.32	0.64	-2.15	0.55	2.73	1.19

续表

	信阳	湘潭	宿迁	蚌埠	汕头	新乡	滁州	邯郸	南阳	马鞍山	鞍山	宁德	梅州	大庆
2020年6月	3.39	0.06	6.13	0.35	0.06	1.57	1.01	0.52	-0.16	0.86	-0.44	1.93	-0.31	-0.15
2020年7月	-0.64	0.09	2.08	-0.56	1.49	-2.03	-0.16	1.41	1.28	1.04	-0.34	1.32	-2.40	0.18
2020年8月	1.37	0.03	4.12	-0.49	1.65	2.15	0.76	-0.35	1.09	0.56	0.05	1.42	-0.02	-0.92
2020年9月	-0.53	-0.23	-1.25	-0.71	0.25	-2.02	-0.30	-2.45	-0.26	2.12	0.98	2.64	-0.73	-2.54
2020年10月	0.63	0.61	0.79	0.14	1.13	1.90	0.19	2.27	0.43	1.06	-0.65	3.45	-0.47	-0.21
2020年11月	0.76	0.08	1.98	-0.03	0.19	1.27	1.23	-0.88	-0.89	1.65	-0.43	1.84	0.13	-0.81
2020年12月	-2.48	-0.60	-1.74	0.04	0.57	-0.14	0.25	-1.73	0.83	1.90	1.58	2.84	0.26	-1.41
2021年1月	-0.78	0.10	0.29	0.14	1.22	-0.23	-0.10	-0.20	-0.40	3.66	0.62	1.63	-0.35	1.58
2021年2月	3.24	0.63	3.34	1.50	1.00	-0.36	0.18	1.87	0.77	3.35	-0.06	1.74	0.89	-0.58
2021年3月	-0.21	-0.36	0.70	0.36	-0.18	0.20	0.20	0.26	-0.10	7.36	2.31	1.38	-0.66	-1.92
2021年4月	0.61	0.04	1.94	0.04	-0.16	0.48	0.52	3.78	0.17	5.31	1.35	3.71	-0.48	-1.23
2021年5月	-2.64	0.45	1.47	0.12	-0.04	-3.18	-0.05	-1.69	-0.05	1.78	0.77	3.27	-0.19	-2.77
2021年6月	-0.30	0.95	0.39	-0.40	-0.07	-0.21	0.81	-3.54	-0.27	4.10	-1.07	0.85	-2.17	-0.25
2021年7月	1.29	1.26	0.99	0.88	0.86	0.83	0.82	0.80	0.64	0.62	0.60	0.48	0.36	0.25

表11—24　四线城市环比指数3

单位:%

	荆州	江门	北海	湖州	湛江	泸州	六安	南充	镇江	防城港	桂林	阜阳	株洲	韶关
2018年1月	—	—	—	—	—	—	—	—	—	—	—	—	—	—

续表

	荆州	江门	北海	湖州	湛江	泸州	六安	南充	镇江	防城港	桂林	阜阳	株洲	韶关
2018年2月	-2.25	0.89	-0.22	—	2.60	0.40	0.38	1.03	1.47	0.31	—	0.05	1.02	0.48
2018年3月	0.40	1.39	3.49	0.04	2.75	3.16	1.05	5.18	1.11	5.33	2.49	3.84	4.29	0.44
2018年4月	2.58	0.65	2.01	0.30	1.65	1.44	1.17	4.95	0.12	1.57	1.62	0.46	2.58	1.55
2018年5月	-0.78	1.14	3.72	3.24	0.58	2.19	-0.35	2.01	1.68	5.70	1.50	0.44	1.65	0.42
2018年6月	2.22	2.88	2.54	2.04	0.36	2.80	0.84	2.26	0.66	4.66	-0.10	1.54	1.67	0.67
2018年7月	0.31	1.60	2.34	2.78	1.02	1.30	1.10	0.75	1.43	2.46	0.70	0.74	1.90	-1.11
2018年8月	-0.75	0.21	-0.01	1.13	0.76	2.37	0.49	0.41	0.87	-0.30	1.00	-0.10	0.19	0.26
2018年9月	-0.92	0.66	-0.43	-0.06	0.34	1.48	2.07	-0.06	0.26	-2.10	0.73	-0.22	0.55	1.15
2018年10月	-0.45	-0.51	4.87	-0.88	-0.68	-0.48	1.21	-0.64	0.17	2.83	0.74	0.56	-1.84	0.32
2018年11月	0.04	-0.65	-1.24	-5.38	-0.41	1.22	-2.04	-1.21	-0.64	3.15	0.35	-1.19	0.41	-0.08
2018年12月	-0.66	-0.88	-0.65	0.10	-2.31	-0.99	-0.31	-1.38	-0.35	-0.87	0.43	-1.07	-1.51	0.82
2019年1月	1.72	-0.43	-1.04	0.51	-0.66	0.87	0.18	0.41	0.01	-1.04	0.18	-0.41	0.06	0.72
2019年2月	-0.97	0.08	0.28	2.90	0.60	-1.31	0.36	-0.10	0.38	1.48	0.79	-1.47	0.55	0.51
2019年3月	0.49	1.94	0.61	0.24	0.13	-0.46	0.81	-1.32	0.37	-0.78	0.24	1.45	-0.41	0.37
2019年4月	1.44	0.12	0.91	0.10	-0.14	-1.90	-0.12	-0.18	0.21	-0.77	0.10	0.47	-0.72	-0.94
2019年5月	0.57	-0.29	-1.81	-0.63	-0.36	-0.18	-0.83	-0.04	0.27	0.59	1.88	1.11	1.17	-0.23
2019年6月	1.21	0.21	0.82	-0.50	-0.09	-0.12	1.62	0.24	-0.01	0.09	0.09	-0.08	-1.07	0.02
2019年7月	1.00	0.32	2.18	1.25	0.91	1.21	2.92	0.16	-0.27	-0.88	0.55	0.92	1.39	2.72
2019年8月	-0.96	0.17	-2.67	1.65	-0.41	2.51	-2.27	-1.22	0.20	-0.72	-0.46	-0.94	-0.89	0.05

续表

	荆州	江门	北海	湖州	湛江	泸州	六安	南充	镇江	防城港	桂林	阜阳	株洲	韶关
2019年9月	-1.03	0.02	-1.74	-0.13	1.08	-2.13	1.90	0.73	0.30	-0.79	0.59	-1.08	-0.91	-1.71
2019年10月	0.01	-0.86	-2.02	0.20	0.13	-0.41	-0.09	-0.81	-0.11	-1.20	0.51	-1.63	-0.77	-0.27
2019年11月	-1.14	-0.64	-1.37	0.05	-0.24	0.22	-0.06	-0.07	-0.99	-0.68	-0.11	-2.88	0.79	-0.49
2019年12月	0.35	-0.57	-0.85	-0.54	0.08	-0.54	-0.36	0.25	0.30	0.42	-0.07	-0.01	-0.57	-0.99
2020年1月	0.42	-0.42	-0.01	-0.83	-0.39	-1.66	0.88	-1.46	0.40	0.27	0.37	1.50	-0.52	0.05
2020年2月	-1.78	0.28	0.80	1.21	0.20	0.64	-0.72	-0.13	-0.31	-1.51	-0.64	-0.49	-1.25	-0.64
2020年3月	0.95	-0.81	0.33	0.67	0.23	-1.88	-2.30	-0.04	0.24	0.95	-0.26	0.78	1.65	-0.09
2020年4月	1.50	0.85	-1.05	-0.17	0.01	0.20	-0.91	0.05	0.04	-0.22	-0.57	-0.71	-0.87	0.28
2020年5月	-0.26	-0.39	2.07	0.78	0.24	1.36	-0.61	0.39	0.96	1.62	0.47	-1.17	1.70	-0.86
2020年6月	-1.97	0.80	-1.36	0.52	0.79	2.01	0.02	0.05	-0.19	-0.83	0.18	-0.21	-0.07	-0.20
2020年7月	-0.20	-0.51	-3.14	0.86	0.40	-0.56	-0.11	0.13	-0.03	-2.57	0.31	-0.13	0.02	-1.19
2020年8月	-0.94	0.40	0.52	0.78	0.18	1.80	-1.15	-0.34	-0.38	-1.73	0.29	-0.34	0.01	0.85
2020年9月	0.98	0.33	-0.76	0.86	-0.11	-1.27	-0.52	-1.20	0.18	-1.33	-0.24	-0.38	-1.01	0.69
2020年10月	-1.08	0.44	-0.88	1.04	0.09	2.26	1.24	-0.90	0.41	-1.08	-0.37	-0.58	0.07	0.31
2020年11月	0.49	0.80	-0.49	0.74	1.28	-2.23	0.13	-0.99	0.43	-0.23	0.25	-0.96	-0.81	0.31
2020年12月	0.09	-0.43	0.65	1.18	-0.43	-2.22	-0.92	-0.90	-0.48	-0.12	0.15	-0.25	0.06	0.49
2021年1月	0.42	0.16	0.74	1.64	-0.63	0.10	-0.67	-0.80	1.71	-0.66	-1.28	-1.20	0.66	0.30
2021年2月	1.44	0.39	-1.76	1.88	0.44	1.07	-0.39	1.05	0.01	0.11	2.70	-0.54	0.67	0.05
2021年3月	-2.89	0.84	-0.32	2.16	0.02	1.17	0.12	-2.14	0.02	-0.36	-1.14	0.82	-0.29	-0.14

	荆州	江门	北海	湖州	湛江	泸州	六安	南充	镇江	防城港	桂林	阜阳	株洲	韶关
2021年4月	-0.44	-0.54	-0.66	0.93	0.43	0.98	0.20	-1.94	2.42	0.22	-0.01	1.04	1.04	-0.20
2021年5月	-0.48	0.88	-0.41	0.61	0.35	-0.86	-0.63	1.19	0.36	0.41	1.13	1.39	-0.51	0.09
2021年6月	-1.19	0.35	-0.54	-0.07	0.45	-1.20	-1.63	-1.34	0.28	-0.37	-0.60	0.06	-0.17	0.44
2021年7月	0.16	0.05	0.03	0	-0.03	-0.10	-0.15	-0.21	-0.29	-0.33	-0.36	-0.48	-0.51	-0.58

表 11—25 四线城市环比指数 4

单位:%

	潍坊	滨州	鄂州	安阳	吉林	威海	吉安	遵义	衢州	泰安	眉山	上饶	咸阳	自贡
2018年1月	—	—	—	—	—	—	—	—	—	—	—	—	—	—
2018年2月	—	—	—	—	—	—	-0.01	0.05	—	—	—	—	2.70	-0.36
2018年3月	2.81	-0.19	5.53	0.71	0.25	1.96	4.60	1.22	3.22	7.63	0	4.11	9.56	2.66
2018年4月	1.83	1.66	2.80	2.67	1.79	3.99	0.88	2.28	2.11	3.20	10.67	2.15	11.05	4.07
2018年5月	1.94	0.60	1.92	2.55	1.38	6.64	2.69	2.58	1.68	3.64	0.99	0.98	5.32	3.37
2018年6月	1.26	6.54	0.09	1.29	1.72	5.70	2.01	0.96	5.40	3.62	3.30	0.79	5.50	3.32
2018年7月	1.49	3.29	-0.60	1.48	2.02	3.14	1.01	0.90	7.00	2.13	1.86	2.18	2.21	1.84
2018年8月	0.88	1.71	2.14	1.81	1.55	0.73	0.77	0.42	1.76	1.78	2.10	0.33	1.13	0.11
2018年9月	0.17	0.02	0.56	1.32	1.68	0.52	-0.55	0.38	-0.69	1.89	0.04	-0.90	1.04	-1.16
2018年10月	0.08	0.01	-0.41	0.12	1.88	-0.53	0.17	0.07	-1.63	-0.14	-0.89	0.89	-3.10	-0.82
2018年11月	-0.09	-0.12	-1.22	0.46	1.09	-0.45	-1.02	0.58	-0.80	0.11	-1.33	-2.96	-1.16	-1.01

续表

	潍坊	滨州	鄂州	安阳	吉林	威海	吉安	遵义	衢州	泰安	眉山	上饶	咸阳	自贡
2018年12月	0.12	-1.43	-0.21	-0.61	1.25	-0.78	0.73	0.45	-1.97	0.13	-2.72	-2.12	-1.13	-3.40
2019年1月	-0.16	-0.40	-0.67	0.03	0.55	-0.19	-1.88	-1.63	0.22	-0.57	-0.54	0.39	-0.17	-0.91
2019年2月	0.31	-0.30	-0.58	0.72	0.56	0.19	0.54	-3.37	0	0.65	0.16	3.44	0.62	-1.51
2019年3月	0.28	-0.17	-2.35	0.58	1.60	0.70	-0.94	2.79	1.34	1.85	0.41	-1.89	0.06	-0.84
2019年4月	0.20	-0.73	0.91	0.57	-0.11	1.20	-0.29	0.78	1.72	1.53	0.43	-0.04	2.53	0.17
2019年5月	0.41	-0.10	-0.30	-0.13	0.18	-0.55	1.74	-1.69	1.26	0.95	0.56	0.67	0.90	0.24
2019年6月	0.20	0.01	-0.16	-0.14	0.50	0.03	1.18	4.49	2.02	1.14	1.13	0.51	0.10	0.39
2019年7月	0.37	0.95	3.85	1.92	-2.76	-0.25	2.63	1.44	5.06	1.19	1.25	2.67	4.96	1.37
2019年8月	0.11	0.34	-2.44	0.92	-0.08	-0.12	-0.65	0.21	0.24	0.37	-0.72	-1.70	-2.24	-0.31
2019年9月	0.41	-0.76	-1.76	-0.12	2.11	0.17	-2.65	-1.62	1.44	0.54	-1.38	-0.69	0.01	-1.27
2019年10月	-0.08	-0.59	0.77	-1.60	1.37	-0.25	-1.39	-0.82	0.29	0.48	-0.29	-0.95	-0.80	-1.88
2019年11月	-0.14	-0.10	-1.11	-0.06	1.16	-0.11	0.23	-0.85	0.73	-0.30	-0.59	0.21	-0.45	-0.07
2019年12月	-0.46	0.63	1.25	-1.21	1.41	-0.14	-0.57	-0.97	0.02	0.49	-0.91	-1.47	-0.10	2.64
2020年1月	0.81	-0.07	-1.32	-0.72	1.52	0	-1.82	-0.27	-1.50	0.15	-2.07	-0.39	0.77	1.33
2020年2月	0.06	0.44	1.36	0.96	0.17	-1.07	1.24	-0.06	1.92	0.49	-0.21	1.22	-0.31	0.07
2020年3月	0.15	0.84	0.64	-1.30	-1.96	-0.58	-0.14	-0.70	-1.36	0.89	-0.04	0.11	0.19	-0.85
2020年4月	0.16	1.17	-2.82	-0.01	-1.47	-0.13	-0.26	-1.14	0.59	-0.68	0.15	0.52	-0.10	1.19
2020年5月	0.13	-1.24	0.64	1.34	-3.14	-0.01	3.10	-0.16	-1.98	-0.50	-0.06	0.13	1.01	1.50
2020年6月	0.22	-1.29	-2.43	0.60	0.70	-0.05	0.26	-0.72	4.27	2.00	-0.01	2.83	-0.78	-0.32

续表

	潍坊	滨州	鄂州	安阳	吉林	威海	吉安	遵义	衢州	泰安	眉山	上饶	咸阳	自贡
2020年7月	0.29	-3.36	-0.85	0.49	3.94	-0.79	-1.22	-0.96	1.06	0.18	-0.33	0.54	-0.86	-1.91
2020年8月	0.01	-2.29	0.87	-0.01	0.54	1.04	-0.65	-0.82	-0.97	0.79	-0.12	-0.52	0.80	-0.95
2020年9月	0.59	-0.38	-0.76	0.08	1.48	-1.02	-0.21	-0.49	0.77	-1.04	0.20	0.62	2.76	-0.51
2020年10月	0.48	-0.92	-1.14	0.25	0.45	-0.06	0.04	0.14	0.63	0.09	-0.38	1.20	1.02	-1.14
2020年11月	0.44	0.75	1.04	0.74	0.44	-0.22	-1.60	-0.64	-0.34	-0.73	-0.89	1.44	-0.55	-1.70
2020年12月	0.26	-0.12	-1.34	0.06	-1.12	-0.95	-1.23	-0.63	0.78	0.46	-0.12	1.05	1.23	1.21
2021年1月	0.49	-0.27	0.59	-1.68	0.07	0.73	1.66	0.78	0.36	0.91	0.13	-0.31	0.12	-1.06
2021年2月	-0.76	0.46	-0.73	0.38	0.61	0.73	1.88	1.77	1.77	-0.14	0.06	2.62	1.87	-0.13
2021年3月	0.69	0.53	1.40	1.06	-0.14	0.40	-0.12	-0.15	1.44	0.50	0.52	-2.13	2.50	-2.70
2021年4月	0.06	2.07	0.98	0.11	1.11	-0.63	1.52	-0.73	0.22	0.71	1.46	-0.07	5.84	-1.89
2021年5月	-0.08	-0.26	-0.44	-0.10	1.71	0.09	0.79	-0.16	-0.45	-0.85	-0.01	5.51	0.22	-0.13
2021年6月	-0.25	0.94	-3.27	-0.74	-4.28	-1.19	1.33	0.61	1.63	0.39	0.46	-7.80	9.53	-1.45
2021年7月	-0.58	-0.64	-0.64	-0.70	-0.71	-0.73	-0.76	-0.81	-0.83	-0.86	-0.91	-0.93	-1.09	-1.12

表11—26 四线城市环比指数5

单位：%

	达州	安庆	秦皇岛	清远	遂宁	黄石	阳江	驻马店	淮安	日照	茂名	承德	张家口	衡阳
2018年1月	—	—	—	—	—	—	—	—	—	—	—	—	—	—
2018年2月	0	-0.27	—	-0.96	0.09	9.62	—	—	9.20	—	1.16	—	—	2.09

第十一章 2018年以来各项指数计算结果汇总　215

续表

	达州	安庆	秦皇岛	清远	遂宁	黄石	阳江	驻马店	淮安	日照	茂名	承德	张家口	衡阳
2018年3月	2.95	2.19	2.39	4.77	3.75	-3.57	3.32	0.83	3.17	0.44	0.89	0.08	2.92	0.46
2018年4月	0.02	2.75	1.09	0.30	4.83	2.79	0.65	3.09	2.88	3.38	-0.82	0.36	-3.03	5.20
2018年5月	2.23	3.93	2.57	0.08	7.02	2.17	2.42	3.02	2.34	6.42	1.01	3.80	-2.55	2.11
2018年6月	1.16	1.31	2.61	1.55	6.64	2.36	0.28	2.25	0.06	3.32	-0.81	-0.49	-0.91	1.80
2018年7月	2.10	4.02	2.34	1.95	1.76	0.13	1.54	3.87	2.03	3.91	-0.77	0.27	1.94	1.49
2018年8月	1.56	5.46	-0.29	-0.33	0.04	-0.75	0.62	2.87	0.84	2.13	0.82	0.23	-0.67	0.59
2018年9月	0.87	2.18	1.07	-0.71	-2.20	-0.90	-0.92	0.17	-1.71	1.94	0.83	-0.12	-1.36	-1.46
2018年10月	-0.23	-0.23	0.23	1.22	0.02	0.45	0.38	-0.10	-0.42	1.95	-0.34	-0.25	1.33	-1.05
2018年11月	-1.59	-1.00	-0.05	-1.04	-0.62	-0.10	-0.57	0.92	-0.91	0.24	-1.17	-1.15	-0.59	0.21
2018年12月	-2.50	-0.77	0.35	-0.60	-7.87	0.56	0.09	-0.14	-1.13	0.88	-0.82	-1.31	-3.44	-0.11
2019年1月	0	-1.27	-0.18	-0.79	1.71	-2.08	-1.23	-1.18	-0.50	0.95	-0.06	0.28	-1.05	-0.74
2019年2月	1.01	0.37	2.43	1.36	-3.71	3.91	1.45	0.81	0.19	-0.40	-5.26	-0.83	1.45	-2.42
2019年3月	0.39	-1.49	0.98	-0.61	-7.56	-2.97	-1.34	0.94	-0.95	0.28	4.53	1.18	-0.45	3.25
2019年4月	-0.12	-1.86	1.26	-2.32	11.22	-0.42	-1.78	0.37	1.26	0.63	1.12	1.29	-0.50	-0.88
2019年5月	0.04	5.69	0.72	0.76	9.77	3.06	0.35	0.46	-0.59	0.48	-1.56	0.93	1.44	-0.06
2019年6月	0.37	4.48	0.84	2.39	5.56	-4.28	-0.76	3.05	1.60	-0.15	1.69	4.61	0.51	0.17
2019年7月	1.13	4.57	0.51	0.74	8.12	6.63	1.25	6.62	0.51	0.88	9.08	13.85	12.68	3.57
2019年8月	3.34	0.04	1.48	-2.48	4.79	-4.31	-1.20	-0.83	-1.26	-0.11	-8.90	-0.75	-15.52	-2.23
2019年9月	-11.16	-4.75	0.09	-0.47	-5.52	-0.93	-1.14	-3.00	0.19	-1.08	0.83	-12.56	2.81	-0.54

续表

	达州	安庆	秦皇岛	清远	遂宁	黄石	阳江	驻马店	淮安	日照	茂名	承德	张家口	衡阳
2019年10月	-8.58	-4.55	0.74	-0.40	-10.73	0.45	-0.67	-1.58	1.08	1.03	-1.34	-4.75	1.40	-1.40
2019年11月	6.47	-0.93	0.34	-1.26	-10.08	2.05	-1.35	-0.15	-0.16	0.23	-8.09	-0.48	-1.26	-0.01
2019年12月	2.21	-2.04	0.58	-2.52	-7.96	-1.54	-1.12	0.01	0.14	-0.05	6.72	-4.06	-7.88	-1.51
2020年1月	2.03	-0.63	0	0.26	3.90	4.68	0.69	0.31	0.55	-0.31	3.92	2.73	-3.92	0.55
2020年2月	1.56	-0.24	0.73	2.52	5.21	-2.71	4.23	-1.49	-0.92	0.57	-6.58	2.93	27.24	0.16
2020年3月	0.13	-3.90	-0.85	-0.16	-10.21	-3.60	-3.65	-1.89	1.15	0.41	16.52	3.25	-17.63	-1.09
2020年4月	0.67	3.08	-1.81	-0.06	2.51	-0.18	0.02	-2.02	1.07	-0.50	-14.33	-0.23	0.09	-0.91
2020年5月	1.86	3.56	-0.17	2.21	0.15	3.60	0.13	0.85	0.88	-2.03	7.83	-0.44	7.18	1.33
2020年6月	-0.49	-0.12	2.53	-1.69	1.93	-5.22	-0.79	1.17	2.28	0.55	-3.42	0.55	-10.11	-0.78
2020年7月	-1.63	-3.93	3.37	-2.51	0.28	1.57	-0.46	1.59	1.21	1.15	-14.60	-1.54	-1.36	-2.02
2020年8月	-0.85	-0.43	0.92	-0.53	-2.51	-2.93	1.14	0.75	3.41	0.68	12.47	-1.00	-1.96	2.35
2020年9月	-1.45	-0.76	0.13	0.08	-2.47	7.72	-0.60	-1.63	2.19	0.31	-0.18	-1.65	-0.43	-1.65
2020年10月	-2.38	1.37	-1.57	0.04	0.78	1.43	-1.64	0.55	4.13	1.01	1.24	-0.66	-0.22	1.57
2020年11月	-0.49	0.19	0.73	-0.62	-0.83	-6.81	-0.56	-1.43	5.40	0.54	1.84	-0.86	-3.69	-0.28
2020年12月	-1.01	-0.59	1.74	-2.80	-2.97	2.08	0.67	-1.12	1.93	0.69	0.82	-0.40	-0.72	-1.99
2021年1月	-0.58	-2.63	1.22	2.30	0.77	-3.26	-0.49	0.59	0.32	-0.08	-2.34	0.14	-0.68	3.41
2021年2月	-0.07	4.42	-1.09	2.04	3.21	5.84	2.90	1.00	2.37	3.30	0.71	0.37	1.38	-0.70
2021年3月	0.41	0.98	-1.09	-3.09	2.44	-5.76	-1.04	2.24	1.09	-0.09	-0.44	0.36	-0.30	-3.16
2021年4月	-0.40	0.67	0.19	-0.37	-0.87	-3.20	1.10	1.38	0.31	-0.41	-1.15	-1.01	2.08	0.27

第十一章 2018年以来各项指数计算结果汇总 217

续表

	达州	安庆	秦皇岛	清远	遂宁	黄石	阳江	驻马店	淮安	日照	茂名	承德	张家口	衡阳
2021年5月	-1.60	0.23	-0.86	1.18	-0.59	9.36	-1.59	1.07	1.09	-1.34	-1.23	-1.57	-5.84	-0.15
2021年6月	-4.49	0.39	0.07	-0.79	-2.46	-5.19	1.88	1.24	0.47	1.45	4.31	-2.68	3.32	7.80
2021年7月	-1.20	-1.21	-1.71	-1.73	-1.74	-2.38	-2.43	-2.65	-3.29	-3.97	-5.09	-5.96	-6.65	-7.20

表11—27 四线城市同比指数1

单位：%

	马鞍山	宁德	咸阳	金华	连云港	淮安	宿迁	湖州	临沂	聊城	茂名	九江	济宁	汕头
2018年1月	—	—	—	—	—	—	—	—	—	—	—	—	—	—
2018年2月	—	—	—	—	—	—	—	—	—	—	—	—	—	—
2018年3月	—	—	—	—	—	—	—	—	—	—	—	—	—	—
2018年4月	—	—	—	—	—	—	—	—	—	—	—	—	—	—
2018年5月	—	—	—	—	—	—	—	—	—	—	—	—	—	—
2018年6月	—	—	—	—	—	—	—	—	—	—	—	—	—	—
2018年7月	—	—	—	—	—	—	—	—	—	—	—	—	—	—
2018年8月	—	—	—	—	—	—	—	—	—	—	—	—	—	—
2018年9月	—	—	—	—	—	—	—	—	—	—	—	—	—	—
2018年10月	—	—	—	—	—	—	—	—	—	—	—	—	—	—
2018年11月	—	—	—	—	—	—	—	—	—	—	—	—	—	—
2018年12月	—	—	—	—	—	—	—	—	—	—	—	—	—	—

续表

	马鞍山	宁德	咸阳	金华	连云港	淮安	宿迁	湖州	临沂	聊城	茂名	九江	济宁	汕头
2019年1月	6.81	9.52	37.07	11.97	5.42	16.52	18.42	—	—	—	-0.12	8.86	—	0.53
2019年2月	6.17	9.87	34.29	11.51	-1.54	6.90	15.41	6.63	26.57	19.92	-6.46	7.49	15.61	-0.07
2019年3月	7.80	8.78	22.65	10.44	-0.77	2.64	10.82	6.84	25.65	20.69	-3.09	3.23	14.84	0.02
2019年4月	8.16	8.17	13.23	6.12	2.24	1.01	8.49	6.63	24.28	19.14	-1.19	-0.09	13.28	1.05
2019年5月	7.24	5.98	8.48	2.05	4.79	-1.88	7.84	2.63	24.87	5.50	-3.70	0.70	10.74	1.24
2019年6月	6.17	4.22	2.92	0.19	0.98	-0.37	11.86	0.07	26.01	4.15	-1.27	0.62	9.36	0.89
2019年7月	3.69	3.43	5.69	-0.25	3.61	-1.85	8.25	-1.43	33.92	1.44	8.52	1.15	8.42	3.78
2019年8月	3.21	2.57	2.17	-1.24	1.09	-3.89	11.41	-0.92	31.35	-0.06	-1.93	1.34	7.23	2.16
2019年9月	3.67	6.64	1.13	-1.77	-1.63	-2.03	12.09	-0.99	32.61	-0.69	-1.93	1.96	6.42	2.30
2019年10月	1.79	10.45	3.53	0.25	-0.31	-0.55	12.24	0.09	30.48	1.65	-2.91	2.62	8.01	2.22
2019年11月	2.20	11.77	4.29	1.88	-0.07	0.20	16.35	5.83	29.84	2.75	-9.71	4.61	7.41	2.05
2019年12月	3.84	12.46	5.37	3.49	-0.46	1.48	18.13	5.16	27.68	3.37	-2.84	4.84	6.93	1.97
2020年1月	3.15	12.78	6.37	3.09	-0.88	2.55	17.92	3.76	25.73	2.85	1.02	7.29	8.00	2.18
2020年2月	4.09	14.58	5.38	4.50	1.93	1.42	17.58	2.06	24.42	2.98	-0.39	7.21	5.02	1.56
2020年3月	4.70	14.22	5.51	2.08	1.05	3.57	17.56	2.49	22.75	1.37	11.04	10.57	6.20	1.82
2020年4月	5.37	12.99	2.81	1.62	0.95	3.37	15.76	2.22	18.92	0.16	-5.93	9.35	4.95	-0.21
2020年5月	5.46	13.34	2.92	2.66	-1.72	4.90	14.19	3.67	11.43	0.66	3.04	8.51	2.75	0.24
2020年6月	5.66	15.44	2.02	2.01	1.53	5.61	16.05	4.73	11.36	0.58	-2.13	6.79	3.50	-0.41
2020年7月	7.95	16.19	-3.64	2.89	-0.84	6.34	17.79	4.32	3.73	0.50	-23.37	6.61	4.30	-0.46

第十一章 2018年以来各项指数计算结果汇总　219

续表

	马鞍山	宁德	咸阳	金华	连云港	淮安	宿迁	湖州	临沂	聊城	茂名	九江	济宁	汕头
2020年8月	8.14	17.89	-0.65	4.99	1.93	11.38	18.71	3.43	2.52	1.00	-5.40	8.22	6.51	2.39
2020年9月	9.62	16.03	2.09	7.48	5.97	13.60	15.85	4.46	1.16	2.97	-6.35	9.43	9.67	3.11
2020年10月	10.09	16.91	3.96	8.25	4.75	17.02	15.51	5.34	0.58	2.54	-3.90	9.72	5.51	4.58
2020年11月	11.22	18.48	3.85	8.32	6.66	23.54	14.37	6.07	1.50	2.89	6.49	8.09	8.15	5.20
2020年12月	13.00	20.40	5.23	9.55	8.21	25.74	9.97	7.90	2.34	3.95	0.60	7.74	5.79	6.03
2021年1月	17.06	22.17	4.55	12.02	13.26	25.46	10.20	10.58	2.85	5.74	-5.46	6.38	9.30	6.78
2021年2月	20.34	21.85	6.84	12.32	16.09	29.63	13.80	11.31	2.16	6.69	1.92	6.98	12.26	8.40
2021年3月	27.65	22.89	9.31	17.47	17.58	29.56	14.91	12.96	2.57	7.89	-12.91	4.61	9.20	7.83
2021年4月	33.53	27.32	15.81	18.93	20.02	28.58	17.61	14.20	4.93	7.93	0.49	5.39	10.24	8.15
2021年5月	35.04	30.77	14.90	20.64	20.49	28.85	21.44	14.01	8.86	9.29	-7.96	3.01	14.42	7.40
2021年6月	39.38	29.38	26.85	22.75	20.85	26.56	14.87	13.35	11.01	10.38	-0.60	5.84	9.99	7.26
2021年7月	38.79	28.31	26.56	22.63	22.47	20.94	13.64	12.39	11.51	10.99	10.46	9.75	9.45	6.59

表11—28　四线城市同比指数2

单位：%

	鞍山	绵阳	衢州	镇江	滁州	江门	开封	湘潭	韶关	吉安	安庆	商丘	湛江	南阳
2018年1月	—	—	—	—	—	—	—	—	—	—	—	—	—	—
2018年2月	—	—	—	—	—	—	—	—	—	—	—	—	—	—
2018年3月	—	—	—	—	—	—	—	—	—	—	—	—	—	—

续表

	鞍山	绵阳	衢州	镇江	滁州	江门	开封	湘潭	韶关	吉安	安庆	商丘	湛江	南阳
2018年4月	—	—	—	—	—	—	—	—	—	—	—	—	—	—
2018年5月	—	—	—	—	—	—	—	—	—	—	—	—	—	—
2018年6月	—	—	—	—	—	—	—	—	—	—	—	—	—	—
2018年7月	—	—	—	—	—	—	—	—	—	—	—	—	—	—
2018年8月	—	—	—	—	—	—	—	—	—	—	—	—	—	—
2018年9月	—	—	—	—	—	—	—	—	—	—	—	—	—	—
2018年10月	—	—	—	—	—	—	—	—	—	—	—	—	—	—
2018年11月	—	—	—	—	—	—	—	—	—	—	—	—	—	—
2018年12月	—	17.00	—	6.98	4.09	7.12	—	6.82	5.76	9.64	19.60	—	6.02	—
2019年1月	-3.29	11.12	17.10	5.83	5.08	6.26	3.02	7.13	5.79	10.24	20.36	0.93	3.96	34.17
2019年2月	-3.69	5.45	14.97	5.06	5.35	6.84	5.76	5.76	5.71	4.40	16.02	1.69	1.31	32.72
2019年3月	-5.35	0.76	14.53	5.15	5.58	6.28	2.43	4.45	3.12	3.19	10.81	2.60	-0.47	30.09
2019年4月	-3.04	-1.59	14.06	3.69	4.99	4.78	2.11	2.39	2.45	2.24	12.69	-0.76	-1.40	28.40
2019年5月	0.57	-2.98	10.40	2.99	5.63	2.06	4.44	0.43	1.80	1.41	16.22	7.17	-1.85	24.64
2019年6月	3.60	-3.36	8.40	1.26	7.39	0.78	6.44	-1.81	5.74	3.04	16.84	50.28	-1.95	26.44
2019年7月	1.32	-4.43	6.79	0.59	6.62	0.74	-0.18	0.17	5.52	1.59	10.84	7.83	-3.09	20.47
2019年8月	-1.20	-3.87	9.08	0.62	7.08	0.10	-3.53	0.83	2.54	-0.56	3.33	-1.58	-2.37	22.54
2019年9月	1.23	-2.70	11.22	0.34	7.31	-0.24	-2.22	-0.84	1.94	-2.10	-1.15	-2.45	-1.57	20.68

续表

	鞍山	绵阳	衢州	镇江	滁州	江门	开封	湘潭	韶关	吉安	安庆	商丘	湛江	南阳
2019年11月	3.86	-1.85	12.93	-0.01	8.34	-0.23	0.97	-2.30	1.52	-0.87	-1.09	2.97	-1.40	20.77
2019年12月	2.97	1.16	15.23	0.64	8.16	0.08	1.65	-3.46	-0.30	-2.15	-2.36	-3.93	1.01	20.59
2020年1月	2.76	0.63	13.26	1.04	7.42	0.09	1.27	-4.04	-0.96	-2.09	-1.73	-1.18	1.29	20.16
2020年2月	1.92	1.38	15.43	0.35	5.72	0.29	-5.36	-3.92	-2.09	-1.42	-2.32	10.91	0.89	19.21
2020年3月	2.68	2.57	12.36	0.21	7.03	-2.42	-1.96	-4.03	-2.54	-0.62	-4.71	4.27	0.99	16.89
2020年4月	5.44	2.85	11.11	0.05	7.56	-1.72	0.14	-3.93	-1.34	-0.59	0.09	1.42	1.15	14.49
2020年5月	2.41	1.67	7.55	0.74	7.11	-1.82	-0.71	-3.25	-1.97	0.73	-1.93	3.48	1.76	12.27
2020年6月	-0.50	1.55	9.91	0.57	6.78	-1.24	-4.34	-2.23	-2.18	-0.18	-6.24	-6.98	2.66	10.35
2020年7月	-4.38	0.63	5.73	0.82	4.44	-2.06	-4.07	-1.53	-5.90	-3.92	-13.87	-32.91	2.14	6.57
2020年8月	-2.92	1.00	4.45	0.23	4.57	-1.84	-6.01	-2.36	-5.15	-3.92	-14.27	-5.60	2.74	8.00
2020年9月	0.96	1.38	3.76	0.11	3.43	-1.54	-3.46	-2.67	-2.83	-1.51	-10.68	-0.46	1.52	4.79
2020年10月	-0.12	1.06	4.10	0.64	2.68	-0.25	-3.10	-2.48	-2.27	-0.09	-5.14	4.76	1.49	4.58
2020年11月	-1.24	2.78	3.00	2.08	3.47	1.19	-2.77	-0.89	-1.48	-1.91	-4.06	1.36	3.04	2.92
2020年12月	0.01	3.38	3.78	1.28	4.08	1.33	-2.29	-0.38	0	-2.56	-2.64	2.70	2.52	2.96
2021年1月	-0.24	3.14	5.74	2.60	4.43	1.92	-1.76	0.53	0.24	0.89	-4.60	3.23	2.26	1.78
2021年2月	-0.28	3.65	5.59	2.93	5.32	2.03	2.08	0.80	0.94	1.53	-0.14	-2.61	2.50	3.02
2021年3月	1.91	3.31	8.59	2.70	3.66	3.73	-4.93	0.70	0.88	1.54	4.93	-2.42	2.29	2.53
2021年4月	2.78	2.92	8.19	5.13	3.50	2.29	1.70	1.12	0.40	3.35	2.47	2.68	2.72	3.10
2021年5月	5.85	4.02	9.88	4.51	3.77	3.60	-0.02	0.90	1.36	1.04	-0.83	-0.95	2.83	2.72

续表

	鞍山	绵阳	衢州	镇江	滁州	江门	开封	湘潭	韶关	吉安	安庆	商丘	湛江	南阳
2021年6月	5.18	3.68	7.10	5.00	3.57	3.13	-0.17	1.80	2.01	2.11	-0.33	0.08	2.48	2.61
2021年7月	6.18	5.34	5.10	4.73	4.58	3.71	3.31	2.98	2.64	2.59	2.50	2.45	2.05	1.96

表11—29 四线城市同比指数3

单位:%

	日照	驻马店	蚌埠	潍坊	信阳	新乡	桂林	衡水	眉山	泰安	上饶	吉林	衡阳	安阳
2018年1月	—	—	—	—	—	—	—	—	—	—	—	—	—	—
2018年2月	—	—	—	—	—	—	—	—	—	—	—	—	—	—
2018年3月	—	—	—	—	—	—	—	—	—	—	—	—	—	—
2018年4月	—	—	—	—	—	—	—	—	—	—	—	—	—	—
2018年5月	—	—	—	—	—	—	—	—	—	—	—	—	—	—
2018年6月	—	—	—	—	—	—	—	—	—	—	—	—	—	—
2018年7月	—	—	—	—	—	—	—	—	—	—	—	—	—	—
2018年8月	—	—	—	—	—	—	—	—	—	—	—	—	—	—
2018年9月	—	—	—	—	—	—	—	—	—	—	—	—	—	—
2018年10月	—	—	—	—	—	—	—	—	—	—	—	—	—	—
2018年11月	—	—	5.33	—	—	—	—	—	—	—	—	—	—	—
2018年12月	—	—	—	—	—	—	—	—	—	—	—	—	—	—
2019年1月	—	—	—	—	—	—	—	—	11.10	—	—	—	10.93	—

第十一章 2018年以来各项指数计算结果汇总 223

续表

	日照	驻马店	蚌埠	潍坊	信阳	新乡	桂林	衡水	眉山	泰安	上饶	吉林	衡阳	安阳
2019年2月	28.02	17.55	6.65	11.13	—	—	10.90	-0.98	11.28	26.26	9.44	16.87	6.02	13.25
2019年3月	27.81	17.68	6.26	8.39	5.00	4.87	8.47	-3.03	0.97	19.49	3.13	18.44	8.97	13.10
2019年4月	24.42	14.58	4.13	6.66	3.67	2.17	6.85	-3.26	0.41	17.56	0.93	16.23	2.67	10.79
2019年5月	17.48	11.73	3.53	5.05	7.04	0.03	7.25	-5.62	-2.25	14.52	0.62	14.85	0.49	7.89
2019年6月	13.53	12.60	4.09	3.95	4.18	-0.32	7.46	-6.47	-2.95	11.77	0.33	13.48	-1.12	6.37
2019年7月	10.22	15.58	3.98	2.79	5.61	0.78	7.31	-7.46	-3.76	10.75	0.81	8.17	0.90	6.83
2019年8月	7.80	11.42	2.96	2.01	4.37	-0.09	5.75	-7.17	-4.49	9.22	-1.23	6.44	-1.93	5.89
2019年9月	4.61	7.89	2.56	2.25	6.71	0.02	5.60	-7.28	-4.96	7.78	-1.02	6.88	-1.01	4.39
2019年10月	3.66	6.28	3.97	2.10	8.31	1.32	5.36	-7.21	-3.96	8.45	-2.83	6.35	-1.36	2.60
2019年11月	3.65	5.15	4.40	2.05	3.02	-0.01	4.88	-7.46	-2.34	8.24	0.35	6.43	-1.58	2.06
2019年12月	2.70	5.31	7.23	1.46	2.01	1.90	4.36	-7.65	-0.53	8.62	1.02	6.59	-2.96	1.44
2020年1月	1.42	6.90	3.96	2.45	2.88	0.04	4.55	-6.94	-2.06	9.41	0.23	7.62	-1.69	0.68
2020年2月	2.41	4.46	2.42	2.19	2.95	0.01	3.07	-6.50	-2.42	9.23	-1.92	7.21	0.90	0.93
2020年3月	2.54	1.53	0.31	2.05	4.34	0.68	2.56	-5.45	-2.85	8.20	0.08	3.45	-3.34	-0.96
2020年4月	1.39	-0.88	1.61	2.01	3.85	-0.62	1.87	-4.95	-3.13	5.85	0.65	2.04	-3.37	-1.53
2020年5月	-1.14	-0.49	1.78	1.72	0.18	0.68	0.47	-0.66	-3.72	4.33	0.11	-1.34	-2.03	-0.09
2020年6月	-0.45	-2.31	0.39	1.75	4.35	2.43	0.56	-1.74	-4.81	5.21	2.42	-1.14	-2.96	0.65
2020年7月	-0.18	-6.91	-1.27	1.66	1.66	-1.10	0.31	-1.75	-6.30	4.16	0.30	5.67	-8.19	-0.76
2020年8月	0.61	-5.43	-2.09	1.55	2.93	1.44	1.08	-1.29	-5.73	4.60	1.50	6.32	-3.89	-1.67

续表

	日照	驻马店	蚌埠	潍坊	信阳	新乡	桂林	衡水	眉山	泰安	上饶	吉林	衡阳	安阳
2020年9月	2.03	-4.08	-2.63	1.74	1.99	-0.56	0.25	-1.72	-4.23	2.95	2.84	5.67	-4.96	-1.47
2020年10月	2.01	-2.01	-3.20	2.31	0.64	0.18	-0.63	-0.96	-4.31	2.55	5.06	4.71	-2.09	0.37
2020年11月	2.32	-3.26	-3.27	2.90	5.83	1.84	-0.27	-0.60	-4.59	2.12	6.34	3.96	-2.35	1.17
2020年12月	3.08	-4.36	-3.89	3.64	4.86	0.94	-0.06	0.65	-3.83	2.09	9.06	1.37	-2.83	2.47
2021年1月	3.32	-4.09	-1.32	3.30	4.68	1.93	-1.70	-0.13	-1.66	2.87	9.15	-0.08	-0.07	1.47
2021年2月	6.12	-1.67	0.14	2.45	6.35	2.73	1.60	-0.50	-1.40	2.22	10.65	0.35	-0.93	0.89
2021年3月	5.59	2.46	1.47	3.01	4.25	2.18	0.71	0.41	-0.85	1.82	8.17	2.22	-3.00	3.31
2021年4月	5.68	6.02	0.62	2.92	6.13	3.38	1.27	-0.03	0.45	3.24	7.54	4.89	-1.84	3.44
2021年5月	6.42	6.25	0.87	2.70	2.55	-0.56	1.94	-4.31	0.49	2.87	13.31	10.15	-3.27	1.97
2021年6月	7.36	6.32	0.11	2.22	-1.11	-2.29	1.14	-2.34	0.97	1.25	1.60	4.70	5.09	0.61
2021年7月	1.93	1.88	1.56	1.34	0.81	0.56	0.46	0.43	0.39	0.20	0.11	0.02	-0.46	-0.58

表11—30 四线城市同比指数4

单位:%

	泸州	阳江	株洲	乐山	遵义	秦皇岛	阜阳	威海	邯郸	梅州	荆州	鄂州	北海	滨州
2019年1月	16.88	—	11.38	14.33	8.51	—	4.64	—	—	2.53	1.35	—	16.25	—
2019年2月	14.89	8.24	10.86	10.30	4.80	15.48	3.05	22.62	—	1.29	2.69	9.53	16.82	11.75
2019年3月	10.86	3.36	5.86	4.98	6.43	13.89	0.68	21.11	10.84	-0.35	2.77	1.35	13.57	11.77
2019年4月	7.20	0.86	2.47	2.75	4.87	14.09	0.68	17.86	9.35	-0.86	1.62	-0.51	12.34	9.14

第十一章 2018年以来各项指数计算结果汇总　225

续表

	泸州	阳江	株洲	乐山	遵义	秦皇岛	阜阳	威海	邯郸	梅州	荆州	鄂州	北海	滨州
2019年5月	4.72	-1.17	1.97	0.67	0.50	12.03	1.35	9.92	8.87	-1.62	3.00	-2.67	6.35	8.37
2019年6月	1.74	-2.19	-0.78	-5.20	4.02	10.09	-0.26	4.02	7.42	-1.36	1.99	-2.91	4.57	1.74
2019年7月	1.64	-2.48	-1.28	-6.85	4.57	8.12	-0.08	0.60	12.49	-0.58	2.69	1.43	4.41	-0.57
2019年8月	-3.20	-4.24	-2.34	-7.74	4.35	10.04	-0.92	-0.24	3.18	-3.09	2.47	-3.11	1.63	-1.91
2019年9月	-6.64	-4.45	-3.76	-7.22	2.28	8.97	-1.77	-0.59	-0.21	-7.32	2.37	-5.35	0.28	-2.68
2019年10月	-6.58	-5.46	-2.72	-7.38	1.37	9.53	-3.91	-0.31	0.42	-6.60	2.84	-4.23	-6.30	-3.26
2019年11月	-7.50	-6.20	-2.34	-6.82	-0.08	9.96	-5.55	0.04	1.23	-5.45	1.63	-4.13	-6.43	-3.25
2019年12月	-7.08	-7.34	-1.41	-4.70	-1.50	10.21	-4.53	0.69	-0.42	-7.01	2.67	-2.73	-6.62	-1.23
2020年1月	-9.41	-5.54	-1.98	-5.16	-0.14	10.40	-2.70	0.87	5.34	-6.15	1.35	-3.37	-5.65	-0.90
2020年2月	-7.63	-2.95	-3.74	-1.59	3.29	8.57	-1.74	-0.40	11.25	-5.47	0.52	-1.48	-5.15	-0.17
2020年3月	-8.95	-5.23	-1.75	2.67	-0.22	6.60	-2.39	-1.66	2.10	-6.83	0.99	1.54	-5.42	0.84
2020年4月	-7.00	-3.49	-1.90	2.23	-2.12	3.37	-3.53	-2.95	-0.15	-5.17	1.05	-2.22	-7.26	2.77
2020年5月	-5.56	-3.71	-1.38	1.71	-0.60	2.46	-5.71	-2.43	-0.39	-2.19	0.22	-1.30	-3.60	1.61
2020年6月	-3.54	-3.74	-0.38	1.68	-5.55	4.18	-5.83	-2.51	1.05	-2.69	-2.94	-3.54	-5.68	0.28
2020年7月	-5.23	-5.36	-1.73	0.09	-7.78	7.15	-6.80	-3.03	-2.74	-5.60	-4.09	-7.91	-10.59	-4.00
2020年8月	-1.04	-3.12	-0.84	1.09	-8.73	6.56	-6.24	-1.90	1.89	-4.40	-4.08	-4.78	-7.66	-6.52
2020年9月	-0.17	-2.59	-0.93	1.97	-7.69	6.60	-5.58	-3.07	0.63	-1.01	-2.13	-3.81	-6.73	-6.15
2020年10月	2.51	-3.54	-0.10	4.13	-6.79	4.15	-4.57	-2.89	2.43	-1.78	-3.20	-5.63	-5.65	-6.47
2020年11月	0	-2.77	-1.68	4.37	-6.59	4.56	-2.69	-3.00	1.74	-2.01	-1.61	-3.58	-4.80	-5.67

续表

	泸州	阳江	株洲	乐山	遵义	秦皇岛	阜阳	威海	邯郸	梅州	荆州	鄂州	北海	滨州
2020年12月	-1.69	-1.01	-1.06	3.99	-6.26	5.77	-2.92	-3.78	0.30	-0.25	-1.86	-6.04	-3.36	-6.37
2021年1月	0.07	-2.17	0.11	4.04	-5.28	7.07	-5.51	-3.08	-1.88	-1.16	-1.86	-4.22	-2.64	-6.56
2021年2月	0.49	-3.43	2.06	2.03	-3.55	5.14	-5.56	-1.31	-5.91	0.16	1.36	-6.19	-5.11	-6.55
2021年3月	3.62	-0.80	0.11	-0.98	-3.02	4.88	-5.52	-0.34	-0.11	1.14	-2.51	-5.49	-5.72	-6.83
2021年4月	4.42	0.27	2.04	-1.47	-2.63	7.02	-3.86	-0.84	4.67	-1.46	-4.36	-1.79	-5.35	-9.81
2021年5月	2.13	-1.45	-0.18	-2.73	-2.63	6.28	-1.37	-0.74	2.67	-4.27	-4.58	-2.85	-7.65	-8.91
2021年6月	-1.08	1.21	-0.28	-2.68	-1.32	3.73	-1.11	-1.87	-1.48	-6.06	-3.81	-3.69	-6.88	-6.86
2021年7月	-0.62	-0.79	-0.80	-0.89	-1.18	-1.37	-1.46	-1.81	-2.08	-3.40	-3.47	-3.48	-3.83	-4.24

表11—31 四线城市同比指数5

单位:%

	六安	清远	黄石	肇庆	淄博	邢台	防城港	遂宁	南充	大庆	自贡	达州	张家口	承德
2019年1月	5.87	5.41	10.58	1.10	15.23	—	23.55	15.21	14.33	-5.33	7.68	6.62	—	0.77
2019年2月	5.86	7.88	4.82	-0.42	10.50	—	24.99	10.83	13.05	-6.44	6.43	7.69	-6.01	1.88
2019年3月	5.61	2.34	5.47	-1.01	5.91	0.87	17.74	-1.24	6.05	-3.81	2.79	5.02	-9.08	2.82
2019年4月	4.26	-0.33	2.17	1.15	2.29	0.97	15.03	4.78	0.87	-3.24	-1.06	4.87	-6.71	-0.02
2019年5月	3.75	0.35	3.06	-3.37	0.03	0.52	9.47	7.46	-1.17	-1.99	-4.05	2.63	-2.88	5.11
2019年6月	4.56	1.18	-3.63	-7.28	1.75	0.41	4.69	6.38	-3.12	-2.17	-6.77	1.83	-1.50	8.88
2019年7月	6.44	-0.01	2.62	-7.02	1.75	0.91	1.28	13.02	-3.68	-1.05	-7.20	0.86	8.88	19.35

续表

	六安	清远	黄石	肇庆	淄博	邢台	防城港	遂宁	南充	大庆	自贡	达州	张家口	承德
2019年8月	3.51	-2.17	-1.06	-8.21	-3.02	-0.19	0.85	18.39	-5.24	-0.09	-7.59	2.62	-7.40	18.18
2019年9月	3.34	-1.93	-1.09	-6.02	-3.62	-2.43	2.20	14.36	-4.49	-0.88	-7.69	-9.61	-3.49	3.46
2019年10月	2.02	-3.49	-1.09	-8.63	-4.51	-2.64	-1.81	2.08	-4.66	-2.25	-8.67	-17.18	-3.42	-1.20
2019年11月	4.08	-3.70	1.04	-9.04	-6.86	-1.91	-5.45	-7.63	-3.55	-2.51	-7.81	-10.39	-4.07	-0.53
2019年12月	4.03	-5.56	-1.07	-11.53	-3.66	-1.49	-4.22	-7.73	-1.96	-1.19	-2.05	-6.06	-8.48	-3.30
2020年1月	4.76	-4.56	5.76	-11.31	-1.36	-1.33	-2.95	-5.74	-3.78	-0.11	0.17	-4.15	-11.14	-0.94
2020年2月	3.63	-3.48	-0.98	-8.30	-0.97	-1.72	-5.81	2.99	-3.80	1.52	1.78	-3.63	11.45	2.82
2020年3月	0.43	-3.05	-1.62	-7.49	-3.34	-4.17	-4.17	0.03	-2.55	-2.32	1.77	-3.88	-7.78	4.92
2020年4月	-0.35	-0.81	-1.38	-7.58	-1.76	-1.77	-3.64	-7.80	-2.33	-2.39	2.80	-3.11	-7.24	3.35
2020年5月	-0.13	0.61	-0.86	-4.29	0.39	0.34	-2.66	-15.88	-1.90	-0.72	4.09	-1.35	-2.00	1.95
2020年6月	-1.70	-3.40	-1.84	-9.35	-4.77	-0.08	-3.55	-18.78	-2.08	-0.04	3.36	-2.20	-12.35	-2.01
2020年7月	-4.59	-6.52	-6.49	-8.15	-8.15	-3.09	-5.20	-24.67	-2.12	-1.02	0.02	-4.87	-23.28	-15.25
2020年8月	-3.49	-4.65	-5.13	-6.21	-5.34	-5.85	-6.17	-29.92	-1.25	-2.14	-0.63	-8.73	-10.96	-15.47
2020年9月	-5.78	-4.13	3.15	-6.43	-6.61	-3.82	-6.68	-27.65	-3.15	-3.47	0.14	1.25	-13.77	-4.93
2020年10月	-4.53	-3.72	4.16	-6.09	-5.35	-3.42	-6.56	-18.33	-3.23	-2.81	0.89	8.12	-15.15	-0.85
2020年11月	-4.34	-3.10	-4.88	-0.94	-3.30	-9.32	-6.14	-9.92	-4.13	-2.93	-0.76	1.04	-17.23	-1.23
2020年12月	-4.89	-3.37	-1.39	-8.13	-6.05	-1.47	-6.64	-5.03	-5.23	-4.45	-2.14	-2.14	-10.81	2.53
2021年1月	-6.35	-1.40	-8.86	-11.23	-8.12	5.68	-7.51	-7.89	-4.60	-3.29	-4.45	-4.65	-7.80	-0.06
2021年2月	-6.05	-1.86	-0.85	-12.84	-8.31	5.78	-5.99	-9.64	-3.48	-4.28	-4.64	-6.18	-26.53	-2.54

续表

	六安	清远	黄石	肇庆	淄博	邢台	防城港	遂宁	南充	大庆	自贡	达州	张家口	承德
2021年3月	-3.71	-4.74	-3.07	-6.99	-5.57	2.43	-7.20	3.09	-5.51	-5.04	-6.41	-5.91	-11.08	-5.27
2021年4月	-2.64	-5.04	-6.00	-4.45	-5.62	-5.53	-6.80	-0.31	-7.38	-6.69	-9.26	-6.91	-9.31	-6
2021年5月	-2.66	-5.99	-0.78	-7.24	-8.23	-12.44	-7.90	-1.04	-6.64	-10.34	-10.72	-10.07	-20.33	-7.08
2021年6月	-4.27	-5.12	-0.74	-10.61	-7.18	-8.77	-7.48	-5.30	-7.94	-10.43	-11.73	-13.69	-8.42	-10.06
2021年7月	-4.31	-4.37	-4.61	-4.88	-5.06	-5.15	-5.35	-7.20	-8.25	-10.36	-11.03	-13.31	-13.34	-14.10

三 城市租金指数汇总

(一) 租金定基指数

表 11—32　　　租金定基指数 1（2018 年 1 月租金 = 100）

	北京	成都	大连	东莞	广州	杭州	济南
2018 年 1 月	100.00	100.00	100.00	100.00	100.00	100.00	100.00
2018 年 2 月	100.96	101.93	101.50	102.63	100.91	103.10	102.29
2018 年 3 月	101.84	100.74	102.06	100.71	100.76	101.41	101.81
2018 年 4 月	103.05	99.46	102.40	100.08	100.84	100.90	100.72
2018 年 5 月	104.80	100.62	104.38	100.11	101.78	101.16	101.66
2018 年 6 月	105.58	101.72	104.45	100.94	102.87	101.20	101.89
2018 年 7 月	109.16	101.75	106.60	102.35	103.86	103.39	103.12
2018 年 8 月	106.83	102.75	105.97	102.55	104.41	103.23	102.71
2018 年 9 月	106.91	102.62	104.60	100.84	104.64	102.17	101.62
2018 年 10 月	105.60	102.16	103.26	100.10	103.99	99.95	100.24
2018 年 11 月	104.51	100.39	102.44	99.79	103.98	97.62	98.57
2018 年 12 月	103.67	100.80	103.37	101.07	103.40	96.58	98.83
2019 年 1 月	105.18	102.85	105.26	102.04	104.48	97.93	100.67
2019 年 2 月	106.54	103.20	104.53	100.20	105.20	99.29	101.00
2019 年 3 月	106.01	102.86	105.51	100.59	105.16	97.99	101.23
2019 年 4 月	106.14	102.62	105.03	99.08	105.40	96.92	100.05
2019 年 5 月	105.79	102.78	105.42	98.62	106.58	97.15	99.97
2019 年 6 月	106.31	103.27	105.64	98.67	107.14	96.57	100.53
2019 年 7 月	106.89	102.97	105.48	98.79	107.51	97.53	99.57
2019 年 8 月	106.36	103.18	105.82	99.17	107.91	97.55	99.18
2019 年 9 月	105.43	103.19	104.85	98.55	107.07	96.29	98.55
2019 年 10 月	104.52	101.96	101.68	97.23	106.52	95.76	95.37
2019 年 11 月	103.32	101.62	100.07	96.87	105.56	94.17	94.39
2019 年 12 月	103.12	101.41	99.82	96.94	105.70	95.05	94.31

续表

	北京	成都	大连	东莞	广州	杭州	济南
2020年1月	103.99	102.37	101.00	97.42	107.14	96.49	96.46
2020年2月	104.46	103.78	101.98	97.17	107.39	96.90	97.46
2020年3月	104.26	102.42	101.97	96.75	105.78	95.20	97.01
2020年4月	102.75	102.03	101.66	97.07	105.18	94.49	97.56
2020年5月	101.83	100.32	100.34	94.89	103.63	93.65	95.93
2020年6月	100.80	101.55	100.64	95.65	103.54	93.78	97.28
2020年7月	100.58	104.40	101.43	97.41	104.78	96.67	98.93
2020年8月	100.39	108.71	101.65	97.98	104.68	97.20	100.06
2020年9月	100.07	107.10	100.47	97.78	105.45	97.97	99.34
2020年10月	99.34	108.87	100.09	97.46	105.12	97.09	97.82
2020年11月	99.32	108.08	100.01	96.44	104.78	96.42	96.32
2020年12月	99.16	107.58	99.64	96.53	104.67	97.00	97.07
2021年1月	99.52	108.03	101.73	97.68	106.52	97.89	98.30
2021年2月	102.73	110.47	103.26	98.72	107.83	99.66	100.35
2021年3月	104.11	110.71	102.61	98.06	108.57	99.44	100.21
2021年4月	106.13	110.81	102.82	96.98	109.16	100.41	100.38
2021年5月	107.52	112.38	103.71	97.78	110.15	101.60	100.33
2021年6月	109.29	114.18	104.04	97.48	111.07	103.15	101.01
2021年7月	111.11	116.87	104.10	98.21	111.07	103.84	101.41

表11—33　　租金定基指数2（2018年1月租金=100）

	南京	青岛	厦门	上海	深圳	沈阳	苏州
2018年1月	100.00	100.00	100.00	100.00	100.00	100.00	100.00
2018年2月	100.79	101.46	99.49	107.46	102.63	100.49	—
2018年3月	99.14	102.17	101.62	100.88	101.73	99.32	102.51
2018年4月	98.41	102.32	99.85	99.91	103.20	99.12	100.22
2018年5月	99.78	103.54	100.73	101.45	106.37	98.86	101.09
2018年6月	100.74	103.57	100.46	102.47	107.34	98.67	106.06
2018年7月	102.55	104.47	101.13	105.00	108.75	99.43	108.24
2018年8月	102.29	103.15	101.42	104.04	110.75	100.86	110.43

续表

	南京	青岛	厦门	上海	深圳	沈阳	苏州
2018年9月	102.45	102.20	100.16	104.20	110.90	100.07	113.22
2018年10月	102.15	98.99	99.72	103.51	110.90	97.03	111.40
2018年11月	101.47	97.06	101.25	102.25	109.43	96.73	109.25
2018年12月	100.12	98.51	99.10	101.93	109.44	96.39	107.08
2019年1月	101.34	100.35	98.22	103.80	109.83	96.88	109.15
2019年2月	100.98	99.94	99.83	104.29	112.34	97.72	110.21
2019年3月	100.74	100.25	99.49	104.94	110.70	95.78	110.08
2019年4月	99.73	99.70	101.17	105.99	111.49	95.49	109.89
2019年5月	100.74	99.33	102.19	106.23	110.72	95.38	110.96
2019年6月	102.10	99.84	102.07	107.36	112.45	95.05	111.06
2019年7月	101.06	99.21	102.44	108.75	112.68	95.39	111.73
2019年8月	103.74	98.61	102.02	108.25	112.88	95.04	110.48
2019年9月	103.88	97.50	101.81	108.29	111.44	94.96	108.45
2019年10月	102.91	95.20	100.89	107.68	112.97	93.91	107.88
2019年11月	102.46	92.50	100.74	106.93	111.43	92.25	105.94
2019年12月	101.94	92.44	99.56	107.31	111.44	92.64	104.62
2020年1月	—	—	101.56	108.05	114.37	—	—
2020年2月	103.26	94.79	100.87	107.55	112.51	94.32	105.85
2020年3月	103.10	94.80	101.27	107.21	113.06	93.28	105.12
2020年4月	103.69	94.19	101.36	111.20	112.01	93.40	104.04
2020年5月	102.39	92.84	102.05	107.48	109.20	91.41	102.12
2020年6月	102.58	94.11	102.74	107.95	111.25	92.50	102.57
2020年7月	105.41	95.24	104.87	109.49	113.89	93.84	104.39
2020年8月	104.87	95.26	107.08	110.72	112.57	94.57	104.16
2020年9月	105.45	94.81	107.33	111.45	113.17	94.30	103.67
2020年10月	104.71	93.47	106.69	111.92	112.79	92.99	104.23
2020年11月	104.19	92.50	105.84	111.87	112.14	92.28	103.11
2020年12月	104.18	93.21	106.53	112.67	112.54	92.31	103.39
2021年1月	105.38	94.48	108.91	114.04	114.24	94.58	104.76
2021年2月	106.55	96.07	111.71	116.03	116.54	95.49	106.49
2021年3月	107.18	96.15	113.68	119.81	116.18	94.51	107.13

续表

	南京	青岛	厦门	上海	深圳	沈阳	苏州
2021年4月	107.72	96.76	114.88	121.30	116.52	94.25	108.08
2021年5月	108.50	97.79	117.86	124.23	116.91	94.86	109.10
2021年6月	109.24	99.51	119.10	126.50	117.75	95.17	110.56
2021年7月	110.56	99.75	120.31	129.24	118.10	95.96	113.32

表11—34　　租金定基指数3（2018年1月租金=100）

	天津	武汉	长沙	重庆	福州	南通	宁波	无锡
2018年1月	100.00	100.00	100.00	100.00	—	—	—	—
2018年2月	103.08	100.49	101.05	100.44	—	—	—	—
2018年3月	102.86	100.36	101.49	100.75	—	—	—	—
2018年4月	102.85	99.64	100.41	99.33	—	—	—	—
2018年5月	103.34	99.67	102.50	101.59	—	—	—	—
2018年6月	104.28	100.95	102.63	102.62	—	—	—	—
2018年7月	104.62	100.90	102.73	105.03	—	—	—	—
2018年8月	105.79	101.36	102.55	105.50	—	—	—	—
2018年9月	104.77	101.12	101.97	103.49	—	—	—	—
2018年10月	102.73	100.25	101.20	101.92	—	—	—	—
2018年11月	101.18	99.50	100.11	101.25	—	—	—	—
2018年12月	102.41	99.60	99.58	101.56	—	—	—	—
2019年1月	104.90	101.56	100.27	102.45	—	—	—	—
2019年2月	107.15	101.55	101.00	100.33	104.67	104.67	104.67	104.67
2019年3月	105.55	99.99	100.10	99.32	103.94	101.32	103.46	104.90
2019年4月	105.64	98.87	99.42	100.03	104.99	97.68	101.70	103.52
2019年5月	105.37	99.19	99.74	100.11	106.59	100.41	102.02	104.16
2019年6月	106.30	99.06	101.12	99.66	105.66	100.34	101.90	104.14
2019年7月	106.61	95.92	100.05	99.06	105.60	97.53	101.04	103.25
2019年8月	106.60	95.79	100.73	99.30	105.95	96.77	101.06	104.84
2019年9月	104.72	94.77	100.22	98.67	104.20	94.55	99.36	103.32
2019年10月	103.67	93.17	98.72	97.05	104.09	96.18	100.14	102.95
2019年11月	102.29	93.01	96.84	96.37	104.28	94.16	98.46	101.40

续表

	天津	武汉	长沙	重庆	福州	南通	宁波	无锡
2019年12月	103.24	91.63	96.40	96.40	103.69	94.65	98.82	101.91
2020年1月	104.80	100.42	96.29	97.82	103.97		100.21	102.98
2020年2月	106.04	105.80	97.18	98.57	105.30	97.34	100.30	102.99
2020年3月	106.03	100.30	96.21	97.84	107.89	94.96	98.63	102.88
2020年4月	104.71	99.64	95.39	96.59	109.72	94.17	97.91	102.20
2020年5月	104.09	94.33	93.49	94.85	108.80	91.26	97.85	101.32
2020年6月	103.24	93.34	94.39	94.48	109.02	91.98	99.00	103.29
2020年7月	103.74	94.77	96.34	95.82	108.54	95.30	100.63	104.97
2020年8月	103.32	93.36	96.40	96.08	106.43	95.13	100.97	105.76
2020年9月	102.80	91.58	95.26	95.84	104.67	94.54	100.27	104.52
2020年10月	101.00	90.60	95.05	95.49	104.79	96.18	100.29	104.11
2020年11月	100.64	91.47	94.92	95.57	103.34	95.12	100.14	104.53
2020年12月	101.08	90.81	95.28	96.65	104.53	96.39	100.71	104.47
2021年1月	102.25	91.93	96.72	96.85	105.62	98.06	101.93	105.94
2021年2月	104.67	93.85	97.75	98.74	106.18	97.87	103.14	107.01
2021年3月	105.24	94.77	97.56	98.09	105.58	95.88	102.45	107.82
2021年4月	105.55	94.75	97.49	99.23	106.32	96.98	102.62	108.15
2021年5月	105.71	95.90	98.07	100.58	106.42	96.97	102.63	108.71
2021年6月	106.69	97.17	99.31	101.49	106.29	97.78	102.84	109.47
2021年7月	106.46	99.09	101.94	102.40	106.80	98.52	102.38	110.95

（二）租金环比指数

表11—35　　　　　　租金环比指数1　　　　　　单位：%

	北京	成都	大连	东莞	广州	杭州	济南
2018年1月	—	—	—	—	—	—	—
2018年2月	0.96	1.93	1.50	2.63	0.91	3.10	2.29
2018年3月	0.87	-1.17	0.56	-1.87	-0.15	-1.64	-0.46
2018年4月	1.19	-1.27	0.33	-0.63	0.08	-0.51	-1.07
2018年5月	1.69	1.16	1.93	0.03	0.94	0.26	0.93

续表

	北京	成都	大连	东莞	广州	杭州	济南
2018年6月	0.75	1.10	0.07	0.83	1.07	0.04	0.22
2018年7月	3.39	0.03	2.06	1.40	0.96	2.17	1.21
2018年8月	-2.13	0.98	-0.59	0.20	0.53	-0.15	-0.40
2018年9月	0.07	-0.13	-1.30	-1.68	0.21	-1.03	-1.06
2018年10月	-1.22	-0.45	-1.28	-0.73	-0.62	-2.17	-1.36
2018年11月	-1.04	-1.73	-0.79	-0.31	-0.01	-2.33	-1.67
2018年12月	-0.80	0.41	0.91	1.27	-0.56	-1.07	0.27
2019年1月	1.46	2.03	1.83	0.97	1.04	1.40	1.86
2019年2月	1.29	0.35	-0.70	-1.81	0.69	1.39	0.32
2019年3月	-0.50	-0.33	0.94	0.38	-0.04	-1.31	0.22
2019年4月	0.12	-0.23	-0.45	-1.49	0.23	-1.09	-1.16
2019年5月	-0.33	0.15	0.37	-0.46	1.12	0.24	-0.09
2019年6月	0.49	0.48	0.20	0.05	0.52	-0.60	0.56
2019年7月	0.54	-0.29	-0.14	0.12	0.34	0.99	-0.95
2019年8月	-0.50	0.21	0.32	0.38	0.37	0.02	-0.40
2019年9月	-0.87	0.01	-0.92	-0.62	-0.77	-1.29	-0.63
2019年10月	-0.87	-1.19	-3.02	-1.34	-0.52	-0.56	-3.23
2019年11月	-1.15	-0.34	-1.58	-0.36	-0.90	-1.65	-1.02
2019年12月	-0.19	-0.21	-0.25	0.07	0.14	0.93	-0.09
2020年1月	0.85	0.95	1.19	0.49	1.36	1.51	2.28
2020年2月	0.44	1.37	0.96	-0.25	0.23	0.43	1.04
2020年3月	-0.19	-1.31	-0.01	-0.43	-1.50	-1.75	-0.46
2020年4月	-1.45	-0.37	-0.30	0.33	-0.56	-0.75	0.56
2020年5月	-0.90	-1.68	-1.30	-2.25	-1.48	-0.89	-1.66
2020年6月	-1.01	1.22	0.29	0.80	-0.09	0.15	1.41
2020年7月	-0.21	2.81	0.79	1.84	1.20	3.07	1.70
2020年8月	-0.19	4.13	0.22	0.58	-0.10	0.55	1.14
2020年9月	-0.32	-1.48	-1.17	-0.20	0.74	0.79	-0.72
2020年10月	-0.73	1.65	-0.37	-0.33	-0.31	-0.90	-1.53
2020年11月	-0.03	-0.73	-0.08	-1.05	-0.32	-0.69	-1.53
2020年12月	-0.15	-0.47	-0.37	0.10	-0.11	0.61	0.78

续表

	北京	成都	大连	东莞	广州	杭州	济南
2021年1月	0.36	0.42	2.10	1.19	1.76	0.91	1.26
2021年2月	3.23	2.27	1.51	1.06	1.23	1.81	2.08
2021年3月	1.35	0.22	-0.64	-0.67	0.69	-0.22	-0.14
2021年4月	1.93	0.08	0.21	-1.10	0.54	0.98	0.16
2021年5月	1.31	1.42	0.86	0.83	0.91	1.18	-0.04
2021年6月	1.64	1.60	0.32	-0.31	0.84	1.53	0.67
2021年7月	1.67	2.36	0.07	0.75	0	0.67	0.40

表11—36　　　　　　　租金环比指数2　　　　　　单位:%

	南京	青岛	厦门	上海	深圳	沈阳	苏州
2018年1月	—	—	—	—	—	—	—
2018年2月	0.79	1.46	-0.51	7.46	2.63	0.49	
2018年3月	-1.64	0.71	2.14	-6.12	-0.88	-1.17	2.51
2018年4月	-0.73	0.14	-1.74	-0.97	1.44	-0.20	-2.23
2018年5月	1.40	1.19	0.88	1.55	3.07	-0.27	0.87
2018年6月	0.96	0.03	-0.27	1.00	0.90	-0.19	4.92
2018年7月	1.80	0.87	0.67	2.48	1.31	0.78	2.06
2018年8月	-0.25	-1.27	0.28	-0.91	1.85	1.44	2.02
2018年9月	0.15	-0.92	-1.24	0.16	0.13	-0.78	2.53
2018年10月	-0.29	-3.14	-0.44	-0.66	0	-3.04	-1.61
2018年11月	-0.66	-1.95	1.53	-1.22	-1.32	-0.31	-1.93
2018年12月	-1.33	1.50	-2.13	-0.31	0.01	-0.35	-1.99
2019年1月	1.22	1.86	-0.88	1.84	0.36	0.51	1.93
2019年2月	-0.35	-0.40	1.63	0.47	2.28	0.86	0.97
2019年3月	-0.24	0.30	-0.34	0.62	-1.47	-1.98	-0.12
2019年4月	-1.00	-0.54	1.69	1.00	0.72	-0.30	-0.17
2019年5月	1.01	-0.37	1.00	0.23	-0.69	-0.12	0.97
2019年6月	1.34	0.51	-0.11	1.06	1.57	-0.35	0.09
2019年7月	-1.02	-0.63	0.36	1.29	0.20	0.35	0.61
2019年8月	2.65	-0.61	-0.41	-0.46	0.18	-0.36	-1.13

续表

	南京	青岛	厦门	上海	深圳	沈阳	苏州
2019年9月	0.14	-1.13	-0.21	0.04	-1.28	-0.09	-1.83
2019年10月	-0.93	-2.35	-0.91	-0.56	1.37	-1.10	-0.52
2019年11月	-0.44	-2.84	-0.15	-0.70	-1.36	-1.77	-1.80
2019年12月	-0.51	-0.06	-1.17	0.35	0.01	0.43	-1.24
2020年1月	—	—	2.01	0.69	2.62	—	—
2020年2月	1.29	2.54	-0.68	-0.47	-1.63	1.82	1.17
2020年3月	-0.15	0	0.40	-0.31	0.49	-1.11	-0.69
2020年4月	0.57	-0.64	0.09	3.72	-0.93	0.13	-1.03
2020年5月	-1.25	-1.44	0.68	-3.34	-2.51	-2.13	-1.84
2020年6月	0.19	1.37	0.68	0.43	1.88	1.18	0.44
2020年7月	2.76	1.20	2.07	1.43	2.38	1.45	1.78
2020年8月	-0.52	0.02	2.11	1.12	-1.16	0.78	-0.23
2020年9月	0.55	-0.47	0.23	0.66	0.53	-0.29	-0.47
2020年10月	-0.70	-1.41	-0.60	0.42	-0.33	-1.39	0.54
2020年11月	-0.50	-1.03	-0.80	-0.04	-0.58	-0.76	-1.07
2020年12月	0	0.76	0.66	0.71	0.35	0.04	0.26
2021年1月	1.15	1.37	2.24	1.22	1.51	2.45	1.33
2021年2月	1.11	1.68	2.57	1.75	2.02	0.96	1.65
2021年3月	0.58	0.09	1.76	3.25	-0.31	-1.03	0.61
2021年4月	0.51	0.64	1.05	1.25	0.29	-0.27	0.88
2021年5月	0.72	1.06	2.60	2.41	0.33	0.64	0.95
2021年6月	0.69	1.76	1.06	1.83	0.73	0.33	1.34
2021年7月	1.21	0.24	1.02	2.17	0.30	0.83	2.49

表11—37　　　　　　　　租金环比指数3　　　　　　　单位:%

	天津	武汉	长沙	重庆	福州	南通	宁波	无锡
2018年1月	—	—	—	—				
2018年2月	3.08	0.49	1.05	0.44	—	—	—	—
2018年3月	-0.21	-0.13	0.43	0.32	—	—	—	—
2018年4月	-0.01	-0.72	-1.07	-1.41	—	—	—	—

续表

	天津	武汉	长沙	重庆	福州	南通	宁波	无锡
2018年5月	0.47	0.03	2.09	2.28	—	—	—	—
2018年6月	0.91	1.28	0.12	1.01	—	—	—	—
2018年7月	0.32	-0.05	0.10	2.34	—	—	—	—
2018年8月	1.12	0.46	-0.18	0.45	—	—	—	—
2018年9月	-0.97	-0.23	-0.56	-1.90	—	—	—	—
2018年10月	-1.94	-0.86	-0.76	-1.52	—	—	—	—
2018年11月	-1.51	-0.75	-1.08	-0.66	—	—	—	—
2018年12月	1.22	0.10	-0.52	0.30	—	—	—	—
2019年1月	2.42	1.97	0.68	0.88	—	—	—	—
2019年2月	2.15	-0.01	0.73	-2.07	0	0	0	0
2019年3月	-1.49	-1.53	-0.88	-1.01	-0.69	-3.20	-1.15	0.22
2019年4月	0.08	-1.12	-0.68	0.72	1.01	-3.59	-1.70	-1.31
2019年5月	-0.26	0.32	0.32	0.08	1.53	2.79	0.30	0.61
2019年6月	0.89	-0.14	1.39	-0.45	-0.88	-0.07	-0.11	-0.02
2019年7月	0.29	-3.17	-1.06	-0.61	-0.06	-2.80	-0.84	-0.85
2019年8月	-0.01	-0.14	0.68	0.24	0.34	-0.77	0.02	1.54
2019年9月	-1.76	-1.06	-0.51	-0.63	-1.65	-2.30	-1.68	-1.46
2019年10月	-1.00	-1.69	-1.49	-1.63	-0.11	1.72	0.78	-0.35
2019年11月	-1.34	-0.17	-1.90	-0.70	0.18	-2.10	-1.68	-1.50
2019年12月	0.93	-1.48	-0.46	0.03	-0.56	0.53	0.37	0.51
2020年1月	1.51	9.59	-0.12	1.48	0.27	—	1.40	1.04
2020年2月	1.19	5.36	0.93	0.76	1.27	2.84	0.09	0.02
2020年3月	-0.02	-5.20	-1.00	-0.74	2.46	-2.44	-1.67	-0.12
2020年4月	-1.24	-0.66	-0.85	-1.28	1.70	-0.84	-0.72	-0.66
2020年5月	-0.59	-5.32	-1.98	-1.80	-0.84	-3.08	-0.06	-0.87
2020年6月	-0.82	-1.06	0.96	-0.40	0.20	0.79	1.17	1.96
2020年7月	0.48	1.54	2.06	1.42	-0.45	3.60	1.64	1.62
2020年8月	-0.40	-1.49	0.06	0.28	-1.94	-0.17	0.34	0.76
2020年9月	-0.51	-1.91	-1.18	-0.25	-1.66	-0.62	-0.69	-1.17
2020年10月	-1.75	-1.07	-0.21	-0.37	0.12	1.72	0.02	-0.40
2020年11月	-0.35	0.97	-0.14	0.09	-1.39	-1.09	-0.15	0.41

续表

	天津	武汉	长沙	重庆	福州	南通	宁波	无锡
2020年12月	0.44	-0.73	0.38	1.12	1.16	1.32	0.56	-0.06
2021年1月	1.16	1.24	1.51	0.21	1.04	1.75	1.22	1.41
2021年2月	2.36	2.09	1.06	1.94	0.53	-0.20	1.18	1.01
2021年3月	0.55	0.97	-0.19	-0.65	-0.57	-2.03	-0.67	0.75
2021年4月	0.29	-0.02	-0.07	1.17	0.70	1.15	0.18	0.31
2021年5月	0.15	1.21	0.59	1.36	0.10	-0.02	0.01	0.51
2021年6月	0.93	1.33	1.27	0.91	-0.13	0.83	0.21	0.71
2021年7月	-0.22	1.97	2.65	0.89	0.48	0.77	-0.44	1.34

参考文献

巴曙松、杨现领:《房地产大转型的"互联网+"路径》,厦门大学出版社 2015 年版。

陈杰:《城市居民住房解决方案:理论与国际经验》,上海财经大学出版社 2009 年版。

赵奉军:《住房租赁市场与租赁平台建设:新特征、新问题与展望》,载《中国房地产发展报告 No.16》,社会科学文献出版社 2019 年版。

方汉明:《"扩大税基,降低税率"应成为个税改革方向》,《工商行政管理》2018 年第 20 期。

胡晓会:《长租公寓"红"与"黑"》,《房地产导刊》2018 年第 4 期。

彭翊:《城市房地产预警系统设计》,《中国房地产》2002 年第 6 期。

石薇、李强、王洪卫:《城市住房价格指数编制方法的拓展设计及实证检验》,《数量经济技术经济研究》2014 年第 12 期。

许永洪、曾五一:《中美住房价格指数编制的对比研究》,《统计研究》2012 年第 12 期。

张娟锋、林甦:《长租公寓发展的政策环境、经营模式与发展趋势》,《中国房地产》2018 年第 21 期。

张志杰、陈龙乾:《房地产预警一般流程分析及要点诠释》,《建筑经济》2004 年第 8 期。

赵奉军、王业强:《住房租赁市场建设:新特征、新问题与展望》,

《中国发展观察》2019年第11期。

郑思齐、孔鹏、郭晓旸:《类重复交易住房价格指数编制方法与应用》,《统计研究》2013年第12期。

吴家明:《长租公寓与"惜租"的房东》,《证券时报》2018年8月21日第2版。

李奇昑:《中国房产市场预警系统研究》,博士学位论文,中国社会科学院研究生院,2012年。

CREIS中指数据:《关于"百城价格指数"改进的说明》,http://fdc.fang.com/report/6195.htm。

陈沁:《自如、蛋壳公寓等房产中介是否存在囤积房子抬高房租的行为?》,https://www.zhihu.com/question/290480714/answer/481207405。

国家统计局:《住宅销售价格统计调查方案》,http://www.gov.cn/gzdt/2011-02/16/content_1804401.htm。

陆铭:《北京房租暴涨真的是因为中介屯房吗?》,http://luming.blog.caixin.com/archives/187427。

左晖:《房子回归居住属性 链家用数据解码安居图景》,http://www.chinanews.com/house/2017/03-08/8168423.shtml。

李奇霖:《不只发达国家,中国房地产也步入存量房时代》,《民生证券研究院固定收益组研究报告》,2016年7月19日。

姜楠:《构建成都市房地产业预警预报系统的构想》,硕士学位论文,西南财经大学,2003年。

Adelman, Irma, Griliches, Zvi., "On an Index of Quality Change", *Journal of the American Statistical Association*, No. 56, Vol. 295, 1961.

Bailey M. J., Muth R. F., Nourse H. O., "A Regression Method for Real Estate Price Index Construction", *Journal of the American Statistical Association*, No. 58, Vol. 304, 1963.

Beaverstock J. V., R. G. Smith, P. J. Taylor, "A Roster of World Cities", *Cities*, No. 6, 1999.

Bradford Case, Henry O. Pollakowski, Susan M. Wachter, "Frequency of Transaction and House Price Modeling", *The Journal of Real Estate Finance and Economics*, No. 1, 1997.

Cannaday R., Munneke H., Yang T. A., "Multivariate Repeat – Sales Model for Estimating House Price Indices," *Journal of Urban Economics*, No. 2, Vol. 57, 2005.

Case B., Pollakowski H. O., Wachter S. M., "On Choosing Among House Price Index Methodologies," *Real Estate Economics*, No. 19, Vol. 3, 1991.

Case B., Quigley J. M., "The Dynamics of Real Estate Prices," *The Review of Economics and Statistics*, No. 73, Vol. 1, 1991.

Case K. E., Shiller R. J., "The Efficiency of the Market for Single – Family Homes," *The American Economic Review*, No. 79, Vol. 1, 1989.

Case R., Colwell P., Leishman C., Watkins C., "The Impact of Environmental Contamination on Condo Prices: A Hybrid Repeat-Sale/Hedonic Approach," *Real Estate Economics*, No. 34, Vol. 1, 2006.

Castells, Manuel, The Rise of the *Network Society (The Information Age: Economy, Society and Culture)*, Malden, MA: Blackwell Publishers, Inc. 1996.

Clapp J. M., Giaccotto C., Tirtiroglu D., "Housing Price Indices: Based on All Transactions Compared to Repeat Subsamples," *Real Estate Economics*, No. 19, Vol. 3, 1991.

Daniel P. M., John McDonald, "Reaction of House Prices to a New Rapid Transit Line: Chicago's Midway Line, 1983 – 1999," *Real Estate Economics*, No. 3, Vol. 32, 2004.

Daniel P. M., "Price Indices Across the Distribution of Sales Prices: A Matching Approach," No. 51, 2010.

Daniel P. M., "The Return of Centralization to Chicago: Using Repeat Sales to Identify Changes in House Price Distance Gradients," *Regional*

Science and Urban Economics, No. 3, Vol. 33, 2003.

Daniel P. McMillen and Jonathan Dombrow, "A Flexible Fourier Approach to Repeat Sales Price Indexes," *Real Estate Economics*, No. 29, Vol. 2, 2001.

Daniel P. McMillen and Paul Thorsnes, "Housing Renovations and the Quantile Repeat-Sales Price Index," *Real Estate Economics*, No. 34, Vol. 4, 2006.

Dean H. Gatzlaff, Donald R. Haurin, "Sample Selection Bias and Repeat-Sales Index Estimates," *The Journal of Real Estate Finance and Economics*, No. 1, 1997.

Hulten C. R., "Price Hedonics: A Critical Review," *Economic Policy*, No. 9, 2003.

John Friedmann, "The World City Hypothesis", *Development and Change*, No. 1, 1986.

John M. Quigley, "A Simple Hybrid Model for Estimating Real Estate Price Indexes," *Journal of Housing Economics*, No. 4, Vol. 1, 1995.

Kain J. F., Quigley J. M., "Measuring the Value of Housing Quality," *The American Statistician*, No. 65, Vol. 330, 1970.

Karl E. Case, Robert J. Shiller, "Prices of Single Family Homes Since 1970: New Indexes for Four Cities," *New England Economics Review*, No. 5, Vol. 9, 1987.

Michel Baroni, Fabrice Barthélémy, Mahdi Mokrane, "A PCA Factor Repeat Sales Index for Apartment Prices in Paris," *The Journal of Real Estate Research*, No. 29, Vol. 2, 2007.

Patrick Bajari, C. Lanier Benkard, John Krainer, "House Prices and Consumer Welfare," *Journal of Urban Economics*, No. 58, Vol. 3, 2003.

Peter Englund and John M. Quigley and Christian L. Redfearn, "The Choice of Methodology for Computing Housing Price Indexes: Comparisons of Temporal Aggregation and Sample Definition," *The Journal of*

Real Estate Finance and Economics, No. 19, Vol. 2, 1999.

Peter J. Taylor, David R. F. Walker, Gilda Catalano, Michael Hoyler, "Diversity and Power in the World City Network", *Cities*, No. 4, 2002.

Peter J. Taylor, "Specification of the World City Network", *Geographical Analysis*, No. 2, 2001.

Quigley J. M., "A Simple Hybrid Model for Estimating Real Estate Price Indexes", Journal of Housing Economics, Vol. 4, No. 1, 1995.

Sherwin Rosen, "Hedonic Prices and Implicit Markets: Product Differentiation in Pure Competition," No. 82, Vol. 1, 1974, 82.

Standard & Poor's. S&P/Case–Shiller Home Price Indices Index Methodology, http://macromarkets.com/csi_ housing/sp_ caseshiller.asp.

Xiaoyang Guo et al., "A New Approach for Constructing Home Price Indices: The pseudo repeat sales model and its application in China," *Journal of Housing Economics*, No. 25, 2014.

Yongheng Deng and Daniel P. McMillen and Tien Foo Sing, "Private Residential Price Indices in Singapore: A Matching Approach," *Regional Science and Urban Economics*, No. 42, Vol. 3, 2012.